亞太區域
政治經濟學

A Region of Regimes :
Prosperity and Plunder in the Asia-Pacific

T. J. Pempel────著

王瓊淑────────譯

冷則剛────────校訂

繁榮與掠奪
的轉型

五南圖書出版公司 印行

序言

　　嘗試過寫書的人一定都有過這種經驗：當書不受控而開始掌控它自己前進的方向時，作者就會感到沮喪，無力感油然而生。原本輕輕碰觸就會回應的手稿，突變成一輛冰上失控的18輪貨櫃車。即便作者使出渾身解術也無法拉回。這本書也不例外。我原本的構想僅限於討論特定的一些主題，涉及的地域也較有限。但每探討一個問題就讓我不由得走得更深更廣。不僅擴及更多相關議題，也碰觸到更多不知所以的變異現象。這本書所呈現的是交互作用的結果：一方是我竭盡全力試圖掌控，另一方則是書本身一意孤行。它是長時間針對區域內各種各樣政治、經濟和安全問題進行解謎，多方拼圖而成的產物。

　　這本書扎根發展於政治經濟學的沃土。三個相互關聯的謎團驅使我深入分析：第一，個別國家政治、經濟的融合方式，有哪些相似、相異之處，最值得借鑑？其次，國內、外勢力如何互動，進而形成這些差異？第三，亞太地區作為一個整體，對於各國不同政經局勢彼此間持續不斷的互動，產生了何種影響？又如何反映了這些互動？

　　我藉由分析東亞多個國家一波波急邃的經濟發展浪潮，來回答這三個問題。本書主張，要了解這些國家的成功之道，所要關注的不僅是經濟本身；它們的成功顯示，政治勢力、社經力量以及國際勢力，三者間如何相互滲透。這本書雖然聚焦在長期模式的影響，但對於時間軸上關鍵的轉捩點與變革也多所著墨。再者，這本書談的絕不只是成功之道。我們還分析了數個顯著的例子，看看一個國家的政治經濟，如何讓一小撮人荷包滿滿，卻讓許多人貧無立錐之地。

　　就在我奮力爬梳多個東亞國家的政治與經濟如何互動，試著了解為何各國的發展方式會存在如此巨大的差異時，有些模式逐漸變得清晰。然而，要了解最突出的模式，所需要關注的除了內部的動能，還須認識來自全球和區域的外部勢力。內、外力量如何互動，成了我了解國家運作模式不可或缺的一環。而讓這一切更為複雜的是，我意識到，若要完整分析區域的全貌，就得仔細檢視持續不斷變動的經濟與安全關係。其結果就是這本——我有意識為之的——包羅多個面向的書，但這本書也試圖提供一面全新的稜鏡，讓大家透過它，看到我認為形塑二戰後亞太地區政經局勢變與不變、以及主要的政治勢力。

這本書蛻變的整個過程中，許多學者、企業與民間領袖、政府官員，以及亞太各國的決策者所提出的問題、想法和意見帶來了莫大的助益；他們都非常慷慨地與我分享他們的知識與見解。即便我們意見相左，他們提出的挑戰和真知灼見也促使我更深入探索、釐清思路，從而編織出本書這幅知識的圖像。我已竭盡所能，遵循學術界的常規，列明參考文獻來表達對他們的謝意，但我也要說，還有許多人，單是註明出處絕不足以說明我對他們倚賴有多深。

我要特別向許許多多同僚表達由衷的謝意，謝謝他們不吝花費寶貴的時間閱讀、反覆修改的手稿，為本書各個部分提供建議。他們的批評對我既是醍醐灌頂，也是鼓勵。我尤其感謝Greg Chin、John Delury、Rick Doner、Steph Haggard、Chris Hughes、Paul Hutchcroft、Peter Katzenstein、Greg Noble、Seung-youn Oh、Tom Pepinsky、John Ravenhill、Michael Shalev、Yul Sohn、Richard Stubbs、Joe Wong，以及Steve Vogel。另外還有兩位匿名審閱者也提供了非常寶貴的意見。我盡可能地將他們無數的建議和批評納入考慮，然而，就如同所有的著作一樣，最後成品的相關責任都應由我一人承擔。

與好學又聰穎的學生持續不斷地互動，或許是學術生涯最快樂的事。在這本書逐漸成形的過程中，許多這樣的學生在研究方面予以我大力協助。我特別想向他們致謝：Charles Faulkner Ayers、Raj Bhargava、Sean Diament、Kristi Govella、Joon Lee、Seung-youn Oh、Chris Reinhardt、Matthew Stenberg、William Li Wong、Sharon (Jiaming) Yang、Noah Young Kwon Yu，以及Fengyang Zhou。此外，在柏克萊大學校內的專題課堂上，向政治學系（the Charles and Louise Travers Department of Political Science）才華洋溢且深具批判能力的大學部和研究所學生展讀我再三修

正的手稿，分享日漸成熟的想法，對我也是收穫良多。學生們總是提出各種問題，追根究底；他們精彩的文章更不斷推動著我細細琢磨最初的想法。

　　我的研究獲得加州大學柏克萊分校東亞研究所、政治學系，以及Jack M. Forcey講座在經費上的慷慨協助。而比財務上的支持更為寶貴的是，加州大學柏克萊分校提供我一個學風鼎盛且在行政方面鼎力相助的工作基地。校內有關比較政治學和國際關係的學術討論會尤其是一大助力。Lynne Bush和Charlotte Merriwether在我準備手稿時提供的協助，更是無比珍貴。

　　我也想在此向接待我前去擔任訪問學者的幾所機構表達誠摯的謝意：延世大學國際通商管理學院、首爾的峨山（ASAN）政策研究院、新加坡南洋大學拉惹勒南（S. Rajaratnam School）國際研究學院，以及東京的政策研究大學院大學（GRIPS）。這四所機構都給了我時間與知識上的刺激，讓我對這本書所討論的核心議題有更深入的認識。

　　如同許多作品有幸為康乃爾大學出版社收錄在「康乃爾政治經濟學系列」的作者，我特別感謝不斷在編輯和知識上給予我導引的Peter Katzenstein和Roger Haydon。我們之間有著數十年深厚的友誼，他們總不斷設法在嚴謹的專業要求之餘，平添一份私人情誼的溫馨。他們倆都證明了，唯有最好的朋友才會費盡心思做出最嚴格的批判。我們合作過許多次，但尤其是這一次，Peter和Roger用他們的方式，鞭策我更深入探索，組織得更加條理分明，寫得更俐落明快。倘若最後的成品未能反映他們試圖傳遞給我的指正，但我知道比起我原本無數的版本，這已經好太多了。他們持續不斷地提供我諮詢，鼓舞了我，讓我把一個個版本當作是踏上艱鉅的旅途之前，必要的試飛。

　　我還要向我的妻子Kaela Kory獻上最深、最深的謝意。謝謝她總是那麼寬容，宛如聖人般包容我永無止盡的要求：取消假期、躲掉家務，或者食言毀約，只因我為了研究「就差臨門一腳」得出差一趟，或是為了「抓緊幾個鐘頭的時間」去闡述一些新的「獨到見解」。雖然這一切無論如何都不足以回報，但我仍要用我全心的愛，將這本書獻給她。

目次

導論

　　2001年7月13日，國際奧林匹克委員會授予北京2008年夏季奧運會主辦權。由北京主辦這樣的國際盛事在三十年之前是無法想像的。當時毛澤東主政下的中華人民共和國（下稱「中國」），不僅遭西方的孤立，且深陷貧窮的泥淖中，每年人均國內生產毛額（per capita gross domestic product, per capita GDP）只有區區113美元。贏得2008年奧運主辦權讓中國得以在世界上揚眉吐氣，更突顯出它在政治、社會和經濟各方面一日千里的蛻變。南韓（下稱「韓國」）主辦1988年夏季奧運時，圍繞它的也是同樣的溢美之詞；主辦奧運這項成就也同樣是韓國政治與經濟脫胎換骨、令人矚目的巔峰時刻。在1964年東京奧運，人們見證的一樣是一個華麗變身成功的日本；而在二十年之前，日本才在二次世界大戰中慘敗，政治上分崩離析，在國際間為千夫所指，經濟上更是一蹶不振。

　　一般人普遍有個印象，認為東亞許多國家在二戰之後的數十年間經濟持續快速發展，而主辦奧運的光榮時刻就是明證。然而可想而知，多數國家都是先克服了無數障礙，經濟才能有所成長：戰後的政經亂象、軍事上層出不窮的挑戰、普遍貧困、殖民統治遺留下來的社會對立，以及新興國家獨立之初，無所不在的社會政治鬥爭，這一切都只是最顯而易見的問題。而這個地區蛻變的輪廓之鮮明，無需多麼銳利的眼光就可一眼看出。從1960年代起，全球成長最快速的10個經濟體中，其中有八個位在東亞。1950年代，東亞各國GDP總和占全球19%，1998年已一躍為37%[1]，到了2020年更高達47%。

　　這種區域內各國同步轉型的現象，堪稱當代政治經濟一項令人費解的奇景。韓國、中國和印尼這些東亞國家，它們的差異如此之大，但卻都能跨越層層障礙，總體經濟數十年持續成長；特別是在南亞、非洲、拉丁美洲和中東的多數國家，經濟成績單都乏善可陳的情況下，更令人好奇這些東亞國家究竟是如何辦到的？1993年世界銀行（World Bank）曾探討過這個問題。這份著名的報告總結指出：「如果經濟成長是隨機分布，成功的案例如此集中於同一個區域的機率大約是萬分之一。」[2]同一個地理區域出現如此多的成功案例，讓「亞洲經濟奇蹟」成了媒體的發燒詞、學術上的顯學。

　　嘗試爲東亞地區經濟成功轉型做出一番解釋的不乏其人。相關研究百家爭鳴，主要由以下幾個角度切入：亞洲文化、新自由主義經濟、國家權力、國際關係等[3]。但多數研究都是嘗試把東亞的成長視爲一個「整體」，試圖找出一個一體適用的解釋架構。

　　整體而言，東亞地區的經濟蓬勃發展，這固然是毫無疑問的。然而，若只把東亞籠統地視爲一個整體，就可能忽略了一些必須抽絲剝繭、仔細審視的特例。朝鮮民主主義人民共和國（下稱「北韓」）和緬甸這類專制政權失敗的案例便是其中之一。這些國家的失敗使得欣欣向榮的東亞地區，無論在政治或經濟上，都蒙上了陰影。至於爲何有些國家能白手起家，有些卻家道中落，它們是在哪一個點上分道揚鑣的？這另外還涉及好幾個難解之謎，讓整個解釋更爲複雜。謎團之一是，某一類國家雖然在經濟上取得了一些進展，但也因此成了它更上層樓的障礙。另一個謎團是，原本經濟蒸蒸日上的國家爲何莫名逆轉？要剖析個中緣由也是很棘手的。最後一點是，關注東亞地緣政治就不得不注意，國家政治經濟的多元互動與整個亞太地區動盪起伏的政治動能之間有什麼樣的連結？爲了解開這些謎團，本書將就政治、經濟與政策之間的關係加以分析，用以支撐下述六大論證。

　　第一，東亞敘事的主軸並不是一條康莊大道；並非每個國家都能沿著同一條路向前狂奔，逐一達到高成長的目標。東亞的發展，事實上是各種不同的政治經濟體走在不同的路徑上，它們當中有些成功了，有些失敗了。例如日本、台灣和泰國就曾有過，每年的人均GDP成長率維持在8%到9%達數十年之久，但緬甸和北韓等國家，也同樣有一段相當長的時間，年成長率從不曾超過3%，多數時候甚至是負數。

　　第二，詳細分析10個國家數十年的發展後顯示，東亞的政治經濟體制可分爲三大類型。同一類型的國家彼此間在關鍵點上都有共通之處，與其他兩個類型的國家則存在重大差異。本書用「政體」一詞來概括稱呼每一類型共有的政治、社經和國際政治特性之間的互動。

　　第三，政體類型不同，與之相結合的經濟模式也不同。以韓國、台灣、馬來西亞和泰國為例，它們的出口金額和經濟成長率雖然都很高，但韓國與台灣成長的動力主要來自高附加價值且由本地資金創設的企業；馬來西亞和泰國的成功靠的卻是外國直接投資，在此生產零件，提供給全球的供應鏈。

　　第四，國內和國外勢力對政體的結構都會產生影響。冷戰期間，在日本、韓國、台灣和菲律賓等地，來自美國龐大的安全與經濟支持，無時無刻左右著本地人所欲建立的社經結構以及經濟政策模式。相形之下，由美國主導，對中國、北韓長達數十年的大規模經濟抵制與圍堵，乃至不時遭受美國杯葛與防堵的緬甸，這一切也會反過來成為形塑當地政治經濟的力量。從更廣的層面來說，區域內各國選擇各自的體制和政策時，全球金融、貿易和貨幣組織也是揮之不去的助力或阻力，1980年代中期和末期之後尤其是如此。[*1]

　　第五，即便最牢不可破的政體模式也會隨著時間而改變。歷史的軌跡確實會在形塑政治經濟與政策模式的過程中，留下無可抹滅的痕跡。然而，國內、國外或者國內外兩股力量同時發生劇變時，即便屹立已久的政經模式也會搖搖欲墜。日本、韓國和台灣經濟成功轉型之後，它們的政治經濟和政策大幅修改便是最戲劇性的例子。中國揚棄毛澤東的經濟發展模式，而（相當可能）此刻在緬甸剛剛萌芽，正逐步上演的終結舊體制劇碼，也同樣令人瞠目結舌。

　　第六，也是最後一點，本地政體、政體的政策模式以及亞太地區整體的秩序，這三者間是動態組合，而且它們之間是會交互影響的。當區域內多個領頭羊經濟快速成長時，軍事上的緊張對立也會隨之消退。除此之外，各國全力追求經濟成長的氣氛是有感染性的，彼此之間會相互競逐。

[*1]　校訂註：有關緬甸的敘述與現今時空已有落差。

反之，當這種集體追求成長的氛圍退去時，外交和國防上的摩擦便會蠢動，整個區域的秩序就會變得危機四伏。

　　以下將透過一套架構，分析討論這些難解之謎，一方面檢視各國國家機關、社經力量以及外來勢力三者間如何布局及其特徵，另一方面審視各國經濟發展的軌跡。本書以「政體」（regimes）一詞來泛指二戰之後，盛行於東亞10國由政治、社經與外部勢力等三個面向形成的特殊布局，探究它何以能持久不墜，又能給我們何種啟發。本書把這10個國家分為三種「政體類型」，而每個類型都有它相對應、特定的經濟模式。以下章節的討論將清楚顯示，東亞各國經濟成長不是只有一種固定模式，也不是各國都同步成長。區域內的國家分屬幾種不同類型的政體，推動的經濟政策模式各異，因而經濟成果也不同。相關分析將構成本書第一部分的主要內容。

　　第二部分分析了由三種政體類型衍生而出的兩個重要變體。首先，針對日、韓、台三地在經濟突飛猛進之後出現的重大變化稍做評論。其次，深入討論中國的政治體制以及相關經濟發展的情形，藉此說明中國是個綜合體，擁有第一部分所描述的三大政體特徵。然而即便經濟發展成績足可媲美日、韓、台，但中國卻不完全屬於其中任何一個類型。最後將討論政體和經濟模式的動態組合與亞太區域秩序的互動關係，以及它如何形塑區域秩序不同的面貌。

　　簡而言之，本書的分析提供了一條新的研究途徑。除了分析區域的整體發展，也必然要指出國與國之間部分的相似性，乃至各國的獨特之處。此外，本書也由「比較」的角度，以分析我們急需了解的中國發展模式。相信這樣的途徑會對東亞的蛻變有更深入的剖析，提供讀者更深入的了解。

　　本書的分析不僅僅是一份歷史紀錄或學術研究成果。隨著亞太地區進入二十一世紀的第三個十年，以往區域內一片欣欣向榮、和諧共榮的氛圍漸消，取而代之的是海上的緊張對峙、民族主義再度抬頭、殺人不見血的疫情蔓延全球，乃至國與國衝突的疑慮升溫。本書分析指出，此刻區域內安全上的摩擦，與以往高度成長的經驗並非毫無關聯，反而是它密不可分的副產品。

政體及其組成元素

　　一如社會科學多數的核心概念，「政體」這個詞有許多不同的意涵[4]。因此，儘管比較政治學界相關分析使用這個詞時，多半僅用於區隔「民主」與「獨裁」兩種政治體制；但比較政治經濟學（comparative political economy, CPE）的很多研究在使用這個詞時，則有更細膩的區隔。例如，艾斯平・安德森（Esping-Andersen）利用「政體」的概念來區隔他所謂的「福利資本主義的三個世界」[5]。克里爾與克里爾（Collier and Collier）根據他們對勞力動員模式的分析，來區分拉美國家的政體類型[6]；馬霍尼（Mahoney）將中美洲的政體予以分類時，依循的是路徑依賴的邏輯[7]；詹森與溫契肯（Jensen and Wantchekon，音譯）檢視非洲境內各類政體與資源財富的關聯[8]；胡安・林茲（Juan Linz）則專注於民主政體之外，各類政體的差異[9]。而筆者自己也在其他文章中分析民主政體一黨獨大、專政數十年的現象[10]。

　　本書的做法和上述著作相仿，根據二戰後各國發展歷程的相似性，將東亞國家劃分為幾種政體類型。本書中「政體」一詞是指決定一個國家政經局勢的三大元素，彼此間密不可分地交互作用。這三大元素是一個國家的國家機關、社經力量，以及左右當地運作的外部勢力。三大元素之間存在著韋伯（Max Weber）所謂的「親和力」。這三個元素的聚合絕非偶然，但也不是其中任何一個元素單獨可以決定的。

　　以往的分析都將這三個元素分別討論，指出其中某個元素是決定經濟政策模式不可或缺的因子。總體性的分析是如此，討論東亞經濟發展時，更是如此。但本書並未將單一元素個別的影響切割開來，而是檢視它們彼此間如何相互依存，並且將它們相互強化、合而為一的影響與經濟模式相連結。將單一元素放在三個元素彼此互動的脈絡中來觀察，同時也觀看它們各自與經濟發展的關聯性，這麼做是有其道理的。

國家機關

在比較政治經濟學這個領域中，有相當多研究將國家機關視爲決定性的力量，認爲憑它一己之力便可形塑國家的社經結構與經濟模式。當然，各個國家的國家機關效能落差很大。倘若國家機關能做到統整協調，權能相符，控制得當，那麼這個國家就能動員所有可用的資源，上下一心全力追求國家所訂定的經濟發展目標。反之亦然。當一個國家效率低下、分崩離析或是政權不斷更迭，它所提出的政策通常都是搖擺不定且毫無效能的。但我們要說的是，這兩種情況代表的是，「國家機關與經濟發展關聯性」這條連續線的兩個極端。

國家機關效率佳、運作良好，的確是東亞國家成功轉型的一項關鍵因素，被譽爲典型「發展型國家」的日本、韓國和台灣就是其中實例[11]。相關研究通常主張，這三個國家經濟之所以能快速轉型，確實是國家機關全力以赴、精心策劃下，刻意催生的副產品。發展型國家的特徵就是國家機關合作無間、有權有能，而且管控能力佳。這類國家普遍有個機關扮演領頭羊的角色，擁有一群各有專精的公務人員。他們的專業技術能力高強，且善於運用各式各樣的行政工具來促進經濟的快速轉型。然而國家機關對經濟成長有所貢獻的現象並不僅限於東亞各國，科里（Kohli）、阿齊默魯（Acemoglu）和羅賓森（Robinson）等學者進一步主張，各國經濟表現出現落差，長期而言，國家機關是主因[12]。

「發展型國家」這個概念用於分析是一項利器，因而被廣泛套用在許多不同類型的國家，尤其是東亞各國。其結果是，套用琳達‧魏斯（Linda Weiss）的說法，發展型國家「儼然成了『東亞國家』的同義詞」[13]。遺憾的是，就如同費恩（Fine）所說的，這個概念太常被簡化成「一個包山包海的流行語，只要發展過程中有個面向涉及國家，都可以統稱『發展型國家』」[14]。

效率高、行事果斷的政府機構看似是前瞻政策的必備條件。但若仔細分析各種由國家主導的發展模式卻可看出，在東北亞歷史上，做事有條理、精明幹練且掌控能力佳的國家機關實屬罕見[15]。更爲普遍的反倒是，政治人物或公務人員之所以得以擔任某個職位，是因為他們的種族、宗教、地緣或家族的裙帶關係，以技術取勝的少之又少，他們或者缺乏、或者無法有效運用管控工具。這類缺失在國家機關內比比皆是。史蒂芬・克拉斯納（Stephen Krasner）便指出，「多數發展中國家內部的政治機構都不怎麼管用」，而杭廷頓（Samuel Huntington）更早在數十年之前便指出，許多發展中國家「政府根本什麼都管不了」[16]。

國家機關與經濟發展的關係之所以如此錯綜複雜，軍方是另一個因素。許多國家的軍系將領對於經濟快速轉型心存疑慮，唯恐有限的預算會因此被重新分配給民間企業，藉此和宿敵修好，或者對資深軍官在長期盤踞的地盤上獲取經濟利益產生掣肘。包括東亞數個國家在內，許多國家資深軍官內部支持或是反對發展的陣營壁壘分明，這不僅對國家機關的運作有著決定性的影響，更進而左右了國家經濟發展的成果。

國家機關是決定國家經濟模式的關鍵力量，因為政府機構才有能力針對社經領域主要的行動者，制定適用於他們的激勵方案或獎懲辦法。因此，國家機關的運作很少是全然無需考量社經現實的。但這會衍生出一個問題：是哪幾隻社經團體的手掌控著國家機關的閥門？[17]源源不絕的金銀珠寶究竟流進了哪些人的口袋？因此，許多分析會將社經力量、它們確切的結盟對象，以及它們與國家之間的互動等，與不同的經濟模式相連結[18]。

社經力量

在分析社經力量時，學者較少將「國家」與「社會」截然二分，而是多關注兩者之間的互動。如同梅雷迪思・伍・卡明斯（Meredith Woo-Cumings）所指出的，能成功帶動高速經濟轉型的國家，很少是「高高在上對著社會頤指氣使的；在產業轉型的歷史進程中，它更像是產業界的夥伴」[19]。彼得・艾文斯（Peter Evans）也提出類似觀點。他主張，成功完成經濟轉型的政體，國家機關多半是深深「鑲嵌」在社會和經濟體系當中，而成為轉型的助力[20]。

　　國家機關與社經勢力互動是無庸置疑的，然而兩者之間究竟何者影響何者，卻始終爭論不休。某些權威的分析報告強調國家機構的角色，主張它是推動經濟政策的主要力量。但聚焦於社經勢力的評估，認為它是形塑經濟模式關鍵因素的聲量也勢均力敵。巴林頓・摩爾（Barrington Moore）就為這類論述奠定了堅實的基礎。他擲地有聲地指出，社經力量在形塑國家政治與經濟發展上，扮演著舉足輕重的角色[21]。然而將因和果倒轉過來似乎也言之成理。無論如何，兩種說法的關鍵都在於政府機關與社經勢力如何互動並且相連結，而特定的連結又如何與經濟發展的某條路徑相關聯。這類互動就是本書所謂「政體」的要素。本書在這樣的脈絡中使用「政體」這個詞的意涵，和多數比較政治經濟學著作中常見的用法是相互呼應的。

　　社經力量能發揮多大影響力，其中一個關鍵因素在於國家社經組合中各個群體團結或分裂的程度。一個國家的社會與經濟，最可能被什麼所撕裂？種族、地域、宗教和行業間的嚴重對立都會讓國家一步步崩解；若沒有這些裂痕，就有助於國人的凝聚。倘如社會與經濟上的分裂使得國家無法有效運作，便可能引發經濟災難。喬爾・米格達爾（Joel Migdal）在分析「強社會、弱國家」這個不利的組合時，就已經為我們揭示過了[22]。

　　後進發展中民族國家若真能做到經濟快速成長，那麼它在種族、地域或語言各方面大多沒有上述嚴重的分歧。反之，這些國家的社會文化通常定於一尊，社會經濟方面嚴重的裂痕往往是因土地—勞動—資本這條典型的軸線而生，而與部族、宗教或地盤無關。至於握有土地的買辦等反工業化的勢力，其能發揮的影響力微乎其微。支持經濟發展的勢力結盟聲勢浩大；勞工和消費者之類的民粹社會團體沒有多少能量，根本擋不住高度發展的經濟模式。而在這個大框架之下，特定社經領域統合或對抗的方式也會左右國家經濟的優先順序和政策。不同的社經團體和結盟影響力有大有小，影響所及便是政治與社會經濟層面的安排，而這樣的安排可使國家特有的經濟模式，形塑出一個明朗而清晰的樣貌[23]。這類對於社經力量和國家機關的處理，無論是分別或合併進行，都是比較政治學中使用「政體」一詞時，不可或缺的一部分。

　　在比較政治學中，使用「體制」一詞時，多數時候國家機構和社經力量的整合是不可或缺的要素。但「體制」何以能持久不墜，往往並不清楚。而這正是國際關係學者有關「體制」的研究，最能與比較政治學產生共鳴，且最有價值之處。國際關係相關研究固然認同「國家」是國際政治的主角，但他們更強調國際組織所提供的框架：這個框架給予組織的成員（即「國家」）限制和機會，讓他們在框架內游移操作[24]。例如投資、貿易和貨幣制度都會限制該國際組織成員國所做的決定[25]。此外，藉由遞延短期相對收益，成員國不僅爲組織內的合作夥伴帶來長期的絕對收益，各個成員也可雨露均霑，而且合作範圍之廣，可涵蓋環境[26]、核武削減[27]、國家安全[28]以及漁業[29]等。國際組織在許多方面都可發揮作用，它既可以促進成員國之間的合作，減少彼此間的衝突[30]，還能創造出永續且可預期的模式、常規、準則和行爲模式，藉以規範成員國的行爲。這些國際組織相關研究的重要見解，在觀察國內政經體制的構成元素時，也同樣適用。而就我們的研究而言，最重要的一點是，任何一個組織的成員都必須團結在共同的信念之下，相信在面對共同的威脅與挑戰之際，唯有持續合作才能長期受惠。

　　比較政治經濟學文獻中，政體類型和政策模式同步的例子比比皆是。例如艾斯平・安德森提出「福利資本主義的三個世界」[31]，卡贊斯坦（Katzenstein）對比「自由」與「社會」統合主義[32]，斯坦莫（Steinmo）談稅制[33]，又或者霍爾與索斯基斯（Hall and Soskice）將市場經濟一分爲二，分成「自由型市場經濟」（liberal market economies, LMEs）與「協調型市場經濟」（coordinated market economies, CMEs）兩大類[34]。晚近泰倫（Thelen）重整霍爾與索斯基斯的框架，區分協調市場經濟兩條不同的發展軌跡：一是以德國爲典範的二分法，二是鑲嵌彈性化，以瑞典和丹麥爲代表[35]。在這些例子當中，政體的關鍵元素都是環繞著「選擇性親和力」運作，以建立當地特有的政經結構與政策模式組合。

　　然而，如果想了解一個國家的政治體制與經濟模式，卻只將焦點放在其國內的國家機關和社經力量，這是行不通的。一個國家內部各股力量的運作，很少能全然自外於全球或區域現實。再者，除了國內各股力量彼此間存在「親和力」的現象，國內的力量與特定的外部勢力也同樣會進行「親和力選擇」。除了形塑大環境的限制與機會之外，外部勢力也可能成為國內政治體制不可或缺的元素。本書分析了10個這樣的例子。因此，將外部勢力列入討論是必要的；絕不可對它視而不見。

外部勢力

任何一個政體的構成都有第三個要素，那就是外來的影響。國內的政經情勢，無可避免地，會受到區域乃至全球架構的影響而跌宕起伏。這些外來力量會帶來諸多限制，但也帶來許多機會。因此，現代的民族國家就好像希臘神話裡有著兩張臉的守門神——傑納斯：祂的一張臉向內注視，另一張則向外望著願景與挑戰。羅伯特・普特南（Robert Putnam）分析這樣的雙面性，認為它迫使一個國家的政策制定者不斷從事「雙層賽局」；駕著國家之舟不停地在國內、外的需求與機會之間穿梭[36]。西達・斯科克波（Theda Skocpol）精準地說明這樣的雙面性。她說：「舉凡國家都得站在交叉路口上，路的一邊是國內的社會政治秩序，另一邊則是一個國家得從中謀求生存、創造優勢的跨國關係。」[37]同樣地，喬治・塞貝利斯（George Tsebelis）也指出，國內－國際關係涉及「嵌套賽局」；政治上的行動者其實是同時參與國內、外兩個賽局，而一個賽局的衝突與回報會連帶影響另一個賽局的機會[38]。

一個國家在全球局勢的惡水中航行，會碰到哪些障礙，相關研究非常多。亞歷山大・格申克龍（Alexander Gerschenkron）指出，既有的市場和科技具有形塑的力量，可以左右後進開發中國家的發展[39]。後起之秀必須克服國際市場上現有的科層架構。在國際市場上，富裕國家在科技上享有領先的地位，而且有足夠的誘因，讓他們設法壓縮貧窮國家所能獲取的機會，藉此持續稱霸。貧窮國家提供的廉價原料和勞動力，是維繫製造、金融和科技得以運轉，進而擴張所必須的，也是少數先進經濟體不斷提升生產力、提高生活水準所不可或缺的。對於這個現象，張夏准（Ha-Joon Chang）做了這麼個比喻：各國的掌權者在爬上經濟繁榮之梯後，就想方設法要「把梯子踢倒」，免得潛在的競爭者仿效[40]。而如果這個獨裁國家、它的軍隊，或是反對產業化的上流階層得到外國政府或企業支持，推動國家發展所面臨的困難會更加艱鉅[41]。

此外，少數罕見但撼動全球的大事，也是會帶來重大衝擊的外部力量。它會迫使一個國家不得不大規模重新評估內部的結盟關係與經濟策略[42]。然而，這樣的觀點雖然很有價值，可用於觀察各國面對震撼全體的大事時，有何不同反應，但它卻將外部力量視爲一根撞球桿，不時出手撞擊「國內」這顆球，看它滾到哪裡去。雖然無可否認，外部力量的巨變會對整個國家帶來衝擊，但本書的研究有個假設前提，那就是：外部力量扮演的不只是催化變革的催化劑；某些外來的力量更是一個國家政體恆常存在、且不可或缺的一環。

本書花了極大篇幅突顯至少三大重點，以說明外部勢力之於任一類政體都是不可分割的一部分；它會決定政體的特性，左右政策選擇。其一，二次大戰結束後至少四十年間，美國以鋪天蓋地之力，深入東亞各國內部，左右其社會政治安排和政策選擇。若對美國及其冷戰策略無孔不入的長期影響視而不見，就無法了解日本、韓國和台灣的國家機關、社經力量，以及它們的經濟政策模式[43]。然而即便是面對自己的盟友，美國所施加的影響力，就經濟層面而言，也不見得全然是友善的（由一次次要求大幅調整匯率和對貿易設限可見一斑）。再者，如果說冷戰時期美國與盟友交往的原則是一致的，始終奉行反共、圍堵共產陣營與支持盟友的大戰略，這樣的一貫性其實已經不復見了，至少從1990年代起就是如此。反之，美國的行政部門，無論是哪一個政黨主政，在外交政策的優先順序上，始終搖擺不定、自相矛盾，甚至不斷破壞東亞各國國內固有的布局。

但美國不是唯一的外來勢力，還有其他國家紛紛崛起，左右鄰國的政局。比如中國，長期以來維護北韓不遺餘力；而日本則提供中國和許多東南亞國家諸多援助，更是主要的技術和資金來源國。緬甸政權不斷更迭的背後，也有著東南亞國協（Association of Southeast Asian Nations, ASEAN，下稱「東協」）成員國這股龐大的力量。

其次，東亞各國政體的運作都脫離不了世界銀行、國際貨幣組織（International Monetary Fund, IMF）和世界貿易組織（World Trade Organization, WTO）這些全球性機構的陰影，但對於這些組織的成立，東亞國家並沒有置喙的餘地。除了這類全面性的影響，全球貨幣和貿易市場瞬息萬變，這些壓力也深深改變了日本、韓國和台灣的政治體制。這種情形在1980年代和1990年代尤其顯著（參見第四章）。同樣地，外國投資人和全球貨幣投機客一波波熱錢進進出出，也迫使當時馬來西亞、印尼、泰國和韓國的政治體制徹底轉型。亞洲金融危機期間，這個現象最為明顯[44]。由東協倡議的多個區域性組織則強化了區域內的調整與合作，涉及的議題從犯罪、環境到漁業等日常性事務都涵蓋在內；而與日俱增的雙邊和多邊自由貿易協定，更催化了舊有經濟模式的徹底改造。可想而知，中國以及一帶一路和亞洲基礎設施投資銀行（Asian Infrastructure Investment Bank, AIIB，下稱「亞投行」）對這個區域注入的大量資金，也會帶動類似的結構重整。

　　然而，儘管這些全球性的勢力如此龐大，但本書並不認為全球金融的力量已大到無法制衡，進而使得各國自己的特色不再具有意義。許多人或許會主張，隨著經濟全球化程度日益增高，各國的特色將日漸模糊，再也無足輕重。2007年到2009年間全球金融危機之後，這樣的見解尤其甚囂塵上[45]。以下的分析雖然強調全球金融的重要，但金融方面所受到的衝擊，並未使得各國的特殊之處黯然失色。

　　第三，我們要強調的很簡單，也就是，東亞政治體制中始終揮之不去的外來勢力，對經濟的發展不盡然是阻礙。無論是基於戰略或其他面向的考量，外來勢力往往鼓吹、而非反對東亞各國政體發展經濟。這一點再清楚不過。美國大力支持日本、韓國和台灣發展經濟，就是最好的例子。此外，對東亞多數開發中國家，全球金融與貿易秩序帶來的也不只是限制；它同時也是商機。除此之外，如同約翰・拉文希爾（John Ravenhill）、理查德・斯塔布斯（Richard Stubbs）以及楊偉聰（Henry Wai-chung Yeung）等學者筆下所描繪的，跨國企業龐大的資金注入東亞多數地區後，打造了一個區域生產網。這對於數個東南亞政體乃至中國的經濟發展都是關鍵性的一環[46]。

　　本書將呈現當地某些政府如何結合社經力量，在強大的國際勢力壓境之時，或順勢而行，或克服逆流，向前邁進，走出不同的經濟發展方向。本書所討論到的各政體都做過許多嘗試，努力彌補自己先天不足、處於全球邊陲的劣勢。成功轉型的國家都找到了哈格德（Haggard）口中「遠離邊陲的路徑」，逃離崎嶇難行、令許多後進開發中國家擱淺的經濟淺灘[47]。

　　政體彼此間持久互惠的關係能促進經濟政策模式的穩定，而永續的政策模式則是任何政體得以延續且愈發茁壯的必備要素。這樣的政策模式近似於安東尼奧·葛蘭西（Antonio Gramsci）所謂的「霸權計畫」，也就是在國家政策中明顯提供助力或有所偏袒。霸權計畫將政體的構成元素凝聚在一起，追求共同的目標，而追求的過程與成就帶給政體及其組成元素持續且豐碩的利益，也同時讓潛在反對者處於不成比例的劣勢。政治體制的持久穩固與政策延續是相輔相成的。因此，一個政體和它的政策模式反映了大衛·伊斯頓（David Easton）所稱的一個國家的「完形」、「系統」或「世界觀」，又或者是舒特內德（E. E. Schattschneider）所謂無所不在的「偏差動員」[48]。

　　誠如上文所說，本書將檢視10個東亞國家國家機關、社經力量以及外部勢力長期互賴的現象。這10個政體可以劃分為三種政體類型，各有其特定的經濟政策模式。政體與政策的關係是共生共存的：政體催生或變更經濟政策的大方向，而這些政策會反過來影響政體。理想上，這樣的反饋應當能強化、凝聚政體內部，重申永續合作的理念，進而加大政治體制長期凝聚與延續的力道[49]。

　　因此，持久穩定且凝聚力強的政體會不斷透過經濟政策，一次次地為自己注入新的活力[50]。如果此舉能發揮作用，將會形成「良性循環」：政策模式會不斷強化並增進政體內組成元素的關係，吸引新的支持力量，既有的支持也維持不墜，並且將以往的挑戰者邊緣化。而這樣的凝聚力反過來，則可讓政體背後的政策模式得以延續鞏固。以圖示的方式（圖0.1），呈現本書所認為的政治體制組成要素，以及政體與總體經濟模式如何相互呼應。

圖0.1　政體及其關鍵組成元素

政體分類與政策模式

　　第一部分前三章將檢視九個國家的案例。這九個國家分屬三個理想化的政體類型，且政體或相對應的經濟政策模式都是典型的案例。本書把這三類政體分別取名為「發展型」（developmental）、「替代發展型」（ersatz developmental）以及「掠奪型」（rapacious）政體。每一章都將分析其中一種政體共通的特性，詳述這種類型在三個國家具體的表現，以及其相對應的經濟模式。日本、韓國和台灣堪稱發展型政體的明證（第一章）。和發展型政體部分雷同，但在某些方面卻有著根本性差異的是替代發展型政體，以馬來西亞、印尼和泰國爲代表（第二章）。至於第三類，無可否認地，它確實是東亞地區的一個部分，但在強調經濟繁榮的討論時，卻往往被忽略，那就是所謂的「掠奪型」政體。北韓、緬甸和馬可仕（Ferdinand Marcos）統治下的菲律賓是這類政體典型的例子（第三章）。表0.1是個摘要，簡明列舉各類政體的重要特徵以及相對應的經濟政策模式。

　　第二部分是第一部分的延伸，主要討論的方向有三。首先，本書將審視國內和國際間接踵而來的挑戰，是如何觸動發展型政體從根本上進行變革的。這三個發展型政體的反應都是將政體的核心元素重新布局，就政策模式的關鍵面向進行調整。這些改變讓它們與發展的巔峰時期相比，稱得上是脫胎換骨（第四章）。其次，本書把中國當作第10個案例來分析（第五章）。本書沿用第一部分討論政體的邏輯指出，中國雖然和另外三個類型的政體都各有共通處，但事實上是個綜合體，且有它獨特之處[51]。再者，中國政體受到的干擾相較之下固然少得多，但它卻容得下令發展型政體及其政策模式搖搖欲墜的挑戰。第三，也是最後一點（第六章），本書審視了不同政體組合以及亞太作為一個整體的區域秩序，以分析這兩者間來回反覆互動的情形。這類互動都歷經過多次萬花筒般的震盪，反映出個別政體的變遷與互動。這一章同時也檢視了區域內的大趨勢如何形塑某些政治體制。

表0.1　政體關鍵變項

	發展型（日本、韓國、台灣）	替代發展型（馬來西亞、泰國、印尼）	掠奪型（馬可仕主政下的菲律賓、北韓、緬甸）	改造後的發展型政體（日本、韓國、台灣）	中國
國家機關	1.高度集權 2.菁英領導／幹練的官僚體系	1.權力分散、重視族裔／恩庇侍從制 2.官僚技術能力低	1.高度集權 2.政治任命 3.官僚技術能力低	1.政黨分權 2.政黨目標主導的官僚推銷	1.高度集權 2.又專又紅的官僚
社經力量	1.高度凝聚、周延綿密 2.企業界強力支持政府	1.各自為政 2.企業界支持力量分散	1.微乎其微 2.獨立運作的企業有限	1.各自為政 2.跨國企業	1.黨國掌控 2.少有獨立運作的企業
外部勢力	軍事、經濟獲得美方強力支持	透過投資提供支持	因政體而異	1.全球化下的壓力 2.流失低門檻市場	1.全球都支持其成長並與之貿易 2.仰賴外國直接投資

表0.1　政體關鍵變項（續）

經濟政策模式	1.鑲嵌式重商主義 2.快速精密純熟化 3.重視人力技術訓練	1.依賴型發展 2.人力技術訓練水準低 3.中等收入陷阱	1.掠奪式 2.政策模式幾近零 3.人力技術訓練水準低	1.重商主易遭受挑戰 2.創新受挫	1.選擇性全球化 2.快速精密純熟化 3.人力技術水準高

表0.2　平均經濟成長率

	1950年代	1960年代	1970年代	1980年代	1990年代	2000年代	2010年代
發展型							
日本	8.4	10.7	5.3	4.3	1.5	0.5	1.3
韓國	6.3	8.1	9.7	7.9	7.1	4.7	3.3
台灣	8.2	9.1	10.2	8.2	6.6	3.8	3.2
替代發展型							
印尼	3.9	3.1	7.4	5.1	4.8	5.3	5.4
馬來西亞	2.1	5.9	8.1	5.9	7.3	4.7	5.4
泰國	5.6	8.4	6.9	7.2	5.3	4.3	3.7
掠奪型							
緬甸	5.7	3.1	4.2	1.9	6.1	11.2	6.3
北韓	9.3	3.7	4.5	2.7	-3.7	0.7	1.9
菲律賓	7	4.7	5.8	2	2.8	4.5	6.3
中國	11	3	7.4	9.7	10	10.3	7.6

註：十年平均GDP成長率。四捨五入至小數一位後平均。GDP按2018年美元計算。GDP成長率自1951年開始統計。中國相關統計爲官方數據，始自1953年。

資料來源：美國經濟諮商會完整經濟數據庫（the Conference Board Total Economy Database），「1950至2019年產出、勞動力與勞動生產力」（原版），2019年4月出版，https://conference-board.org/data/economydatabase/total-economy-database-archive。

　　表0.2、表0.3及表0.4依時間序分別呈現10國GDP成長率、人均GDP和人均能源耗用量（此數據反映各國工業化的程度）。從每張表中都可看出，同一類型的三個國家，整體而言都非常相似，但與另外兩個類型則有

表0.3　人均GDP

	1950年代	1960年代	1970年代	1980年代	1990年代	2000年代	2010年代
發展型							
日本	4,711	10,491	19,771	27,409	36,236	39,411	42,526
韓國	1,604	2,244	4,746	8,698	17,600	28,226	38,118
台灣	2,028	3,159	6,535	12,479	23,522	36,068	49,770
替代發展型							
印尼	1,851	2,000	2,989	4,028	6,197	7,567	11,738
馬來西亞	3,519	4,209	6,501	9,955	15,919	20,844	28,480
泰國	1,480	2,154	3,295	5,138	9,621	12,830	17,633
掠奪型							
緬甸	600	768	875	1,115	1,219	2,868	5,429
北韓	787	925	1,002	1,150	884	788	799
菲律賓	2,565	3,160	3,976	4,305	4,309	5,108	7,290
中國	340	402	625	1,212	2,754	6,522	14,938

註：十年平均人均GDP，按2018年名目美元計算。中國相關統計為官方數字，始自1952年。北韓數字由金炳連（Byung-Yeon Kim）提供，起訖時間分別為1954年和2013年，因此1950年代和2010年代的數字可能無法直接比較。金炳連的人均GDP是以2012年名目美元估算；經濟諮商會資料庫使用的則是2018年的名目美元。因此，北韓的統計數字是經過換算，由2012年的幣值換算為2018年的幣值，換算方式參見https://stats.areppim.com/calc/calc_usdlrxdefator.php。本表先求出平均值，後再進行幣別轉換。

資料來源：美國經濟諮商會完整經濟數據庫（the Conference Board Total Economy Database），「1950至2019年產出、勞動力與勞動生產力」（原版），2019年4月出版，https://conference-board.org/data/economydatabase/total-economy-database-archive。

表0.4 人均能源耗用量

	1970年代	1980年代	1990年代	2000年代	2010年代
發展型					
日本	2,837	3,016	3,824	3,978	3,616
韓國	743.5	1,363	3,026	4,339	5,206
台灣	NA	1,866	3,124	4,601	4,995
替代發展型					
印尼	326.1	410	630	781	862.3
馬來西亞	632.1	1,007	1,685	2,427	2,787
泰國	414.7	499	978	1,434	1,864
掠奪型					
緬甸	276.4	275.4	262	293	310.5
北韓	1,424	1,802	1,105	848	564.6
菲律賓	439.9	451.8	478	457	445.6
中國	532.2	655.4	823	1,319	2,129

註：十年平均人均初級能源消耗量（單位：公斤油當量）（1971-2014）。

資料來源：世界銀行世界發展指標（World Bank World Development Indicators），
https://datacatalog.worldbank.org/dataset/world-development-indicators；
但1980年至2014年台灣相關數據例外。台灣數據引自美國能源資訊管
理局（Energy Information Administration, EIA），並依荷蘭格羅寧根
大學（University of Grongingen）和加州大學戴維斯分校（UC Davis）
合力製作的佩恩表（Penn World Table, https://cid.econ.ucdavis.edu/pwt.
html）人口統計數字換算成人均值後，再將該數值平均並由萬億英熱
單位換算為公斤油當量。

極大差異。三張表都顯示，日本、韓國和台灣這三個發展型政體，經濟數
據突飛猛進的時間都比另外兩個類型的國家早得多。掠奪型政體始終處於
落後狀態，其人均GDP和能源耗用量尤其遠遠不及。替代發展型政體的三
個國家雖然起步較晚，但最終在每年GDP成長率和人均GDP兩方面還是追
上了日、韓、台三地早期的表現，只不過在能源耗用量方面始終落後。中

國成長的曲線雖然起步較晚，它在人均GDP和能源耗用量兩方面也一直未能趕上日、韓、台，然而，其發展速度較發展型政體快，持續的時間也更長。在進入討論之前，再度重申這本書的大架構，以突顯本書即將詳述的論點，以便後續討論。

發展型政體

　　發展型政體典型的例子包括經濟成長巔峰時期的日本、韓國和台灣。這三個國家都擁有組織嚴密、凝聚力強且高效率的國家機關，以成長為目標，組織嚴密、高度凝聚的社經結盟；以及美國在經濟、安全和地緣政治各方面不遺餘力的支持。這三個國家推動的經濟政策模式都以趕上工業化國家為目標，並致力於國內經濟轉型。就這點而言，它們都受惠於全球金融體系對於低估貨幣的包容，國際貿易體系也有利於它們擴展出口。

　　重要的是，在發展初期，天然資源和外國資金扮演的都只是微不足道的角色。這三個國家都缺乏天然資源，而且擺明了將大地主——這群向來站在工業化和經濟轉型對立面的社經力量——排除在外。此外，這三個發展型政體都不曾因種族、宗教或語言而撕裂。另外，雖然許多國家的軍方對於投資追求產業升級持反對態度，但日本在經歷過二次大戰的失敗，以及美國占領後的一連串非軍事化措施，軍方將領在政治上已經喪失了實質的影響力。至於軍方仍大權在握的台灣和韓國，雖然初期有些抗拒，但最終軍方仍大力支持經濟成長，認為它即使不是國家安全的核心主軸，至少符合強化國家安全的目標。因此，在政體穩固且廣受各方支持的有利條件下，三個國家都順理成章地以強化核心戰略產業作為發展型政策模式的重要基石。

　　這三個政體努力累積國內資本、延遲享樂、致力於技術在地化與創新、厚植人才培育，其出口產品更是不斷精緻升級。多管齊下的結果，科技實力持續精進。此外，境內的頂尖企業多數都還是本地人所擁有。它們不斷往上下游整合，打造出一個個環環相扣且動力十足的經濟體系，靠自己本身就能持續成長[52]。政府與民營企業都有計畫地提升人力素質。如此可進一步推升全國的量能，往精緻生產前進[53]。至於外來的支援，美國在軍事、經濟上的協助、關鍵技術的取得，以及進軍海外市場時提供的助力，都是各國經濟蓬勃發展不可或缺的要素。本書稱這樣的經濟模式爲「鑲嵌式重商主義」（embedded mercantilism）[54]。最終，它們多年的成功爲鄰近國家指出了一條明路，找到了屬於自己經濟發展的途徑。

　　值得一提的是，這三個發展型政體的貢獻，並不只是作爲其他國家效仿的典範。經濟模式日益精緻純熟的情況下，它們對天然資源的需求增加，也需要低成本的土地與勞力，此外還需要便捷的交通網，並且爲本身較低階的出口產品找尋市場。三個國家因而都加入了催生區域生產網絡的行列，進而成爲形塑眾多鄰國政體形式與經濟模式的關鍵力量。跨越國界、經濟互賴的模式由此崛起。然而，就如在稍後有關替代發展型政體（第二章）和中國（第五章）的討論中所指出，後兩者與上述發展型政體有著截然不同的特質。

替代發展型政體

　　第二種類型的政體是所謂的「替代發展型政體」。馬來西亞、印尼和泰國是其中最主要的例子。這些國家的政府機關時不時會展現效率，使得經濟政治環境得以改善，進而提升經濟成長率，帶動出口擴張。然而，相較於發展型政體，上述三個國家的政府機關不僅凝聚力略遜一籌，也較少能臣幹吏。此外，日、韓、台三地用來牢牢掌控一切的犀利國家政策工具在這些地方或者付之闕如，或者未能發揮太大功用。再者，在泰國和印尼這些軍方勢力強大的地方，軍方反工業化的壓力也讓全國同心協力發展經濟的努力不斷受挫。而讓這三個國家經濟模式全面轉型更加窒礙難行的是，國內族裔和地方諸侯各據山頭。這除了削弱了國家團結的力道，也有礙技術能力的提升，其結果便是，政府機關鮮少具備宏觀的長期規劃能力，也無力爲經濟往自給自足轉型指出方向。

　　地域、宗教和族裔造成的裂痕無所不在。在印尼和馬來西亞，伊斯蘭教的影響力尤其大得不成比例。此外，在這三個地方，無數的金主靠著投資地產或以近乎壟斷的方式控制著關鍵產品或資源，因而享有源源不絕的收入。經濟上的沉澱成本（sunk cost）以及政局動盪，促使大多數人避開高成本、高風險、需長期研發的產業投資；反之，多數人會選擇投資能夠快速回收資金的項目，藉此保護其累積的財富。

　　雖然如此，馬來西亞、泰國和印尼在整體經濟成長和出口方面的成就還是值得稱道的。就這方面而言，它們和發展型政體非常相似。不同於資源貧乏的日本、韓國和台灣，這三個東南亞國家的資源都非常豐富，而這樣的條件，讓它們可以更為仰賴天然資源和農業出口；至於透過產業升級來增加出口，或是爭取政府資金投入的誘因，也就相對較少了。

　　而最關鍵的一點是，多數替代發展型政體追求製造業升級時，往往會依賴外國直接投資，然而投資者著眼的卻是其廉價勞動力。廉價勞動力對技術提升的要求微乎其微，也因此無法帶動本地的創新。國家和企業未能提升當地勞動技術，使得這些國家即便生產的是高技術性產品，但在區域和全球供應鏈中也只能是配角。

　　依賴外來資本的結果，也同樣使得這三個國家深受資金快速流動之害。當地政局於外國投資者沒有多少利害關係；他們不過就是代理人，設法找到收益最高的投資機會，按按電腦鍵盤把錢轉進轉出。這個模式在1997年至1998年的亞洲金融風暴中，為這三個國家帶來了極大的災難。

　　由於對外資的依賴，即便高附加價值的產品是從他們國家的邊境輸出，但當地的企業主和企業經理人從中獲取的利潤卻非常有限。這些因素加總起來，削弱了替代發展型政體培植及持續深化產業發展的動能，深陷「中等收入陷阱」的危機，讓他們舉步維艱，無法更上層樓。而只要這些遊走全球的外國投資者找到其他地方，取得更廉價的勞動力，或者能夠獲得稍微多一些的利潤，替代發展型政體就必然會受到影響[55]。

掠奪型政體

　　第三章所要分析的是第三種類型——東亞地區的掠奪型政體，其中最明顯例子就是北韓、緬甸以及馬可仕治理下的菲律賓。發展型和替代發展型國家（另外還有香港、新加坡、中國和越南）亮眼的經濟表現，常使人忽略了區域內的這些特例。

　　北韓等三個國家是經濟轉型的反例。這讓人不禁問道：在1950年代到1960年代，它們都擁有最有利於經濟發展的「客觀」條件，爲什麼結果卻是數十年積弱不振，眼睜睜看著鄰國紛紛超車？亞洲經濟奇蹟雖然強勁如海底激流，但在東南亞數個落後地帶卻只掀起微小的連漪。這些國家沒有站上區域內經濟發展的浪頭，反而逆流而行，拒絕經濟轉型。不但沒有爲人民謀求福祉，反而處處剝削。了解拒絕轉型背後之區域內各國不同的發展面貌，是一道珍貴的光，更能映照出成功的政權究竟做了哪些努力，來成就區域經濟的成果。

　　掠奪型政體的政府機關，一般而言，內部都很團結，而且握有強大的控制工具。然而這些機關的表現，很少讓外部的觀察者看出它的能力，看得到的只有國家的巨鎚不斷高壓重擊，藉此達到國家嚴苛的目標。再者，無論是北韓、緬甸或馬可仕統治時期的菲律賓，國家機關內無不充斥著恩庇侍從的風氣、貪污腐敗，以及（至少就後兩者而言）代理人之間的勾心鬥角。

　　種族與地緣關係引發的分裂，在緬甸和菲律賓尤其明顯。在這些地方，語言與宗教導致的緊張對峙與種族分離主義是重疊的。此外，菲律賓的地主買辦階級勢力龐大，他們和美國的農產品進口商關係密切，兩者結合組成一個綿密的矩陣，爲國家的掠奪行爲背書，也拖慢了工業化的進程。而讓快速經濟發展舉步維艱的還有反轉型色彩鮮明的軍方。在這三個國家內部，軍方都扮演著關鍵角色。北韓與緬甸推動經濟轉型的經費便往往因軍事預算而縮水。

　　雖然時不時宣示發展的決心——在北韓與緬甸是呼應社會主義的治國理念，在馬可仕統治下的菲律賓則是充斥著資本主義的空話——這三個政體最終還是抵擋不住甜言蜜語，任由掠奪橫行。他們非但沒有爲國家帶來經濟成長、增進人民福祉，反而是以恫嚇的手法治國，魚肉百姓，掠奪國家資源，至於人民生活改善的幅度，更是微乎其微[56]。雖然這三個國家在不同時期所面對的區域和全球政經局勢各不相同，但它們都近似查爾斯・

蒂利（Charles Tilly）所謂的「組織犯罪家族」[57]。握有國家權位的人利用官方機構形成利益保護圈，利用職位助長非法勾當，並且／或者濫用公共資源圖利自己、家族或自己擁山頭自重的小圈圈。掠奪自肥取代國家全面性發展，成為政體的「雄圖霸業」[58]。

政體相關延伸議題

　　本書第二部分將以第一部分所分析的三種政體類型為基礎，進一步探討其他三項議題。首先，第四章將分析，以往政經相輔相成的成功案例——日、韓、台三國為何會脫離鑲嵌重商主義，出現經濟成長相對放緩、對全球更加開放，以及政體重組的轉變？經濟一次次爆炸性成長，全球出口市場占比不斷攀升，這跟400公尺短跑世界紀錄保持人以同樣的速度一路衝刺完成26.2英里馬拉松賽一樣，可能性都是微乎其微。國家逼近科技前沿時，經濟成長率趨緩完全是合理的。當全球局勢驟變時，日本、韓國和台灣等發展型政體得面對重重困境，畢竟局勢不容政治體制一成不變，經濟發展的動能也會削弱。影響所及，就是政體的大幅重整，伴隨而來的是經濟成長率的驟降，人均生產力大幅降低，全球GDP的占比也隨之減少，在製造業中許多原本獨霸的產業市占率也明顯萎縮。

　　熊彼得（Schumpeter）的「創造性破壞」主張，唯有創新不斷取代舊有的，經濟動能才得以維持。雖然這類政體在發展過程中的特有且不尋常的權力格局終將崩解，進而導致發展型政體的解構，但仍存在一些強大的力量，使政體不至於全面瓦解，也不至於瞬間揚棄以往運作順暢的一些做法。新舊雜陳讓這些國家很難進軍全球經濟體系中的人工智慧、網路軟體、基因體學或合成生物學等先進科技領域。

　　第五章將討論第二個延伸議題。在亞太經濟成長史上，中國的政體與其經濟政策模式值得另立一章討論。1970年代末期，中國掙脫了馬列主義與毛澤東思想的牢籠，開啟了長達四十年的高速經濟轉型。1978年到2018年間，中國GDP平均成長率為10%，且超越日本成為全球第二大經濟體，GDP占全球比重從5%一路竄升到17%。二十一世紀第二個十年到來之際，中國已成為整個東亞地區經濟發展的樞紐。

　　揚棄毛澤東的發展模式之後，中國的政體與政策模式反映出來的特質橫跨了第一部分三個政體類型的特徵。從1970年代末期到2008年左右，多數時間中國政體呈現的是上述三個類型的混合體，當中可看到多項日、韓、台快速成長與轉型過程中，結構面不可或缺的特性，最明顯的就是強大而縝密的政府機關、反對勢力的邊緣化、目標取向的資本分配，以及為提升人力素質不惜重金投資。然而，中國政體雖然就整體大環境而言是全球秩序的受惠者，也從日本和其他外國投資取得大筆補助和貸款，但它從美國得到的外部支援卻遠不如日、韓、台三國巔峰時期那麼明確而充沛。

　　此外，中國經濟起飛之際，正值全球化加劇的年代，它和馬來西亞、印尼以及泰國一樣對外資敞開大門，初期也仰賴廉價勞力為外國跨國企業組裝和包裝產品。再者，中國的政府機關展現的嚴謹和效能雖然和發展型政體相去不遠，地方政府和公民社會也享有較高的自主權，然而，掠奪型政體用來壓制、管控社會的工具，中國也用了不少。

　　四十年來，強而有力的黨國體制牢牢掌握著關鍵社經力量和經濟政策。而隨著中國經濟的欣欣向榮，國家的行政效率和民族主義的體質使得這個政體有餘裕得以改弦易轍，脫離替代發展型政體的依賴性格和低端的發展模式。政府大力投資培育人力，外國投資者依賴本地企業形成的夥伴關係，以及在政府主導下，逐步收回以往外資企業獨享的優惠，這一切使得中國政府得以再度加大對關鍵產業的掌控。與此同時，這個以黨領軍的政體也制定計畫，扶植本地企業在先進產業的創新能力，圖謀稱霸全球尖端科技領域。此刻的中國，看起來有不錯的機會，可以扭轉部分對外部的依賴，並且在這個過程中，掙脫中等收入陷阱。

　　近來中國政體的發展出現了一個問題，那就是：中國是否會繼續打造它獨特的政體形式？還是由現有運作良好的政體形式中吸納其特點？如果答案是肯定的，那麼會採取何者？如果考慮取法於發展型政體的經驗，那麼中國可能有兩個選擇。作為過去成功的代價，經濟成長急遽下滑、政府體制大幅改革的將來是否可能發生？或者，中國經濟將持續蓬勃發展，政體維持穩固，只是藉由某些調整，避免經濟趨緩，且無需重整結構？

最後一章，我們將擴大視野，由長期、宏觀的角度評估多個政體類型以及亞太地區整體的互動情形。我們將觀察不同政體組合起來如何形塑區域秩序，而與此同時，區域內的主流趨勢又如何反過來影響各類政體。政體類型的興衰固然是由國際局勢的變化所主導，然而在這一章當中，我們還將分析不同政體的組合如何形塑亞太地區的區域秩序。

簡而言之，最後一章所要傳達的訊息是，本書主張亞太地區的區域秩序實則可明確劃分為三個階段。第一階段主要是由美國的霸權與冷戰這兩股力量拉鋸形塑並鞏固成型的。這股力量造就了發展型政體早期的經濟成果，但它也同時強化了替代發展型政體掠奪的本質，讓中國在經濟上更為孤立。發展型政體聲勢不墜，在經濟上斐然有成，然而其卻也是促使區域秩序兩極化，且開始腐蝕的一股力量。同樣地，美國在越戰中戰敗，中國疏遠蘇聯，偏離毛澤東路線，追求新的經濟模式，無一不是瓦解區域秩序的力量。在此同時，以往對鑲嵌式重商主義耐心以待的美國決策者失去了耐性，經濟全球化使得外國直接投資紛紛出走。這一切讓馬來西亞、印尼、泰國和中國轉而彼此擁抱，在經濟發展上相互依存。

第二階段的區域秩序，隨著亞太各國從兩極對立邁向和平繁榮，區域的經濟綜效也隨之提升。區域內經濟互動頻繁，彼此相互依賴，政府間的正式交流也不斷深化，不少貿易協定的簽訂和區域性組織的成立強化了區域內的互動。國家安全問題上不再硬碰硬、正面衝突，在許多非傳統的安全議題上，各國之間的合作也逐漸深化。

第三階段的區域秩序約莫在全球金融危機（2008-2009）左右逐漸成形。影響所及，各國的自信心提升，領土爭議增加，地緣戰略的競爭也隨之加劇。各個本地政體如何激發與回應區域秩序的變化，當然也影響了這類改變如何決定區域的風貌。地緣政治競爭的結構性壓力不必然會讓整個區域的政府機構喪失權力，或是讓決策者失去選擇的餘地。如今許多政權已經茁壯強大，不再是數十年前的吳下阿蒙了。許多國家為了保衛政權，寧可讓全球和區域秩序維持一個較為平和的狀態。然而，它們為了平衡保衛政權與調整體制所做的努力，究竟是會平息還是加深區域內日漸升高的緊張對峙，還沒有清楚的答案。

PART 1

第一章
發展型政體──日本、韓國與台灣

　　日本、韓國與台灣經濟華麗轉型，是東亞最早的成功案例，其後經濟轉型成功的浪潮便以排山倒海之姿席捲東亞。日本、韓國與台灣各自克服了二次大戰所遺留的重重障礙（韓國還得面對1950年至1953年韓戰的後遺症），一連數十年國內生產毛額（GDP）高度成長，經濟成長率幾為工業化國家的2倍。它們各自累積了龐大的資金，大量投資於國內生產設備以及國家基礎建設，在成熟的企業與產業間建立起綿密的上下游網絡，為產品持續創新與產業深化奠定了穩固的基礎。在這個過程中，這三個政體不但在全球出口市場所占的比重穩定提升，貨幣日漸強勢，外匯存底也快速增長。

　　隨著經濟發展逐漸成熟，人民得以大規模參與經濟活動，所得分配模式也變得多樣化。以國際標準而言，三個國家的所得分配堪稱平均。更重要的是，由於大量仰賴本土資金，國家對經濟發展主導性高，因而生產力提升所帶來的龐大利益多數得以造福本地人，而不至於外逃、落入外國人的口袋。

　　本章認為，經濟發展的成就與日、韓、台三地特定的政治體制是同時並進的，與某個特定經濟模式更是密不可分。這三個國家的經驗雖然不盡相同，但在某些基本面向上的相似程度卻足以讓我們把它們視為同一個群體[1]，作為本書所謂「發展型政體」的具體例證。

　　這三個國家都有著強而有力且完善的政府體系；都擁有一心促進經濟成長的社經結盟，主導著國家的發展；在國防、經濟各個面向都得到美國的大力支持，並且是全球性金融、貿易機制的受益者。每一個國家都團結在丹・斯萊特（Dan Slater）所稱的「保護協定」（protection pacts）之下。由於國、內外菁英均感覺生存受到威脅，他們便團結起來，聯手推動

「鑲嵌式重商主義」的經濟政策模式，其核心元素包括了產業政策、匯率低估、出口擴張和高速工業化，一切都是站在政治體制的堡壘後方，為對抗菁英所認知的威脅而邁步向前[2]。

隨著這些國家的經濟起飛，經濟成長提供了正向回饋，使得政體的關鍵元素之間更加牢不可分，但也將潛在的反對勢力以及其他可能的經濟模式邊緣化。這三個國家的政體，每一個內部都愈發鞏固，愈具正當性，也愈發盤根錯節。日益強大的政體也反過頭來鞏固這樣的經濟模式，兩者不斷相互強化，形成「良性循環」。

許多研究都強調日、韓與台灣的國家機關，尤其是文官體系，在經濟轉型中所扮演的核心角色。強大且完善的國家機構無疑是經濟轉型不可或缺的，然而單單靠國家機關絕對是不夠的。政治體系中另外兩個關鍵元素的本質也同等重要，那就是以經濟成長為導向、堅實的社經同盟，以及來自外部堅定有力的支持。這三者加起來形成所謂的「發展型政體」，進而穩定地推動促進國家轉型的經濟模式，促成大規模且快速的產業轉型。

國家機關

有心發展經濟的國家雖多，但有能力付諸實現的卻不多。莎翁名劇《亨利四世》（*Henry IV*）有段對白一語道破兩者間的差異。格倫道爾志得意滿地炫耀自己的神力，說：「我能召喚海底的精靈。」豪世博的回答馬上挫了他的銳氣。他說：「什麼啊，我也能啊，誰都可以吧。問題是，你召喚他們，他們真的會來嗎？」[3]

國家擬定與落實經濟政策模式，藉以召喚握有發展之鑰的精靈前來時，一個齊心協力、以決策果斷為目標而設計的國家機關可謂無價之寶。政府組織各行其是的現象在拉丁美洲、非洲和中東比比皆是[4]，但日本、韓國和台灣的國家機關不同，他們的組織是為了果斷決策而設計的；反映少數的聲音、廣納民意或是讓步妥協不是他們主要的考量。政府當局會緊盯有助於國家迎頭趕上的明星產業，協助它成為琳達・魏斯口中國家的「轉型計畫」[5]，或者鮑勃・雅索普（Bob Jessop）所謂的「霸權計畫」[6]。

在日本、韓國和台灣，國家機關大權在握且步調一致，這樣的體制有其悠久的歷史[7]。十九世紀末，當時殖民韓國和台灣的日本統治菁英為了避免殖民統治加諸於非白人世界的苦痛，師法俾斯麥主政下的德意志帝國憲法，擬定了一個集權而非分權的政府組織架構[8]。公民的義務包山包海，權利卻少得可憐。可想而知，政黨和議會必須面對重重精心堆疊的障礙，無法享有西歐、拉美和美國等地同類機構所擁有的影響力。

日本殖民統治時期，殖民者與被殖民者之間權力失衡是無庸置疑的，然而日本統治數十年後的韓國和台灣也繼承並複製了殖民者遺留下來的國家體制。訓練精良、精明幹練的本土官員在這三個國家都是常態[9]。戰後這三個國家的政府結構也延續了國家機關獨掌大權的走向。

日、韓、台三國政府進用大批學者，國家機關因而得以一枝獨秀，成為經濟蓬勃發展的關鍵力量。同列「發展型」的這三個國家，個個都有「領航機構」，由幹練的技術官僚組成。這些經由人才選拔程序遴選出來的公務人員全面掌理著國家的管控機制[10]。他們群策群力，運用所長，善加部署，且善用制度工具，堅定地朝共同的目標邁進[11]。

然而政府官僚在運作上畢竟沒有太大的自主權[12]。儘管是幹才，但也不是在政治真空的環境下運作。在龐大的國家機構機器裡，他們充其量不過是小螺絲釘罷了，少有空間可以提出自己的政策主張。此外，他們所追求的目標也不是那麼理所當然[13]。事實上，韋伯分析官僚體系時便清楚指出，官僚運作的規則並不是由內部產生的；它們是穿透官僚辦公的小隔間，由外部傳遞進來的。

位於這三個國家體系頂端的是一個更龐大、更縝密的執行機關。以日本為例，掌控國家機關的最高權力機構就是在選舉中總是贏得多數的自由民主黨（Liberal Democratic Party, LDP，下稱「自民黨」）。

不同於台灣和韓國，日本在二戰結束之初採行憲政民主制度，明文保障國民主權、國會權力、選舉的公平競爭以及新聞自由與公民權等[14]。二戰後約十年間，日本的國家體制在血腥的巷戰與社會、政治的劇烈動盪當中掙扎，尋找出路。期間日本組成了一個又一個聯合政府，在國會和首相官邸之間宛如走馬燈進進出出。歷任政府關注的往往是地緣政治和國家安全議題，而非經濟轉型[15]。

　　最後，到了1955年，原本各擁山頭的數個保守政黨在商業界與美國政府的強大壓力下，結合起來組成了自民黨。之後的四十年，自民黨兩度在國會中席捲眾多席次，成為國會第二大黨。[*1]選舉無往不利讓自民黨一直獨霸內閣所有的重要職位，直到1993年，日本一直是少數一黨獨大的民主政體[16]。

　　其結果是，日本的經濟官僚雖然在策略上享有相當的彈性空間，但其政策方針卻始終由自民黨所制定[17]。自民黨因為是選舉的常勝軍而得以在行政方面維持優勢，也因此它在推動國家政策模式時，並非毫不受限。它必須是個有效的選票動員機器。高效率的選舉動員是必要的，唯有如此，自民黨控制國家機器的時間才能夠長久，也才能主導並完成經濟轉型。的確，長期執政的自民黨主要就是一部為勝選而設的政治機器，治理國家反而是其次。自民黨下放給國家官僚體系的治國細節遠比其他兩個發展型政體來得多。

　　中國國民黨和韓國的軍政府都不曾面對這種因選舉考量而來的限制。反之，在他們進行經濟轉型的最初數十年間，兩國都由軍方嚴密控制，獨裁統治，且對人民全面監控。無孔不入的國民黨以其強大的勢力作為官僚體系的後盾。至於韓國，唯獨裁的大統領馬首是瞻的各個政黨也是如此[18]。

　　韓國的國家機關在1961年朴正熙發動政變、成立軍政府之後，變得更加團結。之後三十年間，國家機關的權勢和凝聚性幾乎是無庸置疑的。軍方貫徹命令，加上憲法賦予大統領的各項權力，使得國家機關上下一心、使命必達。此外，大韓民國中央情報部（Korean Central Intelligence Agency, KCIA）和影子內閣的存在，也使得國家更為凝聚，對平民的控制更為嚴密。

　　1961年5月朴正熙掌權後不久，他便明白宣示，軍方將在他的政權中

[*1] 校訂註：應為「自民黨在國會的席次達到第二大黨的2倍之多」。

扮演領頭羊的角色。他說，唯有組織嚴密、階級分明的軍方，才能徹底消除他眼中韓國的兩大缺點——貪腐和貧窮。他以肅貪為名，逮捕了無數企業領袖，確立了國家高於社會、政治高於獲利的統治模式。企業財閥必須表態保證配合朴正熙的政治目標，才能獲得某種程度的自由，獨立經營事業[19]。直至1979年朴正熙被暗殺前夕，他始終鐵腕監控經濟發展，力行他的「大推進」（The Big Push）政策。軍方與大統領權力的結合在1988年引進民主選舉制度之前，幾乎不曾碰到任何挑戰。

國家安全議題幾乎從未因經濟成長而打折扣。然而，朴正熙和他的支持者卻得出一個結論：為了國家安全，必須進行經濟轉型。鋼鐵、造船、電子和基礎建設，是製造武器、抵禦侵略者——尤其是面對虎視眈眈的北韓——所必須的。政治領導階層因而將軍事安全與經濟發展兩大目標合而為一，認為它們非但不扞格，更是親密的夥伴，即便這樣的親密關係導致軍事支出在國家預算當中占比大幅下降也在所不惜[20]。

經濟官僚系統仍受總統的指揮。朴正熙之所以有這種觀念，從他的背景看來再合理不過了：他是日本軍官學校畢業的高材生，曾以軍官身分前往東京陸軍士官學校受訓，之後轉往滿洲服役。在日本軍事統治下的滿洲，他遵循其工業發展計畫，參與推動經濟發展。此外，他不但目睹1950年北韓如何輕而易舉地擊潰際遇坎坷的李承晚政權，也親眼見到李承晚如何依賴不在地地主與主張進口替代工業化（import substitution industrialization, ISI）政策的腐敗產業界人士這樣的社會結盟。關於這一點，以下將有進一步的討論[21]。

在階級嚴明的國家機關中，決策集中少數人士專斷的傳統，再加上有計畫地壓制反對勢力，這樣的現象一直持續到1980年代末期（即使在軍方將國家大政交給平民政府後，總統大權獨攬的現象還是令人咋舌）。朴正熙統治下的韓國，國會議員約有三分之一是總統指派的。政府透過法令限制反對派政治人物從事政治活動。政府經營的官方媒體則讓人民在支持或捐款給反對勢力時，窒礙難行。1948年到1980年代中期，約有100多個政黨成立又解散。多數是因為缺錢又無法發揮影響力。他們大多曇花一現，散兵游勇般，只是某些政壇大咖個人人脈的結合，而非有凝聚力、有民意支持且系統化運作的政黨[22]。他們當中，能節制國家機關的少之又少，這和日本及台灣的情形很不一樣。

　　1949年蔣中正的軍隊接收台灣以後，國家機關就是唯蔣中正個人馬首是瞻，全力支持他的國民黨和軍方也同樣一言九鼎。自從1949年抵達台灣這座島嶼，直到1975年去世，蔣「委員長」始終一手掌控國民黨。他的兒子蔣經國接手後，也同樣大權在握。台灣的公務人員聰明幹練，但非常順服，對國民黨尤其如此。國民黨複製了共產黨在中國大陸的組織架構，並且延續自己長期屹立不搖的運作模式，進而採取政黨與國家體制並行的雙軌運作，以確保能牢牢掌控這個鄭敦仁所謂的「準列寧式政黨」[23]。雖然分別運作，但國民黨和政府的步調大致是齊一的。國民黨控制台灣以後，原本的目標是要反攻大陸——是個天方夜譚的承諾。然而1960年代以降，為了支持（而非取代）反攻大陸的目標，追求經濟成長似乎愈來愈順理成章[24]。

　　重大決策，雖然不全是由國民黨旗下的單位提出，但至少都得經由他們核可，這其中包括經濟政策的核心決策。台灣有地方選舉，韓國也舉辦全國性選舉。但無論台灣或韓國，因為專制的國家結構使得選舉無法真正發揮制衡的力量。然而，台灣的選舉同時提供了國家機關定期了解民瘼的機會，也給予它發掘與招募本地人才加入國民黨或國家機關的機會，因而得以培養出一群屬於自己的骨幹。這群政治人物嫻熟選舉，使得民主化後國民黨的目標仍得以實現[25]。

　　韓國和台灣的國家體制當中還有一個非常關鍵的要素，那就是專業的軍隊。因為專業軍隊的存在，國家權力得以維繫，它同時也可節制商業界自主的力量，遏制群眾運動。實施戒嚴使得兩國政府都握有更多權力，讓新興菁英更為團結，政策更得以貫徹，但卻也對潛在反對者多所壓制。對男性強制徵兵，嚴格管制集會與言論自由，再加上對人民全面監控，這一切在在強化了兩個國家執政當局的權力，即使是施行民主制度的日本，警察和情報人員也大規模監控可能挑戰政權的政治人物[26]。

　　在上述三個國家，政治領導階層和／或軍事將領以及資深公務人員彼此間並非零和關係，更常見的是三方聯手，一起推動國家經濟發展這個共同的霸權計畫。他們彼此間若有歧見，主要也是針對策略、工具以及施行的廣度與深度，很少是對政策模式本身有所分歧。國民黨、朴正熙政府以及自民黨在幹練忠誠的行政人才協助下，追求著始終如一的大戰略。三個國家的政壇領袖都會定期進行行政改革，提升國家機關的效率並加以整合，一切還是以達成經濟目標爲主要考量[27]。

　　值得一提的是，並不是所有的國家機關都這樣全心投入經濟發展。即使像朴正熙這樣，在國家機關內培養了一群高效能技術官僚，但公共工程、農業和主管貸款分配機關的人選，他優先考慮的還是恩庇侍從的關係[28]。日本的情形也是如此。自民黨常以掌控高級文官任命權的方式，確保關係良好的選區或企業在政治酬庸中能取得一定的比例，雨露均霑，至於此舉是否有助於經濟快速成長則往往不在考慮範圍內[29]。

　　關於國家機關的執行架構方面，還有最後這一點值得一提。台灣和韓國都把極大的權力集中在總統這個職位上，即使國家機關有分層負責的設計，政策制定也有一定的程序，但這兩個國家的總統都握有大權，可以凌駕其上。也因此，這兩個政體未出現日本發展時期，首相行政權定位不清的問題。日本首相得不斷在其理念的優先事項、自民黨內部的政治陰謀，以及定期選舉訴求的需要，這三者之間求取平衡。日本的國家機關相較於許多國家，顯然是比較有凝聚力的，因此在跨層級的縱向協調和管控上，還是顯得略遜於韓國和台灣[30]。

　　在稍後有關東亞各國的分析，各位可以看出日、韓、台與國家機關結構鬆散的國家實則有著明顯的差異。後者往往效能低落，恩庇侍從關係根深蒂固，所推動的政策更是站在經濟轉型的對立面，而三個發展型政體國家在推動國家經濟政策模式時，都從理念相同、支持成長的社經盟友得到極大的支持。國家機關的施政並不是建立在抽象的「國家利益」之上。事實上，他們所謂的「國家利益」是根據支持政府的特定社經同盟明確受惠於政策的程度來定義的。

社經力量

　　有了行事幹練、團結且能掌控大局的國家機關，焦點都擺在這些機關的結果，使得發展型政體不需仰賴來自社會各界的一般性政治支持[31]。[*2]當然，由於管理社會、經濟競爭的規則是由國家機關所制定的，也因此政府會左右競爭的結果[32]。然而同理，為了回報某些團體在重要關鍵時刻給予的支持，國家也會以行動「回報那些友善的團體，排擠敵對團體，讓那些危險的團體運作不下去」[33]。簡而言之，國家機關和社經力量之間的關係存在高度政治考量。哪些社經團體會支持國家機關以及他們所推動的政策？他們的支持獲得了哪些回報？由此觀之，三個政體實則都包含另一個關鍵的組成元素，那就是：支持經濟成長、強大而凝聚的社經同盟。

　　三個發展型政體內部都包含了「國家機關與社經力量融合」這個元素。社經團體對經濟計畫產生共識之餘，也會全力投入，並投注資源。這三個實例當中，最核心的社經力量除了大企業之外，農業部門和小型企業的貢獻也功不可沒。這幾股社經力量的累積整合支撐著整個政體，合力推動共同認可的經濟模式。數十年政治、社會乃至經濟力量的結合，讓這樣的同盟在面對日常政局的動盪起伏與短期的挫敗時，得以乘風破浪而過。

　　日本、韓國和台灣特有的社經同盟之所以能獨霸一方，非常關鍵的一個因素是，在其他國家造成一道道對立的裂痕，如族群、宗教、語言和種族的對立，這三個國家碰巧都沒有。族群、宗教和語言種族的分裂不利於心理與情感上的建設，無助於形成班納迪克·安德森（Benedict Anderson）口中「想像的共同體」，然而這樣的共同體卻是現代國家成立的基礎[34]。日、韓、台三國人民鮮少質疑自己的國家認同，這對國家無疑是一大利多[35]。

　　姑且不論韓國和台灣都是內戰過後國家分裂之下，殘存且代表性不足的政權；內戰分別將這兩個國家一分為二，但三國都沒有迫切需要解決的疆界問題。日、韓對國家認同是有相當共識的，至於台灣則不盡相同。台

[*2] 校訂註：這句話照原文直譯會不容易懂，因此稍做改寫。

灣面對的是本省人與來自大陸的執政者強加統治造成的裂痕。來自大陸的統治者執政之初，內部完全欠缺社經基礎，屬於少數族群的他們，只能仰賴較高壓的統治方式[36]。

　　起初國民黨縱容占人口數15%的「外省人」恣意而爲，任由他們巧取豪奪其餘85%「本省人」的財富[37]。毫無意外地，國民黨由上而下的統治方式激起了公民社會的反抗。雙方的對立在1947年2月28日演變成血腥衝突，在地的台灣人群起反抗外省人的箝制[38]。政府的回應是無差別地屠殺數以千計的本省人，此舉更加深了本省人與外省人的嫌隙，雙方的裂痕持續至今。其後國民黨採取「催台青」（本土化）政策，稍稍修補了執政初期的裂痕。但族群對立始終是台灣與日本、韓國的一大差異；日、韓並沒有嚴重的族群問題。然而，在這三個國家，社會對立的問題都還是比較隱性，還在可以處理的範圍內，也足以將社經分層的先賦基礎降至最低。先賦基礎主導社經分層的現象在其他地方比比皆是。

　　關於這三個政體的社經關係，其中特別重要的是，他們在相當早期便將昔日有權有勢的大地主都剷除了。誠如本書〈導讀〉中所提到的，在歷史上，地主階級一向是抗拒快速工業化的一群。他們認爲工業化會威脅到自身的收益和政治影響力；工業發展會讓他們的土地成爲課稅的首要目標、或遭到徵收。工業發展也會向當地的工人招手，誘使他們逃離農村大家長主宰的群體生活，前往都會的工廠找尋收入較高的工作。在這個過程中，原本有求必應的政治勢力轉向了，他們機靈地轉而聆聽並實質支持鼓吹工業化的人士以及企業家。

　　二次大戰後，這三國家都進行了大規模的土地改革，剷除財力雄厚的地主，讓他們不再是一股反對工業化潛在而堅實的力量。日本在二戰前曾施行少數土地改革措施，然而在美國占領時期，執政當局強行推動大規模土地改革，嚴格限制土地持有面積。美國的土地改革行動大幅削弱地主在社會經濟方面的力量，也因此剷除了推動工業化時主要的潛在反對者。此時，農業收入仍占GDP極大的比重，務農的家庭爲數眾多，農業改革的同時創造了日後可以呼風喚雨的農業利益團體，這當中包含有數以千計的小型自耕農，他們透過農業合作社集結成勢力強大的網路[39]。這些小地主趁著綠色革命之便，同時善用新科技提升生產力，個個賺進了可觀的財富，也讓政府得以利用農業部門的盈餘投資工業發展。

成立合作社，政府全面保護農業發展，保障收購價格等措施讓小地主受惠，進而成為執政的自民黨潛在的死忠支持者。雖然絕對價值來看，所費不貲，但支持小農慢慢地不再耗用那麼多政府預算了，原因是產業轉型之後稅收增加了，而從事農業的家庭也減少了。就政治層面而言，用自耕農來替代戰前的不在地地主，無論對自民黨或是對整個政體而言，都是大利多。加入合作社的小農，在選舉時，都是自民黨得以保住政權的無價之寶。

而在台灣，外來政權國民黨政府掌權時，島上三分之一的GDP來自農業收入，而掌控這些收入的則是一小撮財大勢大的地主階級。國民黨政府在大陸執政時，始終拒絕在他所控制的地區進行土地改革。他們既顧忌盤根錯節的軍閥勢力，更不願得罪黨內的地主黨員。然而，國民黨抗拒土地改革，卻成為共產黨在內戰中動員貧農的最佳理由。國民黨逃到台灣後，並沒有忘記這個教訓。他們在台灣進行大規模土地改革時，在政治方面沒有多少顧忌，因為搬遷到台灣的國民黨黨員在台灣幾乎都沒有土地，而本地多數的大地主身上則留有戰前與日本占領者合作的印記。海峽對岸的成功——即便手段殘酷——加深了國民黨進行土地改革的動機。

其結果是，國民黨逃離大陸後不久，便施行了大規模的農村改革計畫。自此，這個政黨不但不需要考慮是否要保護地主，同時也剷除了接收政權後潛在的心腹大患。農業資源是工業化不可或缺的資金來源。此外，土地改革和政治吸納，讓國民黨得到農民的支持，這是非常可貴的，因為它同時降低了農民反抗國民黨統治的可能性。

全台大約四分之一的土地進行了土地改革，重新分配後的土地主要由有商業頭腦的農民取得[40]。之後，國民黨將這些農民組織起來，成立了大約340個由國民黨控制的農會。這些農會就跟日本的合作社一樣，提供信用貸款、科技服務，乃至行銷各式各樣的服務，並且將這些小型的自耕農組織起來，成為支持政體的一股力量[41]。

韓國和台灣一樣，在1945年時，大約七成的農夫都是佃農。不在地地主人數雖少，但非常富有，而且是能呼風喚雨的貴族階級，左右著戰後初期政府的運作[42]。和台灣一樣，這一群土地貴族長期和日本占領者合作。雖然現在日本人離開了，但他們仍持續從中獲利，就跟台灣那群大地主一樣，作為民族主義者，他們的資歷是有瑕疵的。此外，就如同台灣的政治領導人看待大陸的同儕推動土地重分配政策一樣，韓國領導人只需要眺望38度線的另一端就能產生同樣的動機。

從1946年到1948年間，美國政府當局開始對韓國土地改革一事施壓，藉此防範共產黨於未然。在1950年這段意識形態強烈交鋒、區域衝突一觸即發的年代，韓國政府採取了一些措施，以平息農民的抗爭[43]。自耕農擁有的土地從36%上升到73%[44]。

就政治層面而言，這樣的土地改革不僅去除了通往工業化的路障，也大大解除了農民的痛苦，同時鼓勵剛剛致富的農民和保守的政治勢力合作。在這方面，日、韓、台三個政體處理社經布局的方式都與拉丁美洲多數地區、菲律賓、南亞以及非洲國家慣用的手法相當不同[45]。

除了剷除買辦階級，並且將小農納編成為政體的支持者外，發展型政體也因為削弱了民間集體行動的能力而受惠，其中最顯著的便是工會。二次大戰之後，百廢待舉，三個國家都亟需大量勞動力。然而，在工會成氣候之前，台、韓、日都動用了國家機關所能找到的一切工具，再加上企業主在能力範圍內所能採取的一切行動，極力壓制工會和其他群眾運動。對共產主義的恐懼從意識形態上給了保守政經勢力聯手合作的正當性，進一步限縮左派和勞工團體的發展[46]。

國家的壓制加上企業的家長式領導，在戰前便已限縮了日本勞工組織的發展[47]。美國占領日本之初是鼓勵組織工會的，參與工會的比例一路飆升，到1949年已高達56%。然而冷戰爆發，加上美國國內政權輪替，以致政府改弦易轍，連初初萌芽的勞工運動都遭到打壓。美國人多次禁止罷工，整肅工會領袖，並且取消公共部門員工的勞資協商。而在取回主權之後，歷任日本政府也有樣學樣，有計畫地將國內最激進的工會一一瓦解。從1950年代到1970年代，加入工會的勞工比例跌至不到40%，之後更穩定下跌。

　　而在日本較大的企業內部，特定的企業工會讓勞工的權益與雇主掛鉤的程度高於跟全國勞工的連結。工會的集體權力進一步縮減，改向兩、三個中間偏左的政黨效忠，然而這些政黨在國會的席次從來不超過三分之一。直到1993年（唯一的例外是1947年到1948年有段六個月的過渡期，當時政府所有的政策都得交由美國占領政府做最後決定），在所有的工業化民主國家當中，只有日本從未出現過勞工所支持的政府。

　　如果說勞工在日本是政治上的弱勢，那麼其在韓國和台灣境內就更勢單力薄了。遲至1990年代初期，即便台灣部分大型國營企業和私人企業開始向日本同業看齊、從而改善福利制度時，這兩個國家的法律仍然明文限制勞工所能享有的福利。加入工會的勞工占韓國勞動人口約10%。韓國沒有最低工資標準，法律也禁止罷工或採用閉鎖工廠。勞工運動一直受到政府各種各樣的箝制，例如限制組織工會、限制罷工活動、派人暗中滲透，以及政府參與勞資糾紛協商等。1980年代，全斗煥總統任內，這類壓迫更是變本加厲[48]。即便1987年「過去清算」政治解放之後，1990年代的韓國也無法阻止大規模警力強力介入、中止罷工，甚至在1996年還通過新的反勞動法[*3]。一直要到1997年金大中出馬競選，韓國勞工才真正有了總統級的盟友。

　　至於在台灣，外來的國民黨政府帶來了其在大陸施行的那一套壓迫人民的勞動法規[49]。就如同1987年之前的韓國，罷工、勞資協商都是違法的，工會也是由強勢的國民黨一手掌控，這包括推翻工會選出的領袖，以及否決任何的工會活動[50]。和日本一樣，有些企業透過家長式領導，緩和了這種高壓的態勢，但距離透過政治影響全局還有一段長路。

　　台灣和韓國都引進了國家主導的統合機制，藉以強化對勞工和小型企業的政治管控。國民黨來到台灣之後，沿用了許多日本戰前的模式，建構國家主導的統合組織，將農民、勞工組織、宗教團體、小型企業、職業工會等都整合起來，組成了層次分明、外界無法與之競爭的獨占式網絡。這些網絡都是直接受控於國民黨的。這些統合組織在國民大會和立法院都可以分配到固定席次，而這兩個機構其實是沒有牙齒的老虎，它們的存在只是爲國民黨政權的合法性背書[51]。台灣無疑是國家領導型經濟統合主義的經典範例[52]。

同樣地，韓國也在1963年立法要求所有的工會都必須依法取得政府的認可，此外更明文規定，同一產業的各個工會必須整合爲一個，法律也賦予國家機關干預工會運作的權力。這類統合式的工會在這兩國都無法有太大的作爲，成效也不彰[53]。在此同時，獨立的非政府組織（NGO）和有影響力的公民團體不僅數量有限，也發揮不了多大作用。

在發展型政體內部，除了那些被排擠在外的產業之外，其他的各部門都被整合進大型的本土企業以及他們的組織之內。一方面是面對外來軍事威脅所產生的集體恐懼，另一方面則受迫於來自勞工和民粹主義的要求，國家機關和有錢有勢的商業團體因而攜手合作，進行霸權計畫，力求經濟轉型，把「迎頭趕上」先進國家當作促成統合、同心協力的共同目標。政府機構訂定規則，打造外部經濟環境，提出獎勵措施，動見觀瞻的企業團體和統合組織則相對應地提供政府有效運作所必須的業界消息。爲了防範政府機構奪取其資產，擁有資本和生產設備的商人也樂於拍高官馬屁。就如同康燦雄（David Kang）討論到韓國時所說的，實力雄厚的企業和產業團體形成相當綿密的網絡，培養自己的政商關係，這是商業策略重要的一環。在此同時，政府裡的行動者則竭盡所能，以避免成爲既得商業利益的俘虜[54]。

這三個政體的政商之間的界線其實漏洞百出。諮詢委員會、聯席會議、互相提攜，再加上彼此權高位重的高階人員往來容易，因而組成了一個涵蓋面極廣的網絡，這使得商業大佬和政府官員形成了一張萬年不破且相互影響的人際網。長期以來，韓國和台灣都非常倚重像韓國全國經濟人聯合會（Federation of Korean Industries, FKI）或是中華民國商業總會（Chinese National Federation of Industries, CNFI）這類金字塔頂端的商業總會。在日本同樣舉足輕重的則是日本經濟團體聯合會（Keidanren）和經濟同友會（Keizai Dôyûkai）。這三個政體內部都存在密密麻麻的非正式溝通管道，讓政壇和企業的掌權者得以互通有無[55]；提供彼此間來來回回互通訊息的網絡不僅爲數眾多且使用頻繁，再者，每個產業通常都有自己的一套網絡[56]。金錢、好處在網絡間來回流動，內部凝聚的力道以及共同的目標讓政府機構和業界都無法單方面全權主導事務的走向。

　　理查德・薩繆爾斯（Richard Samuels）透視政商關係的本質，他稱這是一種「雙向認可」[57]。麥可・楊（Michael Young）和法蘭克・烏凡（Frank Upham）也分別研究強調，政、商之間持續互通資訊，無論是對彼此間的合作或是對國家經濟的繁榮，都至爲重要[58]。梅雷迪思・榮恩・伍（Meredith Jung-en Woo）檢視朴正熙執政時期的國家機關以及大財閥之間的關係，也發現類似的互賴現象[59]。而在台灣，國民黨曾經高度主導產業經濟發展，但在1960年代，它甘願冒著重大的政治風險，「打造了一個商業環境，來刺激本地私人企業與外來投資」，以此拉攏民間企業與國民黨形成商業同盟，作爲經濟發展的基礎[60]。

　　因此，發展型政體所憑藉的並不是靠著國家力量盲目地加以干預，而是讓國家和以市場爲主的體系結合，相互推升拉抬，發揮綜效[61]。這樣的合作反映的正是米格達爾所謂「社會中有國，國中有社會」的互賴關係。琳達・魏斯視之爲「治理性互賴」；安德希爾（Underhill）與張孝柯（音譯）稱之爲「國家與市場的共管公寓」[62]，韋德（Wade）則主張這是國家機關「治理市場」[63]。在國家經濟高速發展時期，這三個發展型政體都極力主張巨額國內資本帶來的龐大利益與國家長期利益是相符的。政府和企業界坐在經濟之舟兩側，齊力划槳，一槳一槳地往前推進。

　　由於這三個國家的國家機關和大型企業聯手，策略性地壓迫並且有系統地排擠全國性的工會組織與其他民間部門，個別動員的力量便大幅崛起，與政商聯手形成的限縮力量相抗衡。因此，大幅投資人力資本、在職訓練、大規模的公共教育、幾近普及的男性就業率、相對低程度的所得不均，以及穩定上揚的GDP，開啓了個人流動的機會，使得傳統的階級界線逐漸鬆綁[64]。爲數眾多的民眾憑藉著這類個人流動的機會，成爲「成長中的夥伴」[65]。此外，人力技術不斷提升，讓這三個政體擁有愈來愈多訓練精良的勞動人口，來因應生產技術日益精進的要求。

　　總結而言，發展型政體的國家機關和其成長導向的盟友都是開放全球貿易秩序下的受益者：它們的出口產品大受歡迎，而對於與共產制度乃至其經濟意識形態都勢不兩立的國際體系來說也是一大利多。也因此，這兩股力量相結合後一致認為，美國的冷戰政策和經濟策略正投其所好。為此，美國提供了大量的外援作為回報，讓國家機關和支持它們的社經聯盟更為凝聚，也更為親美。發展型政體的鐵三角關係當中，美國的協助正是那第三隻腳。

外部勢力

　　結合外部情勢的做法雖然奇特，但大致都是利大於弊。對於日本、韓國和台灣這些發展型政體而言，這是不可或缺的一環，也是經濟轉型的一股助力。最關鍵的是，長達數十年的時間，來自美國這個亞太地區安全與經濟霸權的大力支持。事實證明這是發展型政體至關重要的第三個要素。

　　二戰結束之初，美國為維繫國際秩序所設定的戰略是，與其他戰勝國，如英國、法國、蘇聯和中國通力合作，形成一股龐大的力量。然而冷戰爆發，中國共產黨在中國的內戰中贏得勝利後，幻想破滅，催生了新的動態架構，也就是約翰・艾肯貝里（John Ikenberry）稱「美國需要盟友，盟友也需要美國」[66]。美國國家安全會議（US National Security Council, NSC）根據喬治・凱南（George Kennan）以及保羅・尼茲（Paul Nitze）的倡議，在1950年4月發表了NSC-68號文件[67]作為回應，提出了杜魯門主義、圍堵共產主義以及廣為結盟的大戰略。美國自此積極在東亞地區找尋可信賴的夥伴[68]。

　　美國想要緊緊抓住軍事上安全無虞、財力雄厚的盟友。其後便是一連串的動員、賦予權力以及捍衛日、韓、台三地的反共勢力。當時直接由美軍占領的日本和韓國當然大力推動，而國民黨從大陸撤退到台灣時，也是因為美國海軍的保護，蔣中正的勢力才不至於全然被殲滅。

　　其後就是美國對反共的政治與社經勢力源源不絕的支援，對於訴求穩定和成長的經濟政策更是不遺餘力地支持。在東亞地區，以美國為中心輻射而出的結盟網當中，日本、韓國和台灣都是缺一不可的環節。美軍在這三個國家設立的基地爲數眾多，大大減輕了它們的國防費用，因而得以將這些經費用於經濟發展在內的其他政策。根據帕特里克（Hugh Patrick）與羅索夫斯基（Henry Rosovsky）的估算，如果日本自行負擔全額的國防費用，那麼在1976年時，它的經濟規模應該只有當時的70%[69]。

　　鄰近的共產政權虎視眈眈，國家看似危在旦夕，而國內還有同情共產主義的人，這一切都讓人更加嚮往強勢且必能帶動經濟成長的國家機關和社經力量。三個政體共同鼓吹唯有全心反共，團結支持現有的政體，奉行美國的外交政策，以及快速經濟轉型有望，國家才能安全無虞[70]。當地的民意也和美國將安全與經濟視爲「一體兩面」的大戰略不謀而合[71]。日、韓、台成了美國整體防禦布局的基石，而最終它們的經濟都得以繁榮成長，也證明了美國主導下開放的全球秩序是可行的[72]。

　　或明或暗、或軍或民的經濟援助，都是美國政府的重大貢獻[73]。從1948年到1970年代初期，韓國總共獲得美國約莫130億美元的援助，台灣的美援金額則約莫是56億美元（韓國人均獲得600美元，台灣爲425美元）[74]。

　　此外，1947年時，日本超過三分之二的出口都得仰賴美國的援助。也因此，當美國參加韓戰和越戰需要採買軍需品時，進一步提振了東亞國家，特別是日本的經濟。事實證明，這兩場戰爭，是點燃日本自此持續成長的催化劑[75]。

　　比較一下相關數據將有助於我們了解美國究竟投注了多少資金。1946年到1978年間，韓國從美國拿到了將近60億美元的補助和貸款；而同一時期非洲得到的援助只有68.9億美元，整個拉丁美洲更只拿到了148億。美援金額超過韓國的只有印度（96億美元），但它的人口爲韓國的17倍。1955年到1978年間，美軍交付給台灣和韓國的武器裝備價值高達90億5,000萬美元（不包含韓戰期間）；整個拉丁美洲和整個非洲收到的則是32億美元，只有伊朗獲得的援助（100億1,000萬美元）超過此數，但那也多半是1972年以後的事了。1954年到1978年間，蘇聯對所有較低度開發國家的援助金額爲76億美元，換言之，只比美國援助韓國一國的金

額稍多一些。同一時期，所有社會主義國家對開發中國家的援助總和為
134億，比美國援助台灣和韓國加總起來多約25%。蘇聯軍方交付給開發
中國家的武器裝備總額為253億美元，相當於美軍交付給台灣和韓國總額
的280%[76]。此外，越戰期間，韓國軍隊所需的各項補給品，從水泥、肥
料、石油製品、紡織品、鞋類到三夾板，無一不讓韓國出口商大發利市。
他們賺了超過20億美元，占該國同一時期外匯收入約19%[77]。除了這類來
自美國的直接援助，美國進出口銀行還聯合世界銀行提供了為數可觀的優
惠低利貸款，進一步推動經濟的成長。

　　一直要到1970年代末期或1980年代初，某些方面甚至藕斷絲連延續
到許久以後，事實證明「反共」這個口號用於扼殺工會和本地的政治左派
可謂無往不利，很多時候甚至民運人士和獨立的NGO也難以幸免。把反
對意見打成動搖國家安全、危及國家生存成了政經菁英的第二個本能。梅
雷迪思‧伍‧卡明斯就曾一語中的地說，發展型政體的核心，就是保守的
國家、社會結盟，它的巧妙之處在於「操控人心對於戰爭真實的恐懼感，
害怕優異的發展動能受到震盪，而這一切反過來還可變成一股凝聚力，從
而促進成長」[78]。在台灣和韓國這兩個地方，當地人的意識形態存在偏見
且日益深化，這當然是因為他們真真實實地直接面對共產政權的軍事威
脅。共產政權，也就是中國和北韓分別控制著他們的「半壁江山」。至於
日本，反共和他們長期在地緣戰略上與蘇聯／俄羅斯競爭的態勢不謀而
合。

　　在美國的這三個盟邦境內，軍事和經濟考量相互強化。例如，台灣
國民黨的黨國體制，從1949年起就近乎萬年不變地以國家緊急狀態之名，
順理成章地徵收各種奢侈稅和戰爭特別稅，使得進口商品的價格始終居高
不下[79]。韓國的政商結盟以反共為由，主張國家應該發展鋼鐵、化學、金
屬、機械製造、塑膠、造船和電子產品在內的重工業。的確，在1972年
時，朴正熙便宣布「鋼鐵就是國力」[80]。國家安全結合產業深化催生了日
益精緻的出口產品[81]。至於日本則將美國移轉的許多軍事科技轉為商用：
日本新幹線的煞車系統就來自F-104噴射戰機；消防車上的水帶採用的是
F-86F的液壓技術；日本航空電子工業株式會社將陀螺儀運用在保齡球館

的球道設備、賽馬的起跑閘門，以及地震儀；日產汽車則將F-86F某個版本的引擎用於汽車耐震測試，以及測量摩天大樓的抗震能力[82]。

　　而同樣重要的是，日本、韓國和台灣都同時面臨來自美國的龐大壓力，要求它們避免和共產政權進行商業交易，尤其必須避免與中國貿易往來或進行投資。與敵人的經濟隔離政策，被整合進美國更廣泛的圍堵共產主義的布局中。這種布局不僅是軍事及意識形態，也包括了經濟上的圍堵。美國在經濟、政治和外交上大力支持它的「民主資本主義」盟友，事實上也與自己的利益息息相關。這些盟邦的成就可以突顯，西方以外也有國家可以做到經濟繁榮，藉此削弱共產主義對多數發展中地區的吸引力。

　　倘若當年美國在內政和外交政策的優先順序做了不同的選擇，日、韓、台的經濟模式極可能就不會有這樣的成果了[83]。當然，美國除了第七艦隊始終如一支持台灣，也協助防範資金外逃，國民黨當然受惠良多。韓國的情況也大同小異。就如同卡特‧埃克特（Carter Eckart）所說：「韓國才剛萌芽的資產階級因為沾染了與殖民政府合作的汙點，在解放政治下極可能被狠狠地肅清或殲滅，至於資本主義制度本身，至少也會大幅修正。」[84]

　　在日本經濟蓬勃興盛之後，美國對韓國和台灣的支持也得到來自日本的一臂之力[85]。1965年日本與韓國簽訂《日韓基本條約》（*Basic Relations*），日本注資8億美元，與韓國進行經濟合作，對韓國提供一系列的技術協助、投資並進行貿易。日本也透過政府開發援助（official development assistance, ODA）的模式提供台灣關鍵性的協助，而且有數年之久都是台灣第二大貿易夥伴，更是外資和技術的主要來源。此外，在韓國和台灣工業剛起步時，日本也將淘汰的設備送到這兩個鄰國，為重工業發展注入關鍵性的一股力量[86]。

　　除此之外，美國對這些發展型政體還有一項非常重大的貢獻。日本、韓國和台灣之所以出口暢旺，很大一部分是仰賴《關稅暨貿易總協定》（*General Agreement on Tariffs and Trade*, GATT）之全面降低關稅的制度，或者更準確地說，是仰賴美國的開放市場的結果。在發展型政體鼎盛時期，日本有30%到35%的商品是出口到美國。當時日本的第二大市場占出口的比重，鮮少超過5%到6%。同樣地，韓國和台灣對美國市場的倚賴更深，出口美國的商品占比各達兩國出口的38%到45%，而通常還有另外12%到20%是銷往日本[87]。

一直到至少1980年代，美國的目標始終沒有改變。但美國的支持並不是單向的。隨著發展型政體經濟逐漸茁壯，這些國家也各自打開了美國中間財的市場，爲美國消費者提供更便宜的產品，進而強化了美國所培植且有利於美國的全球秩序[88]。早期共產主義對東亞各國的吸引力以及反資本主義的氛圍淡去了。簡而言之，美國對於這三個政體的發展不僅貢獻良多，也受益良多。

經濟政策模式

發展型政體的經濟轉型令人嘆爲觀止。GDP跳躍式成長不過是標題，標題背後是三十、四十年的經濟結構轉型，不僅製造業的精密度提升，也深化了本土應用與創新的能力。此外，人力技術的持續增強，加上日益純熟的組織力，使得這些國家不斷邁進，進而躋身以知識爲本的產業行列[89]。

這三個發展型政體致力提升國家經濟，以迎頭趕上歐美先進國家爲目的的過程中，它們建構了一套強化政策的網絡。筆者在其他文章中稱之爲「鑲嵌式重商主義」。這個詞同時強調兩個面向，一是支持本地經濟的重點產業，二是強化有助於發展重點產業的國家體制。

鑲嵌式重商主義有四大支柱。第一，徹底重整產業政策，協助有助於國家長期發展的特定關鍵企業和產業升級；第二，精準鎖定目標，動用大筆資金，推動產業升級；第三，關鍵產業的業者在本地市場受到保護；第四，重整後的企業，其產品在海外市場能有足夠的競爭力，進而賺取外匯。這四個支柱對發展型政體的經濟發展缺一不可；每個國家都是靠著它們一步步攀登技術階梯（technological ladder）。

鑲嵌式重商主義反對新自由主義經濟學派的主張，鼓勵國家以自己在全球當中相對的優勢爲基礎進行發展。相對優勢說假設每個區域或國家自然各有其獨到之處，因此生產某些產品很合理，但某些產品就不適合在此生產了。對於本國不具優勢的商品，可以透過自外國進口輕易取得。如果為數眾多的經濟體都能透過自由貿易體制運作，貨物暢行無阻，由於各個經濟體生產的商品各不相同，那麼各國都能受益[90]。如果一個國家抗拒自由貿易，會導致有限的資本無法有效利用，結果必將是生產力低落。而這套論述背後所隱藏的假設前提是，起步較晚的發展中國家（又稱「後發國家」）應該滿足於自己既有的資產，並且善加利用。這類國家擁有的大多是土地和勞動力，因此會促使它們往農業和輕工業發展。

起初日、台、韓的政壇與商業界菁英都接受這套論述，嘗試了一段時間的進口替代。進口替代的設計是要讓剛萌芽的產業在高度關稅壁壘下接受保護，藉此爭取足夠的發展時間，並且在本地有能力獲利以支持其現代化，擴大生產量能，同時在保護本地經濟的這座溫室內獲取寶貴的經驗。然而，在進口替代下受惠的似乎都是寡占企業，它們共同的特色就是產能過剩、效率低落、高利潤但品質欠佳[91]。正因為獲利頗豐，多數寡占企業拒絕接受外國企業的挑戰，並且反過來要求國家機關「再多給一點時間就好」，繼續在國家築起的高牆後接受保護。逐步提升競爭力、與世界各國一較長短淪為「永遠只差臨門一腳」的例子比比皆是。

逐步緩慢發展之路儘管「風險低」，但不久之後三個發展型政體還是揚棄了進口替代，因為持續下去，可能會自限於劣勢，在鋼鐵、造船、電子、金融等技術精密、資本密集且高利潤的產業中，成為全球永遠的後段班。這三個政體的國家政策制定者以及企業領袖發現，為了對提升全球經濟效率有所貢獻而犧牲自己國家的經濟發展，並沒有太大好處。因此，淺嚐了一段時間的進口替代後（韓國施行至1964年，台灣施行至1960年），三個政體都轉向創造競爭優勢，而非受限於相對優勢的政策方向。

培養競爭優勢就必須專注於實現長期動態效率，而非靜態效率。這意味著得將有限的資源導向有望帶動多重上下游發展的產業，藉此持續提升科技能力，長期精進，提高人均勞動生產力，並且能永續產生資本報酬。此外，這同時也代表著得提高本地產業在全球市場的占比，並且阻擋多數外國企業進入本地市場。本土企業並不會將外來的競爭視為刺激、提升效率的助力，反而會認定它是本土企業提升全球競爭力的障礙。限制本地大企業之間的競爭，讓他們無法藉此壟斷市場，這才是競爭的優點[92]。這三個政體因此都允許本地企業進行市場整合，藉此降低交易成本，提供某種程度的競爭市場誘因，並確保長期而言可以實現經濟轉型[93]。

　　而始終不變的目標便是讓本地人所擁有、經營的企業努力往知識與技術密集產業邁進。如此一來，本地企業的利潤和市占率就會比降低價格、提供本地消費者更多選擇來得重要。最終，人民福祉還是會逐漸獲得改善，但這只是經濟快速成長之後附帶的效應。保護本地市場才是重中之重。

　　一連串以數年為期的經濟計畫設定了轉型的框架。從農業、輕工業和勞力密集產業轉向位於上下游網絡交會處、較高端的出口產業，以便在全球市場取得更高的市占率。轉型的重點就是要取得諸如合成纖維、電子、石化、開發設備和煉鋼爐之類的各產業關鍵性技術與製程。取得授權、花錢購買、情商租借、強迫合資、逆向工程，甚至竊取智慧財產，所想要的技術就透過這林林總總的方式取得。此外，國家機關也投入龐大的公共資源，針對選定的目標產業進行研發。在台灣，國立的研究中心、策略中心以及科學園區催生了大量非特定企業獨享的研究、開發和跨界合作[94]。典型的做法就是取得技術之後，由幾家公司分享，以提升整體國力為目標，但仍有一套機制，讓企業各自保有其競爭力。

　　這一類的產業重整還有第二個關鍵要素，亦即大量動用本地所能掌控的資金，加以分配，投入所選定的發展標的。這有賴國家機關、金融業和商界三方的緊密結合；金融業是當中的樞紐，將政府和產業界連結起來。金融業參與是政府魄力的展現[95]。企業借貸主要的資金來源是銀行貸款，而非透過證券市場募資。這一類的貸款都是奉國家機關之命行事。受命發出的貸款流向頻頻招手的企業；它們都急著取得迫切需要的資金挹注，以便擴充產能，提升市場占有率，並且和國家合作，促進經濟發展[96]。

　　不過，這三個政體用以籌措資金的方式並不相同。日本多數銀行都是私人擁有的，且多半與某個日本大型產業集團長期有著緊密關係。然而，整個日本金融體系的龍頭卻始終直接受控於財務省。此外，日本郵政系統保管了巨額的民眾儲蓄，素有「第二財政」之稱。郵政儲蓄中，常有大筆資金投入政策型的基礎建設和公共工程計畫[97]。國內的資金讓國家得以控制向外國舉債的數額，以免減損國內保留的企業盈餘。

　　在台灣，執政的國民黨在財政上得操心的事不少，但多半是因為擔心會有伴隨而來的政治風險，其中包括通貨膨脹、外資獨霸資本和貨幣市場，以及商界反彈的力道。這當中無論哪一項，都足以損及國民黨的威信。由於擔心資本過度集中於少數本地勢力將會導致國家落入反對者手中，國民黨限制台灣本地銀行家所能掌控的資金，以便大陸來的銀行業者獨霸市場。金融和產業還是各自為政，讓企業難以施展拳腳。此外，國民黨政府從大陸帶來了一些金融機構，也從本地私人銀行手中沒收了他們日籍大股東的持股。國民黨就利用這兩項資源壟斷了本地的銀行業。因此，台灣的銀行家都是公務人員，如此可以確保財政方面的所有作為都能與國家政策緊密相符[98]。與此同時，在國內為了抑制通膨，政府採高利率政策，以致個人儲蓄率走高，政府手上因而握有大筆資金可以利用。就和日本一樣，台灣的外債始終非常少。

　　這三個國家的社會安全網都幾近於無，因此國內儲蓄率不約而同地都相當高。*4這些儲蓄就成為三個政體重要的資金來源。台灣1950年代的儲蓄率只有5%，到了1970年代攀升到30%以上，儲蓄率之高在全球名列前茅。日本和韓國的儲蓄率也不遑多讓：日本有25%，韓國則是17.5%[99]。相較之下，南亞和非洲撒哈拉以南地區國民儲蓄率都不到10%，根本可說是赤貧了[100]。

　　然而台灣企業的資金來源就完全得仰賴出口最終產物（resultant product）。大型出口商可以透過規模較大的行庫取得大額優惠貸款，相較之下，中小企業能借到的錢就寥寥可數，逼得他們只好同時跟多家銀行貸款，或者找親朋好友借錢。這也限制了小型本土企業的擴張。其結果是，台灣企業的負債—權益比遠低於韓國，小型以及以權益為基礎的企業角色也較在日、韓兩國為重。然而，台灣還是有40家左右超大型的企業集

---

*4 校訂註：沒有社會安全網保障，就沒有社會福利，要靠儲蓄來支付看病、養老等。

團，若非國營，便是國民黨所有。台灣的經濟實則分成三塊：上游的國營與黨營企業，中游是由家族多角經營的企業集團，下游則是中、小型的私人企業[101]。

　　然而，在以上三個例子中，國家機關和其忠心耿耿的代理人都會牢牢掌握資金源頭，讓眾人亟需的稀有資金從這兒流出來，確保目標產業能以低成本取得必要的資源，而且最好能產出可供外銷的產品。政府投入資金的同時，尤其需要某些企業或產業成功有望這樣的光環來正式為自己的決策背書，而這往往可以刺激後續私人的資金投入。

　　日本和韓國一樣，產業政策和國家資金分配最大的受惠者都是日本的經連會和韓國的財閥這樣的大型企業集團。大型企業集團總是大幅舉債，有計畫地以債養債。但在韓國，沒有一家規模相當的銀行能夠穩定地挹注資金，因此韓國的財閥和旗下的子公司、孫公司都較仰賴向海外舉債，財務槓桿也相對高得多[102]。然而就跟日本一樣，接受國家機關監管是獲得青睞的產業接受資金挹注的必要條件之一[103]。在1960年代和1970年代，日本的企業也都負債累累，因而很容易被財政官員所操控。然而到了1980年代，多數日本公司都獲利良好，也開始利用保留盈餘和證券融資等方式自籌資金，因而享有較高的自主權，不再受制於政府和銀行。

　　鑲嵌式重商主義第三個關鍵要素是保護本地市場，特別是對先進製造業的保護。二次大戰結束之初，美國的跨國企業在歐洲和拉丁美洲多數地區都針對關鍵性產業進行大規模投資，資本市場也因而大幅國際化。相形之下，在日本、韓國和台灣，國家對本地資金和外國投資的管控就相對嚴格許多。自十九世紀起，日本就盡可能減少外國投資或向外國借貸；二次戰後，它也從未張開雙臂歡迎外資[104]。韓國和日本差不多，對外資企業也一向心懷疑慮，國家的政策制定者和企業菁英都設法阻擋外資進入本地市場，因而為本地財閥創造了安心擴張的空間。

　　這種情況至少持續到冷戰接近尾聲。在此之前，美國基於戰略和經濟利益的考量，對東亞盟友這種偏袒本土企業的做法始終相當寬容。一直要到1960年代中期，跨國企業才得以進入韓國和台灣。此時，全球後發國家和跨國企業互動的常規跟當初美國企業進軍拉丁美洲時慣常的做法已有相當大的差異[105]。但跨國企業各種惡行惡狀，韓國和台灣也因而多數得以幸免。

　　至於日本則以各種各樣的方式來保護本土企業。和台灣及韓國的貨幣一樣，日圓兌換美元的匯率也是低估，以強化出口競爭力。起初日幣兌美元的價位只有360：1。1949年日本通過《外幣匯兌暨外國貿易管理法》（*The Foreign Exchange and Control Law of 1949*）後，在法理上有了依據，對於意圖以美元將盈餘匯出日本（多數外資企業都是如此）的外國企業一律予以封殺。該項法律也授權日本政府得以透過准許取得外匯，作為對境內出口商的獎懲方式。1960年代中期，面對GATT倡導自由化所帶來的威脅時，日本企業獲得國家機關的許可，繞過反壟斷法的規定，彼此大量交叉持股，藉此防堵外資惡意收購。就如同其他政策的細則，這項政策也有賴國家機關與商業界相關部門密切合作，因而使得政商之間更加緊密互賴[106]。

　　於此同時，相對於高利率的台灣，外資難逾雷池一步的日本資本市場支付給儲蓄戶的利息卻始終偏低，因而它能承做超低利率貸款，借給屬意的客戶。在此情況下，日本央行有計畫地進行超額貸款（over-loans）與窗口指導（window guidance），希望能藉此鼓勵產業擴張，增加出口[107]。

　　安全方面仰賴美國，讓這三個國家的企業都能以優惠的條件貸到資金；此外，雖然規模較小，但韓國和台灣一樣，都能進入日本的資本市場[108]。在韓國，這類外國資金的取得和利用全由韓國經濟企劃院（Economic Planning Board, EPB）主控，所有的外國直接投資與技術轉移協定，EPB都有權否決。這項職權起初是用來保護方萌芽的新興產業，後來則用於提供重工業和化學工業資金，但對韓國公民購買外國消費產品的限制卻始終不變。

　　而在台灣，最初多數具規模性的企業都是國民黨所有。但為了因應伴隨美援而來的需求，在1950年代出現了大規模出售資產的情形。台灣一向比日、韓開放，很早便開始提倡出口保稅區，1965年便在高雄成立東亞第一個加工出口區。這類園區讓中選的外國企業可以利用台灣低廉的勞動成本，為他們的產品進行包裝、組裝，但成品只限出口。外國企業在台的銷售是受到限制的。台灣對於少數商品也有自製率的要求，因此也能成功地要求外國企業採購本地原物料[109]。

　　因此，相較於另外兩個國家，台灣是比較「半國際化」的，資訊科技方面尤其如此。台灣與手上握有眾多技術的跨國企業結盟，透過這個方式，成立了在國際上足以與他國一較長短的本地公司[110]。這樣的結盟爲本地帶來了工作機會，也讓中級技術得以轉移，許多台灣企業家因而得以創業。在台灣，經濟部投資審議委員會（下稱「投審會」）主管企業合資事宜，而且就如同橫跨1950年代和1960年代的日本經濟產業省，投審會也常以國家之力伸手在經濟的天秤上施壓，獨惠本國企業[111]。

　　韓國和台灣都動用國家權力控制外國直接投資，以補外交之不足。台灣尤其如此。在多數國家轉向外交承認中華人民共和國之後，台灣在國際上遭孤立的威脅愈發迫切。藉由開放多項投資機會給北美和歐洲的跨國企業龍頭，台灣政府等於有了經濟人質，因此在國際間有了珍貴的盟友，否則將更形孤立。1977年美國總統卡特揚言要將美軍撤出朝鮮半島之後，韓國也採取了類似的策略。

　　振興出口是發展型政體的第四項戰略。它的核心策略是給予本地生產商優惠，鼓勵他們研發出不僅僅是符合本地買家喜好的產品，以便在國際市場上贏得識貨者的青睞。然而進軍國際貿易有利有弊。就在三個國家都限制進口，防止外國貨與本地產品競爭之際，它們的企業都掌握住GATT談判後，全球降低關稅的契機，將本地製造的產品銷售到國外。1970年代中期，日本的出口產品當中，有95%是製成品，而進口商品當中，製成品只占31%。而其他工業化經濟體的進口當中，製成品占比卻高達50%到68%[112]。

　　鼓勵出口的國家政策使得這三個政體都刻意採取愛麗絲‧安士敦（Alice Amsden）知名的「扭曲價格」（getting the prices wrong）策略。倘若開放市場，當地消費者支付的價格或許可以低一些，這種做法爲本地企業打造了一個高利潤的內需市場，進而增強了它們在海外的競爭力[113]。這三個政體在商品開發上，順序是一致的：企業會優先開發商品，供應受保護的本地市場，並且以較高的價錢出售，一直要到商品改良到相當完善，才會出口到世界各國，但通常價格都低於國內。日本由於內需市場較大，對本國企業更是一項利多。台灣和韓國對本地市場保護有加，但由於內需市場較小，因此有較強的誘因去開發出口市場。

　　然而，出口商卻得同時面對本地和海外競爭者的壓力。為了提高在全球的市場占有率，出口商得不斷壓低價格，提升品質。在這方面，三國的企業都是成績斐然。因此在1970年，日本汽車製造業出口只占20%，但到了1980年，這個數字已經拉高到54%，其中有半數銷往北美[114]。

　　到了1990年代初期，日本製品已占全球出口商品的14%，台灣和韓國加總起來也高達8%，墨西哥則只占0.4%。台灣、韓國再加上香港，三地出口的貨品超過整個拉丁美洲的總和[115]。出口導向的發展模式等同於日、韓、台的高速發展，這種想法深植人心，成了新而神聖的發展信條[116]。

　　在政治和經濟層面有股力量削弱了隱身於總體經濟政策內反消費主義的偏見。那就是國家與企業不斷強調應提升人力技術水準。熟練的勞工是持續往更高品質及知識密集產業邁進不可或缺的一環。公共教育普及，再加上企業內部技術訓練蔚為風潮，培育出愈來愈純熟的勞動力。人力技術的提升，不僅產業受惠，個人資產和就業機會也是贏家，更進一步拉高了社會經濟福利的水準，假以時日，將創造出為數眾多的中產階級。

　　如此一來，貧與富的差距不大，這使得日、台、韓有別於其他經濟發展階段相仿的國家，也和多數工業化國家相當不同。就這一點上，這三個國家和斯堪地那維亞半島的社會主義民主國家表現同等優異，它們全都是在保守派領導下，「成長兼顧均等」的明證[117]。然而其主要的副產品就是，激進民粹主義的誘因會逐漸減少，因階級而引發、反對國家經濟政策模式的力量也會逐漸減弱。值得注意的是，這三個政體人均收入都達到相當高的水準，且貧富差距不大，主要原因是它迴避了成為社會福利國家的壓力[118]。這大致可說是刻意閃躲的結果；這是刻意在政治上不將工會組織納入某種形式的社會統合機制所造成的[119]。一直要到1980年代末期，這些國家在推動社會經濟多元發展以及國家建構全面安全社會網這兩件事上所展現的態度，最多也只是點到為止。

　　簡而言之，鑲嵌式重商主義意味著會有一個強勢的國家機關擔任守門人，決定哪些可以進入、哪些必須離開；而用來篩選的則是一個由關稅、企業結盟、寡頭獨占、國家管制思維、從嚴管制外資以及嚴格限制進口等多方考量交錯而成的綿密篩子。其結果是造就了三個溫室中的經濟體，本地的金融和製造業者在溫室中生根，開枝散葉，與溫室外國際競爭的狂風暴雨近乎絕緣。這樣的經濟政策模式有個寶貴的副產品，那就是，經濟持續轉型所帶來的龐大收益多數由本土企業和當地居民保有，而未流向外國金融機構或跨國公司。

　　本章討論了三個政體出色的經濟轉型。它們全都是多股政治與社經力量的利益與資源交織而成的。這些發展型政體本土的政治與社經力量因為彼此的利益以各種方式攜手合作，而一次又一次地成功鞏固了它們彼此間的連結。也因為如此，雙方都能得到來自國境之外──主要是美國──的大力支持，而且持續不墜，國境之內的統合行動也有利於美國達成戰略目標。發展型政體的這三隻腳培植了三方都蒙受其利的經濟政策模式，進而催生了一個個促進國家轉型的經濟計畫。

　　國家內部的政治、經濟與社會元素相輔相成是至關重要的。國家機關唯有與支持發展的社經盟友建立正向的關係，才能始終如一團結一致，主導全局。而這樣的結盟，反過來，得仰賴執政當局提出政策，來保護並強化它們的自有資源。然而如果沒有來自美國對安全的慷慨承諾、經濟上的挹注，以及大力開放市場等各方面的支持，單靠本地政經力量的結合還是不夠的。

　　相互融合、彼此增強必然的一項結果當然就是經濟模式和經濟繁榮等回饋。這會反過來讓政體的三個要素、正當性、乃至策略三方面的互賴關係更加緊密。挑戰政體的力量一旦遭到邊緣化，日子一久它存在的光環便會褪去。也因此，這三個發展型政體都有相當長的時間蓬勃發展，彼此呼應；形成了加乘的效果。[*5]

　　這三個政體都欣欣向榮，不只是趕上了先進國家，而且衝勁十足地不斷創造出自己的競爭優勢。在日本、韓國和台灣的經濟工程師眼中，北美和西歐這些高度發展的經濟體原本是遙不可及的目標，是仿效的對象，但最終它們卻一一消失在這三個政體的後視鏡裡。

　　然而這三個成功案例背後有個非典型的架構，那是千載難逢的全球與國內局勢交織而成的產物。各項因素的因緣結合促成了發展型政體的形成，維繫它的存在，進而支持它們的經濟模式一步步轉型。我們幾乎可以篤定地說，這所有的經驗都是天時地利的結合。如今想要模仿日本、韓國和台灣發展模式很不容易[*6]，尤其在全球局勢瞬息萬變、劇烈動盪的情況下，這樣的因緣際會確實難以輕易複製。誠然，就如同稍後第四章所顯示的，這三個政體即便想保持體制的一貫性，維繫行之有年的經濟模式，也是不可行的。

[*5] 校訂註：這句話照原文直譯會不容易懂，因此稍做改寫。

[*6] 校訂註：這句話照原文直譯會不容易懂，因此稍做改寫。

第二章
替代發展型政體——
馬來西亞、印尼和泰國

約莫1960年代中期起至1997年到1998年亞洲金融危機前夕，是馬來西亞、印尼和泰國（本章合稱MIT）三個國家經濟脫胎換骨的一段時間。這三個國家的體制彼此之間有著相當多的共通點；它們各自的經濟模式也能相互共鳴。本章將分析它們的相似之處，說明它們的政治體制與經濟模式的結合，如何讓其有別於發展型政體。

雖然底層存在差異，但表面上這六個國家都非常相似：它們的經濟都快速成長，出口也都大幅擴張。從1960年代中期起，有整整三十年的時間，泰國的國內生產毛額（GDP）年增率平均高達7.8%[1]。馬來西亞和印尼也不遑多讓。從1965年到1980年，馬來西亞的GDP年增率平均是7.3%，印尼則是7%；1980年到1990年的數字，馬來西亞是5.4%，印尼為6.1%；而在1990年代，兩國的平均成長率分別為8.7%和7.6%[2]。

在經濟突飛猛進的年代，這三個國家都致力於多元發展，著手工業化，也積極對外發展。生產地點、生產的商品種類乃至出口商品的類別和數量都大幅飆升。這樣的表現讓MIT三國在表面上看似和日、韓、台等發展型政體相去不遠。由於這一點，這六個國家往往被視為是一體的。然而東北亞的發展型政體某些共同的特徵，MIT三國卻在這些關鍵點上與之分道揚鑣。後者的政治體制是由根本上與發展型政體截然不同的國家機關、社會經濟力以及國際勢力組合而成，從而催生了一個非常不同的經濟模式。就政治面而言，它們的國家機關從來不曾像發展型政體的政府那麼上下一致，有那麼強的掌控能力。從社會經濟的角度來看，它們各自為政，因此很難組成一個致力於成長的結盟。此外，這三個國家也不像發展型政體，無法享有外來勢力——尤其是美國——提供給日、韓、台的某些助力。

　　不過，MIT三國的政治體制與經濟模式組合，確實可以讓它們有能力跨足先進經濟部門的製造工作。但即便成功跨足，產業卻未能深化、精緻化，因爲這樣的蛻變需要技術能力更高的勞動力以及全面性的結構轉型。正因爲如此，國內的生產者未能在綿密複雜的生產網絡中搶占主導的位置。在製造業出口擴張、經濟飛速成長的過程中，成功搶占最大市占率的不是本地的企業家，而是外國投資人[3]。套句丹尼・羅德里克（Dani Rodrik）的說法，就是這些國家未能成功「從低收入的均衡狀態移動到快速成長狀態」[4]。這三個國家在面對外來投資者時有多脆弱，其在亞洲金融危機時的痛苦掙扎就是最清楚的展現。

　　這麼說並無意否定這些國家的經濟成就和廣大民眾。經濟起飛後的MIT三國都遠比經濟開始快速成長之前來得富裕繁榮。但論及對於推動亞洲經濟奇蹟的貢獻，它們都只是配角，而不是主角。也因此，雖然這三個國家無庸置疑地都有著劃時代的成就，但本書還是另外給它們取了個名稱──「替代發展型政體」。

國家機關

　　MIT三國的國家體制近似於列維茨基與魏（Levitsky and Way）所謂的「競爭式威權主義」[5]。專制獨裁的領導人形式上接受國會、政黨和選舉等民主機制，卻屢屢濫用民主政治的準則。位居一國要津，享有莫大權勢，然而他們得定期面對來自反對勢力的制衡，其嚴苛程度遠甚於發展型政體的官員所需面對的。這一點最重要的影響是，政府官員會因共識而團結起來。他們意識到，自己的財富以及幸福感──這是發展型政體動力的來源──面臨著存亡之戰。也因此，MIT三國政界與社經菁英的結盟始終維持不墜，牢牢掌控著國家機關，但他們卻鮮少能展現像驅動發展型政體一樣的力道、同樣的凝聚力，以及將反對勢力邊緣化的能力，爲遠大的經濟轉型目標而努力[6]。

　　阻礙國家經濟脫胎換骨的另一個因素是，這三個國家中央機關的人力教育水準以及科技能力都不如日、韓、台的公務人員。族群之間的分歧，尤其是因地域、宗教與族裔所產生的歧異，進一步削弱國家的整體效率。在政府內有爲數眾多的公務員，他們之所以坐上那個位置完全是因爲族裔或是恩庇侍從的考量，而不是因爲他們證明自己多有才華。此外，雖然在發展型政體中，官員貪腐的情形也時有所聞，但印尼和泰國的問題特別嚴重[7]。這三個國家中央機關的能力都遠不及東北亞三個發展型政體完備。無論是協助與主張經濟成長的社經力量結盟，結成夥伴關係，或者是創造、動員和集中國家資源，詳加計畫，全力爲工業化而努力，政府都力有未逮。

印尼的政府體制是不折不扣的中央集權。從1945年到1997年之間，印尼只出現過蘇卡諾（Sukarno）和蘇哈托（Suharto）兩位總統。在他們統治期間，軍方無論在政治或是國家安全上都是大權在握，無法無天。蘇哈托發動政變，於1967年推翻了蘇卡諾。此後一連串的大屠殺，徹底剷除了蘇卡諾的餘黨，也讓一般民眾與政治絕緣[8]。蘇哈托花了兩年時間，有系統地掃蕩軍中的共產黨以及左翼勢力，此後更以血腥的手段，高效率地剷除可能取而代之的各個權力中心。他將權力集中，並且做到讓政治菁英之間實質上和諧相處[9]。

爲了反映、代表和動員支持國家政策的力量，呼應他的獨斷統治，蘇哈托轉向籠絡軍方的專業集團黨（Sekretariat Bersama Golongan Karya, Golkar，下稱「從業黨」）。當時從業黨的權力核心雖然還未發展成熟，但旗下的附隨組織勢力已相當龐大[10]。到了1969年，蘇哈托已經將從業黨變成一個由國家主導的統合工具，在印尼境內所向無敵。這讓蘇哈托搖身成爲集黨、政大權於一身的強人，和台灣的國民黨沒什麼兩樣。就像世界上其他的國家統合主義網絡一樣，由上而下的影響力遠大於由下而上。

從業黨旗下有將近300個社會團體，其中包括農民、學生、勞工、公職人員、漁民、商業領袖、專業人士、知識分子和武裝部隊裡的正規軍。每個族群都有自己專屬的團體，宣稱可以反映全體成員共同的利益[11]。此外，凡是新進公務人員都必須具有從業黨黨員身分。他們全都會獲得實質的報酬，以回報他們對黨的效忠。許多地方型的政治人物會擔任從業黨的領導，將他們在地方上的聲望轉化爲國家的資產[12]。從業黨就是利用這種手法，來確保地方當局對中央政府的威信是一股助力，而非阻力[13]。隨著蘇哈托任期的延長，從業黨也成了全印尼唯一具有實權的政黨。他們參與各項選舉，攻占國會席次，成爲執政部門最忠誠的支持者。從業黨也會邊緣化其他政黨。他們設下規定，極度限縮其他政黨的活動，並且引導社會團體加入國家贊助的組織，納爲大網絡的一部分。蘇哈托的政權之所以這麼長壽，關鍵在於它不但擅於將支持自己的社經盟友凝聚在一起，也能收編潛在的政敵成爲從業黨的一員。一直要到1990年代初期，這個專制統合的體制才開始出現實質上的鬆動[14]。

由於從業黨和軍方都是動見觀瞻，蘇哈托因而黨政兩棲，一邊掌控政黨，一邊爲自己量身訂做一套「新秩序」（New Order）。只要是影響統治的重要決策，他無不牢牢掌控，而且凡事他說了算[15]。然而，蘇哈托獨斷獨行，對技術官僚的決策產生了極負面的影響。就如同佩平斯基（Thomas Pepinsky）所說的：「就『新秩序』而言，蘇哈托是唯一有權否決的人。唯有透過私人管道接近蘇哈托，技術官僚才可能影響決策。只有蘇哈托施恩，技術官僚才能發揮影響力，而且還不能和政權其他支持者的要求相衝突。」[16]因此，就如同麥金泰爾（MacIntyre）所指出的，當我們說印尼「強大」或「很強硬」的時候，其實不是人們習慣上的那個意思。事實上，它的國家機關是仰賴一套父權式、政商連結的分配網絡來運作的[17]。

至於馬來西亞的國民陣線（Barisan Nasional, BN; National Front，下稱「國陣」）以及它旗下的重要組織——馬來民族統一機構（United Malays National Organization, UMNO，又譯「巫來由人統一組織」，下稱「巫統」），雖然不像印尼的從業黨那樣包山包海，但在一級國家機關內同樣能呼風喚雨。國陣本身是一個超級龐大的結盟組織，由三個分屬不同族裔的政黨結合而成，歷史可以上溯至英國殖民統治時期[18]。國陣內部規模最大的是巫統，它是一個完全由馬來人組成的政黨。它之所以具有影響力，是因爲馬來人在人數上的優勢（約占全國人口的62%）。馬來西亞華人公會（Malaysia Chinese Association, MCO，下稱「馬華公會」）主要由華人組成（約占23%），馬來西亞印度國民大會黨（Malaysian Indian

Congress, MIC，下稱「國大黨」）也一樣，主要由印度裔組成（約占6%）[19]。這幅協商、分享民主權力的拼圖還有賴數個較小型的政黨共同完成。國陣之所以能手握大權，在於它能調和鼎鼐，對於旗下三個不同族裔社群內部的政治與社經菁英進行整合[20]。

巫統黨員超過200萬（約占成年馬來人的四分之一），旗下有1萬6,500個分支機構，深入全國各個角落[21]。雖然偶爾會在地方性或區域性的選舉中失利，但仍是選舉常勝軍，在國會常能搶占三分之二的多數席次。巫統因而可以在國陣中扮演凝聚各方勢力的角色，是國陣的中流砥柱。從1969年起，一直到至少2003年，國陣始終是政壇霸主，主導著國家機關的運作。國陣／巫統結盟無形中牢牢掌控著國家政策的模式，絲毫不打折扣[22]。

唯一對國陣／巫統構成實質挑戰的反對勢力是民主行動黨（Democratic Action Party, DAP），這個多族裔組成的政黨在1969年5月的選舉中異軍突起，導致巫統和國陣敗選。然而，種族對立引發的暴動造成數百名華裔喪生，因而促使巫統倡議「新經濟政策」（New Economic Policy, NEP）（下文詳細討論）。NEP除了爭取馬來人的支持，也可以阻擋隨之而來的跨族群政治操作，以免巫統向來因族裔優勢而獨霸政壇的地位，再度遭受民主行動黨的挑戰。

讓巫統由上而下的統治模式更上層樓的是強人馬哈地（Mahathir Mohammed）。在他的領導下，巫統一連贏得五次大選，馬哈地則從1981年起一直擔任首相，直到2003年才卸任（但在2018年他強勢回歸，帶領土著團結黨（Malaysian United Indigenous Party）起來反對巫統）。馬哈地本人就是強人領導的代表。他是一個能力抗誘惑，不願造成區域內分裂、國家分崩瓦解的人物。馬哈地主政時期是馬來西亞經濟成長最快速的一段時間。政府大膽主導許多基礎建設計畫。然而馬哈地和巫統面對的權錢分贓問題，遠比蘇哈托和從業黨碰上的複雜得多。馬哈地從來都不是像蘇哈托那樣，一個人說了算。

但馬來西亞的國家機關不僅權力極大，且獨斷獨行，對反政府活動多加限制[23]。1948年到1960年期間，英國領導的反叛亂行動將政府打造成一

座縝密的高壓統治機器。巫統就是這套機器的繼承人。這套機制包括強大
忠誠的軍隊、高效率的警察，以及區域內最幹練的情治系統。國家安全機
關除了監控全國各地的政治活動，鎮壓異議分子的能力更是無庸置疑[24]。
只要是危及巫統獨裁統治的，無論是勞工運動之類橫跨族裔的反對勢力，
或是馬來西亞伊斯蘭黨（Pan-Malaysian Islamic Party, PAS）這樣以馬來人
為主的挑戰勢力，政府都會針對他們的領袖人物予以打擊壓制[25]。

　　但馬來西亞政府的獨裁手段是比較軟性的。政府很少暴力鎮壓。更
多的時候，他們會在鎮壓與回應訴求之間求取平衡，或者將對方邊緣化，
或者將潛在對手招降納叛[26]。巫統內部的派系問題一直是隱憂。執政黨在
1990年10月大選中分裂就是個明證；反對派聯盟因而能讓吉蘭丹州的巫統
政府垮台。在此之前，反對派也加強了對沙巴州的控制[27]。

　　相較於印尼、馬來西亞這樣縝密而團結的國家機關，泰國相形之下就
顯得鬆散多了。連帶地，中央集權的政治當局也就顯得脆弱且效率不彰。
相較於印尼和馬來西亞，泰國的國家機關對於將對手邊緣化或是拉攏政敵
這件事，手段特別生嫩[28]。就像丹‧斯萊特所描述的，泰國政治權力的安
排根本就是「派系鬥爭」[29]。然而，政治菁英之間各立山頭成為常態，就
顯示他們在政治、經濟上其實有某種共識，只是在小題大作。也因此，就
如同洛克（Rock）所指出的：「泰國政府特別不穩定，但政府和官僚體
系卻聯手打造出一套穩定的發展政策。」[30]

　　名義上，泰國是君主立憲國家，皇室制度歷史悠久，泰皇蒲美蓬‧阿
杜德（Bhumibol Adulyadej）更是深得人民敬重。從他1946年登基到2016
年過世，皇室對人民的照顧，澤被四方，讓蒲美蓬廣受愛戴。也因此，取
悅皇室成了政治菁英的顯學，人人各顯神通，想方設法避免跟國王在路線
上有任何矛盾。每隔一段時間，國王便明白宣示，反對某個政府或行動方
案，通常這就預示該政權或方案即將告終。然而，整體而言，皇室極少直
接涉入核心決策，多半是透過委婉的道德勸說，真正手握大權的其實是政
黨的政治人物和軍方。

　　在泰國經濟高度成長期間，多數時候都是由十多個政黨走馬燈般輪番
競逐國會和內閣的最高職位。六個政黨聯合取得國會多數是常有的現象，

各政黨的主要政見則少有重疊之處[31]。然而，就如同上文提到過的，他們之間在政治上沒有太大的歧見，對於來自城鄉社經菁英的民意也總是積極回應。只要國會的運作和選舉沒有受到軍方的阻擾，多數政黨聯盟裡的各個政黨就會輪流「提出基礎建設計畫、投資優惠、或產業自由化措施等各式採購清單」[32]。威脅脫離執政聯盟的劇碼由各政黨輪番上演，因此政府多數時候都顯得風雨飄搖，政局動盪不見盡頭。

　　而同一時間，軍方就是長年潛伏在黑暗中的幽靈。1947年政變成功鞏固了軍方作為泰國政壇最終仲裁者的角色。1947年到2006年之間，它更是至少八次政變成功，讓政府改朝換代[33]。軍人干政嚴重斲傷政治自由和基本人權。二戰結束後不久，在勞工上街抗議通貨膨脹與食物短缺時，軍事將領回應的方式是摧毀激進勞工團體，將較溫和的工會合法化，並且立法改善工作條件。1950年代中期，一方面美國軍方對泰國支持的力道日益增強，一方面又憂心政治左派坐大，泰國軍方因而收緊對國內的控制，大舉掃蕩來自農村地區、知識界以及左派學生等異議分子。工會活動全面遭禁[34]。1980年代，軍方再度動用全國之力鎮壓本地的共產黨游擊隊，以及來自越南共產黨的外部威脅[35]。

　　無所不在的媒體審查和寡頭壟斷的媒體，限制了民眾取得資訊的管道，進一步鞏固菁英統治。雖說如此，但軍方的統治從來不是堅若磐石的。政黨的政治人物當然都是伺機而動，不斷地挑戰軍政府的統治，要求回歸民主制度。雖然政黨的政治人物和軍方的將領都同意共享執政權，也同意壓制民間力量有其必要，但泰國政壇從來不曾有足夠的共識去努力打造強而有力的國家機關，而這卻是追求發展型經濟模式的關鍵。因而，充其量我們只能說，泰國政治運作的方式就是，「在追求經濟租這件事上，政壇和軍方菁英是分歧的，但在國家經濟與政治策略背後，他們是一致的」[36]。誠如丹·斯萊特所說：「脆弱的結盟就只能催生脆弱的政治體制。」[37]泰國政府的凝聚力和實權始終不如巫統統治下的馬來西亞，也不如印尼由軍方主導的從業黨。而MTI三國的團結程度和政府的威信也都不及日本、韓國和台灣[38]。

　　此外，MIT三個政體的行政機關通常各自為政，效能不彰，也欠缺技

術資源，無力打造並落實經濟政策模式的轉型。他們也都沒有延攬菁英的
計畫，因此未能成功吸引受過頂尖訓練且企圖心旺盛的畢業生[39]。先進技
術稀缺，恩庇侍從、指定接班人的做法橫行。雖然也有一小撮一小撮人才
散落在較高階的公務體系內，但整體而言，受過良好教育的官員太少而且
普遍低薪，也因而施以小惠就可誘使他們貪腐[40]。的確，印尼貪腐的情形
非常普遍，Jon S. T. Quah便直指這是該國最嚴重的問題[41]。可想而知，三
個國家的行政官員都很猶豫，不敢提出不受政治立場左右的政策選項，對
於主導全面性的政策提案也興趣缺缺，唯恐擋了政治人物的財路。

　　諷刺的是，由於國家機關宛如一盤散沙，泰國的技術官僚反而時不時
能主導某些政策的推動。最顯著的例子就是1980年代中期，炳・廷素拉暖
（Prem Tinsulanonda）擔任首席國務大臣[*1]期間，以及1980年到1990年代
阿南・班雅拉春（Anand Panyarachun）主政後，泰國轉向提振出口的經
濟政策。這兩位首席國務大臣都無黨無派，也不是軍方出身，而是技術官
僚。正因為如此，所以他們重視專業。然而就算由他們主政，技術官僚能
發揮的也只限於提出宏觀經濟政策。泰國國家經濟社會發展局（National
Economic and Social Development Board, NESDB）、泰國銀行、財政部以
及首相府內受過西式訓練的官員成了舉足輕重的要角，都是國家經濟繁榮
的幕後推手[42]。這群技術官僚還有項優勢，那就是奉命來監督國家機關運
作的軍官很少能抓住經濟政策制定過程中的竅門。他們多數得仰賴受過西
方教育的經濟學者擬定相關細則，把焦點放在控制通膨、解決貿易失衡，
以及創造有利於國內外投資的環境等事項。

　　但有許多軍官會利用職務之便為有私交的企業取得特許、合約、信用
和其他特權。軍官的妻子、兄弟、甚至堂兄弟、表兄弟，也個個事業蒸蒸
日上[43]。因此，只要是技術官僚倡議的經濟理念，軍官多半都會選擇性地
加以抗拒，因為這些軍官的權力大小、私房錢多寡，都是根據他們鑽法律
漏洞的能耐來決定的。因而，在技術上看似合理的經濟政策，政治上往往

[*1]　譯註：即首相或總理。

無法持續施行[44]。

　雖然行政服務部門在科技技術方面嚴重受限，基層公務員、甚至高官貪腐事件也時有所聞，但MIT三國的政治機構卻是齊心協力，能力也相當強。就算是政府效能最低落的泰國，擔任高官的政壇菁英走馬燈般來來去去，但彼此間對於政策的基本方向還是有共識的。他們也會聯手邊緣化或壓制潛在對手，特別是要齊力對付民間團體，以免他們施壓，要求重新分配利益。

　另外值得注意的是，在這三個國家，對於政治菁英而言，經濟政策與其說是國家經濟轉型的機制，不如說是他們鞏固、維繫自己政治實力的工具。GDP快速成長方便政治菁英利用權勢換取好處，既可以為發展計畫找到經費（讓政績有正當性），也幫與自己有裙帶關係的企業找到資金來源（讓社會菁英對自己言聽計從）[45]。政商交織而成的綿密網絡，不斷地交換著特權、賄賂和誘惑，而政治菁英也利用這樣的結合鼓勵他們看中的資本家投資經濟，同時給予回扣，藉此贏得企業的支持，進而在選舉中獲勝[46]。簡而言之，某些社經力量會與政府部門合作無間，然而，這類唯政府是從的社經力量在社會上能發揮的有限，影響力也就隨之大打折扣了。

社經力量

　發展型政體有個優勢，那就是源自種族、宗教、語言或其他先天的先賦條件等方面的干擾幾近於零。此外，相較於替代發展型政體，發展型政體農村大地主的問題也幾乎不存在。但MIT三國就沒有這樣的條件了。它們所面對的社經環境，分歧更多也更深。

　以印尼為例，它所面對的不僅是其地形四散分布，語言也十分分歧的客觀環境。這個國家是由大約1萬3,500座島嶼所組成，成千上萬的島嶼散布海面，橫跨五個時區。這個國家的現存語言有超過700種，使用印尼／馬來語和爪哇語的是最大的兩個族群，但其餘20個族群的人數加總起來也有100萬以上。一直要到1945年，印尼才正式將印尼語定為官方語言。人們對當地貴族的認同往往超越國家認同。

　　另一個會引發社經層面重大分歧的是龐大的農業部門。MIT三國都沒有發生大批大地主反對經濟發展的現象。痛苦的土地改革過程中，大地主也未群起反抗。然而在這三個國家，農業部門規模都相當龐大，對國家經濟頗有貢獻，因此若一廂情願推動農村工業化，必然會遭受阻礙。在印尼和馬來西亞，農村工業化的具體做法就是大量投資，讓栽種稻米的小農走上現代化。泰國雖然是稻米出口大國，但諷刺的是，除了在中央平原之外，政府沒有多少促進稻米耕作現代化的作為。泰國堪稱地廣人稀，人均可耕地面積相當大，加上未開墾的土地為數龐大，促使泰國政府投入資源，進行大規模的農村開發計畫，推動小農升級[47]。大舉投資農業使得三個國家都偏離了工業化的道路。

　　讓城鄉差距問題愈形複雜的是族裔之間的歧見。三個國家境內都有為數眾多的少數族裔——華裔。他們多半是十九世紀移民的後代。在印尼和馬來西亞，中國移民和社會上其他族群仍然是高度隔離的。他們一直保有自己獨特的文化和語言，在婚姻、飲食方面也有自己的風俗習慣。印尼和馬來西亞境內伊斯蘭教盛行，更加深了族裔之間的分歧。

　　早期來到MIT三國的中國移民，有許多是從事貿易或做買賣的小商人。他們為英國與荷蘭的經濟政策——剝削及輸出天然資源——提供了資源。種族上的差異，加上以貿易為導向的經濟特色，使得華裔成為最佳的掮客。他們樂於和殖民統治者合作，甚至不惜以剝削當地原住民為代價。華裔充分利用殖民統治者「分而治之」的策略，其結果是，在後殖民時期，他們擁有不成比例的龐大財富，雖然在他們的身上也留下了「殖民時期助紂為虐」的印記。隨著政權轉移至當地的主要族群，華裔也面臨了有計畫的排擠和歧視，成為約翰・賽德爾（John T. Sidel）口中的「賤民資本家」[48]。

　　泰國也有自己的華裔移民潮。但它未經殖民統治，因而也免去了華裔作為中間人剝削當地人的聲名。的確，中國移民和泰國當地婦女通婚所生下的孩子有全然的自由，可以自己選擇是要當中國人（留個辮子，再付一筆人頭稅）還是泰國人（剪掉頭髮，並且找個泰國保護人，應他的要求服勞役）。在十九世紀末的暹羅，一般人眼中「族裔」的定義主要是文化、

表2.1　華裔在MIT三國的人口及私有資金占比

	人口占比（%）	私有資金占比（%）
馬來西亞	35	65
泰國	10	80
印尼	3	80

資料來源：Walter Hatch and Kozo Yamamura, *Asia in Japan's Embrace: Building a Regional Production Alliance* (Cambridge: Cambridge University Press, 1996), 82.

而非種族問題。「任何人只要使用泰文名字，說泰國的語言，行為舉止像個泰國人，無論他的祖先從何處來，我們都會接納他，當他是泰國人。」因此，「中國社會往泰國菁英階層移動，在十九世紀時簡直就是蜂擁而至。到了1900年，泰國的高官、貴族當中，有華人血統的比比皆是。」[49]

人數居於少數的華裔在全國擁有不成比例的龐大財富（表2.1），其結果便是族群的裂痕加上階級對立，在馬來西亞和印尼尤其如此。同樣嚴重的是，在印尼和馬來西亞，雖然作為少數族群的華裔獨霸商界，但控制著國家機關的卻是人數較多的本地人。這是一個非常大的阻礙，讓政治力與社經力量難以融合，無法在經濟模式上形成共識，共同為快速工業化的目標而努力。

1945年之後的印尼、以及1971年之後的馬來西亞，由於政策需考量族裔問題，甚至為特定族裔量身訂做，限制了政府當局決策者動員的能力，導致他們無法動用當地最豐沛的資源，也就是華裔高階經理人握有的當地私人資金。至於在印尼，從業黨在執政當局帶領下組成的統合機制獨霸一方，這意味著在印尼唯有符合國家目標，社經勢力才可能取得或發揮力量。而印尼的華裔，身為人數稀少的少數族裔，尤其岌岌可危。1965年，暴民殺了數以千計的華裔，軍方卻冷眼旁觀（許多時候甚至參與其中）。而在1997年另一波類似的反華暴動中，暴民燒殺擄掠，導致多人喪生，無數華裔逃離印尼。

然而，蘇哈托政權通常會保護華裔商業菁英，用以交換他們在財務上的支持，藉此牟取自己的利益。在他的「新秩序」下，多數成功的生意人之所以財富滿貫，靠的都是與蘇哈托本人、或是蘇哈托的近親、乃至朋黨的私交。政府大權在握，透過恩庇侍從的手段培植仰賴政府鼻息的本地「裙帶資本家」[50]。原本這類企業人士多數是華裔，但假以時日，也出現了不少印尼本地人，其中有相當多是蘇哈托的近親，他們也累積了可觀的財富。印尼的中產階級開始萌芽，但卻遠比泰國和馬來西亞的中產階級脆弱，而且始終沒有獨立發聲過。簡而言之，多數商業上的重大利益都無法脫離國家機關的掌控，反之，商業利益和國家機關非但密不可分，而且都是對其言聽計從的[51]。和國家機關關係較疏遠的商業人士，對於靠一己之力推動重大產業計畫，不只興趣缺缺，也無能為力。

　　族裔之間無所不在的分歧對立使得國內難以產生一個步調齊一的產業，能跟國家機關合作，形成以經濟成長為目標的結盟。在MIT三國，由族裔的角度所認定的「累積的思維邏輯」，和發展型政體從國家的角度如何看待「累積的思維邏輯」都很不同。前者是讓國營企業享有特權，然後根據族裔這個準則，將盈餘分配出去。此外，跨國外資企業提供國家的決策者另一個選擇，讓他們與富有的華裔成為經濟上的夥伴。其結果就是，無數華裔企業要不選擇遠離政治圈，小規模經營，要不轉進金融和房地產業。這兩種方式都會為他們帶來可觀且快速的回報，在緊急的時候，還可快速退場。這些財富對國家的快速發展都不會有太大的貢獻[52]，反倒是族裔之間的分歧限制了國家機關的行政能力，讓他們無法提供低於市場利率的信貸或豐厚的補貼，以全力發展目標產業或扶植目標企業。至於泰國，由於在這些方面來自族裔問題的障礙較少，較不受限，因而成功吸納較多泰國本地的資金，即便這些資金大多數是來自華裔[53]。

　　綜合性的產業集團是發展型政體的經濟動脈，而在MIT三國，家族企業則是驅動其經濟的關鍵力量。印尼的企業有40.7%是家族式的，在泰國占32.2%，馬來西亞稍低，但也有17.3%。因此，產業組織呈金字塔型是常有的現象：大企業控制較小的企業，環環相扣一直下去，無止無盡。企業本身的組織也由「一股一票」衍生出多種樣態，交叉持股或是由控股公司指派經理人和董事，都是常見的做法[54]。其結果便是少數超大型集團——如印尼的「主公」（cukong）企業家、馬來西亞的信託機構和大型土著集團以及泰國的華裔泰人企業——雄霸這三個經濟體的產業界[55]。

　　此外，不重視人力發展，輕忽多數國民的技能訓練，是技術難以快速升級的另一個主因。MIT三國擁有豐富的天然資源，加上人力充沛，使得國家和企業都缺乏誘因，無意重金投資提升人力技術。單單靠大量出口農產品或天然資源便足以帶進足夠的外匯，因此降低了國家或企業培育人才因應出口產品升級所需的動機。

　　相較之下，第一章提到過的，日、韓、台等發展型政體在教育方面的投資高得多。這包括他們的高教體系特別著重工程、科學和科技等學門。公共教育和企業人才培訓持續且穩定地提升國內人力資源的素質。與之相比，MIT三國則遠遠落後。MIT三國的科學和工程人才在人口中的占比偏低，國家投注於研發的比例就更低了。因而使得這三個國家無論縱向或橫向都難以拓展，不僅難以藉此連結同源產業，也無法往技術曲線的上端移動[56]。以1980年代的日本為例，當時日本每萬人當中有49.6名工程師，韓國則有24.4人。相形之下，印尼只有7.3人，泰國更只有4.8人。如果將「潛在」的科學或工程人力納入考量，這個差距就更大了。MIT三國能提供科技人才的教育機構為數有限[57]。1980年代，即使當時MIT三國的人均GDP還算是高一些的，但教育水準卻都落後台灣和韓國十年以上[58]。未能投資人力技術升級限制了當地企業長期的發展能力，導致他們無法快速攀登上技術階梯。

　　日、韓、台與MIT三國在社經方面最大的共同之處，在於他們將潛在挑戰者邊緣化的能力，特別是可能對政體構成挑戰的工會組織和民粹運動。工會在組織勞工時還有另一個問題，那就是MIT三國都有為數龐大的非正式僱傭勞工。泰國非正式僱傭勞工占整體勞動力60%以上，其中甚至有相當大一部分——極可能高達30%——受過大學教育。他們多數在小商店或小吃店工作[59]。印尼的比例更高，有70%的勞動力都沒有正式僱傭關係[60]。馬來西亞的非正式勞動力雖然比例略低，但也有8%到9%。龐大的非正式僱傭勞動力拉低了整個薪資水準，也減少了勞動力群體動員的機會。

　　由於上述種種原因，MIT三國的社經力量都缺乏凝聚力，而且只有一小部分經濟上的菁英人物有心致力於快速工業化。核心社經部門與國家機關還是相當疏離。結構不同，政治上面對的限制也不同，這三國的社經部門對自己相關權益的認定也和發展型政體類似機構的想法大相徑庭。產業高速轉型並不是他們的最高目標[61]。因此，MIT三國都缺乏具有向心力、支持成長的社經同盟。若有這樣的盟友，他們會將自己的資源與國家機關相互結合，共同為本地經濟升級而努力。然而，就如同下一部分為大家仔細說明的，這三個國家面對大量外資湧入，加上有豐富的天然資源可供出口，很容易就把這兩者當作驅動GDP成長的主力了。

外部勢力

　　MIT三國和日、韓、台有個相似之處，那就是他們都很親西方，而且與許多由西方主導的國際組織關係密切，並且從中受惠。此外，直到二十世紀末，美國一直是這六個國家出口商品的主要目的地。然而，美國源源不絕提供給發展型政體的政治和經濟養分，這三個東南亞國家卻無一有幸享受。而在政體或經濟政策形成的過程中，外部國家行為者對MIT三國的涉入也不像對發展型政體那樣深。

　　雖說如此，但1965年蘇哈托發動政變，背後其實有美國的支持。之後美國更提供印尼軍隊各種各樣的軍事協助和訓練。然而馬來西亞和印尼與美國在安全方面關係並不深，此外，馬來西亞和印尼兩國所獲得的經濟支持也遠不及日、韓、台三地當地的掌權者。

　　蘇卡諾執政時期，美印互動冷淡，原因是美國冷戰思維的算計，對印尼表面中立、實則親中的政策相當不滿。正因為如此，中情局在蘇哈托發動政變和清洗左翼分子兩件事上提供了關鍵性的支持，即使美國官員心知肚明，遭清洗的左翼分子多數是無辜的，他們並沒有從事反政府的行為。美國同時還協助施壓媒體，不准報導這些殺戮事件[62]。因此，蘇哈托政權就是從大剌剌地親美、反共起家，並且接受美國在經濟和軍事兩方面的協助，從1946年到1980年間，總共取得約32億的美援（27億美元的經濟協助和4億3,600萬美元的軍事協助）[63]。美國同時也斷斷續續地幫印尼代訓軍官。因此，兩國的關係始終不像真正的盟友，而蘇聯則是印尼軍備的主要供應者。

　　馬來西亞和美國的關係一向是MIT三國當中最疏遠的。馬來西亞領導人基於種族和宗教的考量，總把該國的穆斯林放在第一位。馬哈地對美國的評論尤其辛辣，而且向來大聲疾呼，亞洲應該成立專屬的區域性組織。馬哈地此舉在美國決策者看來，就是直接挑戰其在亞太地區的霸權。

　　只有在泰國可以清楚看見美國支持的力道。兩國的關係雖然不像美國與三個發展型政體一樣，有正式結盟作為基礎[64]，但透過《馬尼拉協定》（Manila Pact，又稱《東南亞集體防務條約》），泰國和美國在安全上還是相連結的。從1950年代起，泰國接受美國在經濟、軍事和科技方面的協助。1960年代，隨著美國在對抗中南半島動亂的泥淖中愈陷愈深，美國對印尼的援助也不斷擴增。從1950年代中期到1976年間，美國花了近35億美元援助泰國，相當於泰國國防支出的半數以上[65]。此外，從1966年到1971年，泰國公共資本支出約三分之一是由美國軍方的援助以及向世界銀行貸款償付的[66]。來自美國的資金推動了大規模基礎建設；進口替代倡議日後成了一個平台，泰國以此為基礎努力發展以出口為導向的發展策略。諷刺的是，1960年代末期和1970年代初期，美國的軍事支出提供了泰國充足的外匯存底，導致泰國的政商菁英缺乏動力，未能將出口升級列為賺取外匯的辦法[67]。越戰失敗，加上其後削減東亞駐軍，美國涉入東南亞軍事與外交事務的程度驟降，雖然在2003年，美國還指定泰國為「主要非北約盟友」（Major non-NATO ally, MNNA）。

　　即便美國與東南亞MIT三國的關係不如它對日、韓、台的支持那麼堅實，但MIT三國跟日本在經濟上的往來卻讓他們持續受惠。1947年春天是個開端。共產黨接管中國之後，美國更加積極對日施壓，除了要求日本將地緣經濟的焦點轉向南方，也要求它抽離與它有著深厚歷史淵源的東北亞（滿洲國—韓國—中國）。除此之外，東南亞蘊藏豐富的天然資源。同時日本更是順理成章地以此為市場，出口低成本的消費用品及相對平價的日本機具等各類製品[68]。

因此，日本便將重心由中國轉移到東南亞。此舉與整個區域，尤其是馬來西亞和印尼後殖民的思維，一拍即合。對前述兩個國家而言，與西方交往意味著重新擁抱殖民主義，重回仰賴西方鼻息的歲月。但日本不同。日本看起來掠奪性沒那麼強，也較懂得反思所謂的「亞洲價值」，更何況其也可能是一個可以提供科技與經濟協助的來源。馬克‧比遜（Mark Beeson）曾寫道：「日本戰後的發展計畫空前成功，給了它——至少有那麼個短暫的一刻——幸運符的地位，對志在發展的國家的確是如此。」[69]

日本對東南亞的貿易快速升溫。1938年時，對東南亞各國的出口總和僅占全國的8.4%，但到了1978年，這個數字已經上升到24.6%了[70]。日本很快地成為MIT三國最大的貿易夥伴，並且從這三個國家，尤其是馬來西亞和印尼，購入的原料占當地出口大宗。而與此同時，日本的資本財、科技產品和日製零組件都成了不可或缺的進口商品。此時，日本企業也開始大舉投資東南亞。1970年代的前五年，日本在當地的投資已上升為1960年代最後五年的9倍[71]。日本政府開發援助（ODA）也大力支持這三個國家的基礎建設，尤其側重港口、道路、水壩、橋梁和電廠的興建。

印尼很樂於與日本建立這樣的關係，其中最重要的一個原因是，二次大戰末期，日本曾正式承認印尼為獨立國家[72]。事實上，有大約3,000名日本皇軍在荷蘭試圖再度殖民印尼時，與印尼國軍並肩作戰。兩國達成賠償協議，日本對印尼賠款2億2,300萬美元，其中有相當大一部分投注於基礎建設，或以日本企業提供技術轉移的形式償付，也為日後私人企業投資印尼設下了堅實的灘頭堡[73]。

泰國領導人也樂於和日本建立經濟夥伴關係。影響所及，美國在泰國經濟所占的地位很快就讓位給了日本。日本和泰國在二戰之初原是盟友關係，戰後又簽署了一項高達54億日元（相當於1,500萬美元）的賠償協定。相較於許多日本軍國主義下的受害者，這筆賠償金額並不大，但卻足以讓雙邊關係再度升溫。日本的援助和資金很快如潮水般湧入泰國。就如同理查德‧斯塔布斯所說的：「1980年代泰國出口的榮景，基本上就是日本的外國直接投資所促成。它帶動了泰國整體經濟的繁榮。」[74]

日本政府的援助行動和私人企業的經濟活動相輔相成。對東協四國（即MIT三個經濟體加上菲律賓）的ODA，在1975年時僅有11.4億美元，到了1980年已增爲33億，1989年更高達89億。1987年到1991年間，印尼所獲得的雙邊援助當中，有57%是日本提供的[75]。馬來西亞獲得的外國援助，有整整81%是來自日本。國際協力機構（Japan International Cooperation Agency, JICA）提供的技術更是從育種、提高農作物收成到水資源一應俱全。

此外，日本也透過亞洲開發銀行（Asian Development Bank, ADB）扮演起領頭羊的角色。它貢獻了該銀行總資本額的五分之一（約2億美元），美國則承諾投注同樣的金額。亞洲各會員國爲此投桃報李，同意讓ADB的總部設在馬尼拉，而非美國。1977年，日本發表所謂的「福田主義」（Fukuda Doctrine），更贏得了東南亞各國一致的掌聲。首相福田赳夫承諾，日本不再追求軍事強權，而要在諸多領域和東南亞各國建立起互信互賴的關係，並以夥伴的角色與東協各成員國平等合作，共同爲各國的目標而努力[76]。

1985年的《廣場協議》（*Plaza Accord*）則帶動了東亞地區更大一波錢潮與投資的流動。協議簽署之後，MIT三國的貨幣都出現貶值，日圓、韓圜、新加坡幣、台幣乃至港幣全都大幅上漲。此外，1988年2月，美國取消之前給予日、韓、台的普遍化優惠關稅措施（generalized system of preferences, GSP），並且針對原產於上述經濟體的產品實施懲罰性貿易措施。

「福田主義」和《廣場協議》的效應便是，帶動許多勞力密集的工廠從東亞先進經濟體的市場出走，轉向印尼、馬來西亞和泰國等國採購。單單在1985年到1989年間，日本對馬來西亞的外國直接投資就飆漲了5倍，在泰國更驚人，達到了25倍。東亞其他富裕國家的投資也倍數成長，讓整個投資金額更爲可觀。到了1994年，新近投入印尼的外國直接投資有將近60%是來自韓國、台灣、香港和新加坡[77]。台灣是馬來西亞數一數二的外資來源國，韓國則大舉投資印尼。

此外，成長三角（Growth Triangle）的崛起，將新加坡、馬來西亞的柔佛州和印尼的廖內省連結起來，成爲新加坡在鄰近區域投資的典範[78]。

外來資金、科技和管理技能的輸入，都在第一章當中提過，是區域成長網絡向外擴張不可或缺的一部分。由富裕的東亞鄰國而來的投資令MIT這三個東南亞國家，不僅製造業出口倍增，高附加價值產業的出口也蒸蒸日上。

　　這類生產網絡突顯了發展型政體之所以迥異於MIT三國的另一個關鍵，那就是，這兩類政體處理取得之科技轉移與外資時，採用的方式截然不同。在第一章當中曾指出，發展型政體國家原則上抗拒外來投資。即便外國直接投資真正具體實現，國家機關也會事先就可望簽訂的授權合約或外國夥伴的背景進行審查，之後再予以嚴密監督。如此一來，國家機關就很明確地表達出它是站在本地接受授權的業者或是投資人這邊的。國家機關會協助後者向外國夥伴爭取較好的條件。國家機關動用權力以確保投資人能取得最有利的條件，且保證本國企業在取得輸入的資源時，能迅速擴散並吸收。

　　MIT三國都沒有像這樣動用國家機關權力，並且明確選邊站的做法。即便國家官員試圖在締約時偏袒本國企業，往往也缺少有效談判、監督、落實所需的技巧[79]。因此，MIT三國傲人的經濟成長率仰賴的始終大半是外資的投入，而非本地資金。他們的經濟成長更大程度是靠當地廉價勞動力，為跨國企業的出口產品進行低附加價值的組裝工作而來。本地的創新微乎其微，也因此國家所能掌控的較少，國家經濟快速繁榮帶給本地人的好處也較少。

　　因此，日本和其他外國資金是MIT三國經濟模式不可或缺的一環。在這種情況下，這些外來資金往往是更加強化，而非改變該國既有、可支配、可用於生產製造的資源（factor endowment，或稱：要素稟賦）。外國直接投資透過強化替代發展型政體的相對優勢，然而在改變其相對的稟賦的方面，外國直接投資能做的其實很有限。尤其是日本，對技術轉移和要求的價格限制極其嚴格；對於多數科技轉移，他們是束緊口袋的。外國投資因而可以理直氣壯地說，三個替代發展型政體當地的勞動力教育水準這麼低，特別是在工程、科學和科技方面程度低落，重重限制也是理所當然的。但其結果是，MIT三國即便企業獲利了，也攻占了新的市場，但企業本身以及國家的整體經濟卻無一獲得大幅提升。科學技術、自身永續成長的能力以及國家的經濟轉型都未見重大突破[80]。因此，當外國直接投資為尋找更低廉的成本而快速流出時，三國就毫無招架之力了。

經濟政策模式

本書第一章曾指出，發展型政體的鑲嵌式重商主義主要是環繞保護與提升當地企業而運作的。它們向全球輸出日益精緻化的產品，並且將外資和外來競爭阻絕於門外。其結果就是，當地的企業和勞工收獲了國家經濟成長多數的果實。但替代發展型政體的運作模式卻截然不同。

替代發展型政體經濟高度成長，出口也欣欣向榮。然而，它們達到這個目標的途徑卻大不相同。這些國家更加依賴原料和農產品的出口；選擇進口替代工業化（ISI）政策，加深對國營企業依賴度，加大對外國直接投資的開放程度，輸出的產品則為工業零組件而非完整的成品。

考量到國家機關的結構、當地社經勢力的布局，再加上本地資金缺稀，採行這樣的政策是合理的。尤其在缺乏來自政治、社會經濟乃至國際方面的壓力的情況下，替代發展型政體國家個個追求的經濟模式，在本質上，都不同於發展型政體。MIT三國無一提出全國一致認同的主導性計畫，也無一嘗試進行大規模產業轉型，讓自己的國民可以成為經濟利益主要的受惠者。三個國家都未能強化自己的競爭優勢，而只是不斷利用原有的競爭優勢，亦即有限的資金和技術能力，以及充沛的勞動力和天然資源。相較於發展型政體，全球化的金融運作和外來投資客進入這三個國家幾乎可說是暢行無阻。

此外，MIT三國的進口替代政策並未像日、韓、台一樣，得到國家機關在資金上的大力挹注，或對初萌芽的新產業給予技術上的扶助，期使他們能和國際間的競爭者一較長短[81]。這些政體讓外來投資者享有特權，因而後者能透過合資，大發利市並收割較大部分的利得。

很關鍵的一點是，MIT三國有豐富的天然資源，這和資源貧乏的日、韓、台非常不同。英國殖民馬來西亞或是荷蘭殖民統治印尼時，主要的政策便是開發並盡情利用其原料和農產品。跟殖民統治下的馬來西亞和印尼一樣，二戰之前，泰國的經濟也是以出口原料和農產品爲主。事實上，泰國是全球數一數二的稻米出口國。然而栽種稻米以供出口並不需要在基礎建設上有多少發展。其結果是，到了戰後，這三個替代發展型政體的基礎建設無一能與留有日本殖民統治遺緒的台、韓相比，而戰後的日本自己也從這些遺緒中得利。

東南亞的MIT三國則不同，他們全都繼續仰賴原有穩固的根基，源源不絕地出口天然資源和農產品。而這類出口全都受惠於充沛的廉價勞動力。它能讓這些國家維持低薪，但所創造的外匯存底卻已足以因應購買外國商品所需。理論上，農業其實可作爲生產本土工業產品的起點，然而實務上，由於農產品和原料能爲政商菁英帶來源源不絕的收入，他們已習以爲常，因而持續仰賴這類產品的出口自然成了MIT三國的首選。

馬來西亞幅員廣大，而在獨立之初，全國有八到九成人口都住在農村地區。爲了因應這個狀況，政府在1950年推出農業發展草案，聚焦於農業的多元發展與拉平城鄉所得差距[82]。由於農村人口絕大多數是馬來族，此一草案以及之後多項農業發展計畫均成爲1971年NEP的一部分，冀望藉此改善農村馬來人的經濟。

馬來西亞盛產石油、橡膠和錫。一直到1989年，該國都是全球數一數二的橡膠出產國，年產160萬噸，占全球三分之一。另外，馬來西亞每年開採5萬2,000噸的錫供出口，價值約10億美元，足以成爲全球龍頭，產量約當全球的25%[83]。爲了降低對這兩項大宗商品的依賴，馬來西亞的決策者嘗試將出口多元化，但主要還是提高其他大宗商品，如棕櫚油和可可的出口量。

印尼也盛產橡膠和錫，此外還出產咖啡、靛青、菸草、茶葉和糖等經濟作物。然而，事實證明，石油是迄今該國最具價值的天然資源。印尼本地三分之二的收入，以及出口總額的八成都來自石油。泰國財富的來源則是稻米、橡膠、錫和糖。

戰後民族主義興起，這三個國家的決策者因而都傾向發展由國家主導的企業。這樣的取向在提升國際競爭力上，實在遠不如嚴格遵守市場原則的私人企業。獨立後不久，馬來西亞國營企業隨即購入並且逐步接管種植園、礦場、銀行和貿易公司。這些都是當年英國統治時掌控經濟的制高點（the commanding economic heights）[84]。

獨立之後，印尼政府便將當年荷蘭人監管的農業體系轄下許多機構和企業收歸國有。從1960年代到1980年代，印尼擴張農業部門不遺餘力。蘇哈托甚至推動移民計畫，試圖將沒有土地的農民從擁擠的爪哇島移民到人口較少的外島，藉此緩和農民土地不足的問題，同時也增加外島的產出。擴增棕櫚油的產量更是此計畫的重點。這類政策加深了印尼對主要產業的依賴，從而強化了該產業在經濟和政治上的優勢。

而泰國廣大的土地則使得農民得以藉由開墾耕地，增加遷徙的能力。早在1932年立憲革命政變時[85]，栽種和輸出稻米便是泰國主要的生產活動。直到1960年代，農業始終都是該國最主要的經濟活動，至於其他經濟活動也還是以內需為主，且環繞進口替代這個主軸發展。這個模式一直延續到1980年代初，經濟蕭條，加上債務危機，迫使該國轉向外國直接投資，也就是日本和上文提過的其他外資所主導的出口製造業[86]。

不同於東北亞的發展型政體國家，事實證明東南亞的這三個政體確實較不擅長創造、運用和依賴國內所控制的資金。1945年之後的印尼，以及1971年後的馬來西亞，都因為族裔的考量，限制了政府取得當地華裔在政治上支持的力道。事實上，華裔掌控著當地大量的資金。至於泰國，政府早在1950年代末期，便修法廢除種族歧視相關政策，因而提高了泰國產業界參與的意願，而獨霸泰國產業界的正是華裔[87]。

雖然如此，但馬來西亞的國家機關事實上有套機制。馬來西亞透過這個機制所引進、供國家運用的資金，遠比印尼和泰國的做法來得多。馬來西亞早在1951年便創設了僱員公積金（Employees Provident Fund, EPF）制度，強迫人民儲蓄。1969年暴動之後，所有的就業人口都必須強制加入，因此到了1994年，EPF強制徵收公積金的對象就包括了660萬的僱員和21萬名雇主，收取的公積金超過640億馬幣[88]。EPF不但涵蓋對象廣，強制收取的費率也高（相當於受僱員工薪資的23%），提供了政府最理想的機制，方便動員國內資金，提供國家經濟計畫之用。1970年代，隨著石油價格高漲，許多國家的國庫也荷包滿滿，印尼也深受其惠[89]。然而，到了1980年代，EPF歷來所累積的金額約有九成不是用於提升產業量能，而是流入安全妥當的馬來西亞政府證券（Malaysian Government Securities, MGS）以及國營企業。受惠於油價上漲而增加的收入也有極大部分是如此。國家的投資策略隨著國營企業的業績表現而起起落落，並且與提供給私人企業的重大獎勵措施全然脫鉤。要特別注意的一點是，投資安全至上，意味著政府的資金很少會用於產業製造升級。

馬來西亞這麼做，並不是因為它輕忽大規模工業化的資金需求。馬來西亞政府在1958年推出過《先鋒產業條例》（*Pioneer Industries Ordinance*），其後在1967年也推行過類似的方案。租稅假期（tax holiday）、區位優惠（locational benefits）、關稅保護，以及避免工會干擾都是馬來西亞曾提出的獎勵措施。然而，政府不重視剛萌芽的新產業，輕忽技術評鑑和考核標準[90]，導致多數優先產業計畫無論在財政紀律、獲利能力和全球競爭力方面都無人監管。可想而知，這類工業化計畫主要的受益人不是外資企業就是華裔所擁有的企業。1963年到1967年間，享有「先鋒企業」身分的92家企業當中，有10家（全是外資）平均獲利在18%以上；他們還獲得78%的賦稅減免[91]。製造業在GDP當中所占的比例卻還是只有區區9%。

華裔和馬來西亞土著貧富懸殊，再加上政治組織和選舉競爭背後潛在的族裔對立，引爆了1969年的種族騷動。兩年後，政府推動NEP，意圖在1990年之前將低於貧窮線的人口從50%降至15%，同時將馬來西亞土著在企業的持股提高到30%。一系列的計畫賦予馬來族優先接受訓練以及取得資金和土地的權力，確保馬來西亞土著能接受高等教育，同時要求企業調整股權結構，以達到馬來西亞土著持股30%的目標[92]。國家仿若巫統馬來人選民代言人般的政策，果不其然加深了政府與華裔企業領袖之間的緊張對立，後者擔心自己經營得有聲有色的企業遭到鯨吞蠶食。同一時間，NEP也向華裔資本家提出誘人的獎勵方案，誘使他們與馬來人政治人物結盟。透過這樣的結盟，一方面可以淡化華裔和馬來人資金的界線，另一方面也可鞏固國家保護非貿易（nontraded）產業的力道[93]。這些措施對馬來西亞土著是一股極大的助力，在馬來族當中培植出一個新的階級，讓他們從這些經濟計畫中受益，並且透過企業的人脈網絡，獲取可觀的財富。

與此同時，國家機關進一步擴張國營企業，跨足以往主要為民營的金融、商業、工業等部門。1970年到1975年間，分配給國營企業的國家預算平均較前一個五年增加了不只10倍[94]。不出所料，其中大半都受控於巫統的馬來人選民，受惠的當然也是他們。馬來西亞公營企業的數目從109家躍升為1,014家，僱傭人口更跳升了4倍。這類擴張主要仰賴舉債與石油儲量支應。也因此，1980年到1987年間，公共部門累積外債從49億馬幣增為283億馬幣，加上來自國內的借貸，1980年時總負債達265億馬幣，1986年時更高達1,006億馬幣[95]。到了1987年，國營企業的負債已占公共債務的三分之一，攤還的本息也占償付總本息的30%[96]。

馬來西亞對國營企業情有獨鍾，印尼也有類似的傾向：施行經濟管制，採取重商主義式的國家干預，企業國有，再加上國家主導的產業計畫，1970年代石油價格飆漲之後尤其如此。國家取得足夠的資金，再度點燃由國家主導的工業化計畫，涉足水泥、肥料、紡織、玻璃和汽車組裝等領域。國營企業也掌控了許多公用事業，包括港口、鐵路、郵政和電報服務，以及煤礦場等[97]。

單單1972年到1976年，印尼政府對國營企業的投資就躍升了近10倍[98]。1974年後實施的新法律要求所有的外資都必須有當地合夥人參股。政府利用許多這類方法，為國、民營企業打造了一套壟斷進口的體系，藉此提供人脈亨通的國營企業一個獲利豐厚的經濟租機制，牢牢抓住當地壟斷各個行業的同業聯盟，而稱霸這些聯盟的往往是社會與政壇的菁英，特別是那些圍繞著蘇哈托家族打轉的社會與政壇盟友[99]。

一直要到1980年代中期，全球油價大跌之後，印尼的國家權力才從國營企業撤出，允許工業化的過程中有較多民間資金的參與。這多數是以外國直接投資或與外資合夥的形式進行的。但即便到了這時候，製造業仍是由國營企業主導。1981年時，印尼土著、華裔和國家擁有的企業占比分別為11%、22%和62%[100]。

泰國是比較偏市場導向的。少數幾個土著資本家左右著整個國家的經

濟。雖然出身哪個族裔不像在印尼或馬來西亞那麼大程度地決定一個人的
身分地位或機會，但產業界能展露頭角的菁英還是以第一代華人居多，銀
行家也多半是和軍方領導階層交往密切的華泰混血[101]。1960年代，在企
業家領導下，製造業快速成長。這些企業家多半是從商業界轉向，跨界從
事紡織、汽車、玻璃、電器用品、消費性商品和加工食品的製造，供應本
地市場[102]。對外貿易成了帶動成長的重要引擎；國家亟需仰賴出口稅收
來支應進口之需。然而，進口商結黨壟斷的現象比比皆是，官員對於能降
低外貿與國家收入比的ISI政策則是冷眼旁觀。就如同馬來西亞和印尼一
樣，結黨壟斷不可貿易商品的受益者都會尋求政府的保護，而非協助政府
提升產品在全球的競爭力。

　　本地資金受限，怯於投入昂貴而大規模的產業發展以開拓全球出口市
場。在這種情況下，MIT三國工業化之所以能推進，還是得大量仰賴竄流
全球各地、尋求高收益投資機會的資金。海外投資人非常喜愛MIT三國的
環境：政局穩定、基礎建設完善、教育水準不低但薪資低廉的勞動力，何
況還有成熟的通訊、交通和貿易網絡[103]。無論在馬來西亞或印尼，執政
的政治菁英都已經和特定社經團體建立了緊密的連結。這些連結讓國營企
業享有優勢，而且對原料和農產品出口的依賴度始終不墜。至於在泰國，
多數行政機關放任無為的行事風格，以及本地企業牢不可破的市場地位，
在在使得政府機構在重金投資工業化計畫，藉此帶動產業快速轉型上，多
方受限。

　　因此，這三個政體，就如同表2.2所顯示的，都吸引了大批外資前
來。表中的數字也可看出，相較於泰國和印尼，馬來西亞對外資的依賴始
終是最深的。但MIT三國對外來資金的依賴程度明顯較台灣和韓國這兩個
發展型政體高。

　　面對外來的新機會，MIT三國的因應之道是，通過解除管制、私有
化、以及取消原先對貿易和投資的設限等方法，放寬對外來投資的限
制[104]。鬆綁對外資及相關補貼運作的管制，同時制定更嚴格的勞資關係
監管法律，限制勞工的薪資、工作條件與流動性[105]。在這個過程中，三
個政體的經濟模式都由以內需、分配為主轉向著重擴張及出口導向[106]。

表2.2　外國直接投資在國內投資總額中占比（1971-1993）（%）

	1971-1975	1976-1980	1981-1985	1986-1990	1991-1993
韓國	1.9	0.4	0.5	1.3	0.6
台灣	1.4	1.2	1.5	3.5	2.6
馬來西亞	15.2	10.5	10.8	10.5	24.6
泰國	3.0	5.9	3.2	5.9	4.7
印尼	4.6	2.4	1.0	2.0	4.5

資料來源：UNCTAD (United Nations Conference on Trade and Development), *UNCTAD Stat*, http://unctadstat.unctad.org/wds/ReportFolders/ reportFolders.aspx?sCSChosenLang=en.

　　馬來西亞鼓勵外國直接投資的背後隱藏著族裔考量，雖然未曾言明，但也不難看透。的確，有些決策者之所以擁抱外國直接投資，實則是將它視為限縮華裔經濟影響力的手段[107]。外資企業對NEP所要求的「固打制」*2猶豫不前時，政府便在1986年通過《促進投資法案》（*Promotion of Investment Act 1986*），放寬NEP當中有關僱用土著的規定。其結果就是催生了企業大帝國，盡情享受國家發給的各項執照。在執政的巫統直接操控下，馬來人盡享各式優惠待遇，而這一切最終就能為巫統贏得選民的愛戴，在選舉時獲得支持[108]。

　　相較於印尼，泰國和馬來西亞轉向出口導向的時間來得快一些。事實上，1980年，時任國際貿易及工業部部長的馬哈地醫師便提出，由國有的馬來西亞重工業社（Heavy Industries Corporation of Malaysia, HICOM）與外國夥伴組成合資企業，進軍重工業和化學製造業，行銷高階出口商品，並且為馬來西亞日後的工業及科技發展奠定基礎[109]。本土企業（特別是華人所擁有的企業）都不太願意以自有資金出資，一方面是金額龐大，再

---

*2　譯註：「固打」是由英文quota翻譯而來，意思是「配額」。NEP 對土著以外的族群實施差別待遇。大學學位、獎學金、房屋、公共工程等均因族裔不同而有不同的配額。

者真正獲利之前得先度過極長的醞釀期，而NEP族裔相關規定也同樣令人
卻步。其結果是，馬來西亞許多重工業投資案都找上了日本合夥人（國產
「寶騰」（Proton）汽車就是一個明顯的例子）。

1980年代末期，印尼也開始淡化進口替代的重要性，轉而優先考慮
發展具國際競爭力的出口產業，特別是勞力密集產業[110]。樂於參與的企
業很多，耐吉（Nike）、銳跑（Reebok）等紛紛將原本設在韓國和台灣的
生產線遷至印尼。此舉催生的生產網絡，將MIT這三個經濟體納入了具有
全球競爭力的產業內。它們的出口營收還能提供回饋，用於償付具有重大
政治意涵且受保護的企業利益[111]。MIT三國的生產商都迫不及待地希望能
讓自己的財富與全球及區域生產網絡連上線，大賺一筆。

1970年代和1980年代，這三個國家出口導向的製造業開始取代農
產品和大宗商品的出口。1980年代後半，出口愈形重要。1987年，印尼
的出口占整體GDP的24%。1988年，出口占泰國整體GDP的34%。馬來
西亞製造業急速擴張，在1994年時甚至將出口占整體GDP的比率推升到
89.9%[112]。但值得注意的是，雖然大宗商品價格下跌，但出口並未因而減
少，這主要是出於國際收支的考量。

如表2.3所示，高科技產品在替代發展型政體的出口中所占的比率節
節攀升。三角貿易盛行。企業將總部設在較富裕的國家，如美國、日本、
韓國、台灣和新加坡，而把高附加價值的零組件和半成品輸往MIT三國。
組裝廠在這三個國家，將零組件和半成品做成成品，之後再出口到這些較
富裕的國家或是歐洲[113]。

表2.3　製造業出口中的高科技產品出口占比

	1995	1996	1997	1998
印尼	6.92	8.54	10.73	9.74
馬來西亞	45.64	43.94	48.51	54.49
泰國	24.62	29.06	30.62	34.42

資料來源：世界銀行世界發展指標，https://data.worldbank.org/indicator/TX.VAL.
TECH.MF.ZS?locations=TH&name desc=false。

　　在三角貿易這個網絡中，參與的各方都能獲利，只是獲利多寡十分懸殊罷了。馬來西亞雖然是美國半導體的第二大供應國，但當地的半導體產業卻只能停留在製程的下游階段，繼續爲跨國企業組裝、測試和包裝[114]。在多數零組件和技術都仰賴進口的情況下，能進行上下游垂直整合的並不多，很難帶動本地經濟其他部門的發展。新的工作機會不多，對解決失業問題可謂杯水車薪，收入也不夠豐厚，不足以刺激當地的消費經濟。泰國的情形也大同小異。它在1980年代和1990年代是全球數一數二的硬碟機出口國，然而供應外資製造商零組件或服務的大廠當中，卻沒有一家是泰國本地的企業[115]。

　　這既是天性所造成的，也是民族性的影響，在一波波全面大幅提升人力素質的浪潮中，MIT三國的勞工不像他們在日、韓、台的同行那樣，從中受惠。MIT三國的勞工鮮少獲得教育培訓或技術訓練的機會，因而沒能具備那麼良好的條件，無法在全面提升科技水準的過程中有所貢獻或從中受惠。然而，全面科技升級正是發展型政體經濟轉型的特徵。

　　替代發展型政體的產業模式因而有個特徵，那便是「一分爲二」：一方面是出口導向，欣欣向榮的國際榮景；另一方面則是國內高度的結黨壟斷[116]。就如同賈亞蘇里亞（Kanishka Jayasuriya）所指出的，早期工業化主要聚焦在不可貿易產業的進口替代。然而這樣的商業模式受惠的只有少數人，他們必須得跟手握政治大權者有密切的關係。以印尼爲例，無論是華裔或是印尼土著企業家，只要政商關係良好，就能在NEP鬆綁或私有化的過程中找到商機，從中牟利。政界關係良好就能打造龐大且多元的企業帝國，觸角幾乎遍及印尼的每個產業[117]。

　　相較之下，可貿易產業以出口爲導向的生產活動，則必須仰賴外資和本地生產者力量的結合。保護主義的色彩不濃，主要還是順應國際情勢的發展，只不過這類合作多數利益會流入外資口袋[118]。替代發展型政體有無數企業會發現自己賣身給生產低附加價值的零組件，以及進口零組件組裝、後製加工、包裝等低薪的工作，利用的全都是其源源不絕、低薪、打零工型態的勞動力。這三個政體都未能藉由垂直整合，或者透過降低組裝和加工的單位成本，加深、加廣所生產的產品組合。因此，即使製造業擴張了，也只是加深了對廉價、無專業技術勞力的依賴[119]。而反過來，大量不具專業技能的廉價勞力也降低了對政府的壓力，讓他們不急於提高教育水準，也不急於提升勞動人口的專業技能，因而形成低薪／低技術水準工業化的惡性循環[120]。

　　這些政體對外國資金毫無招架能力。這可以由亞洲金融風暴期間，外資在經濟和政治方面予取予求可見一斑。當時三個國家的外來投資金額、幣值以及GDP成長率直線下滑，而失業率卻節節飆升。雖然GDP在兩、三年內便恢復成長，但其經濟模式整體而言十分脆弱，任由外資宰割是確然無疑的。金融危機也引爆了政權更迭。印尼的蘇哈托失去政權，多省爆發獨立運動，民主制度也誕生了。至於在泰國，這場危機引爆了憲政改革，企業界參政的現象增多，民粹力量在選舉中獲勝，進而引發了一連串的軍事政變。馬來西亞雖然成功地壓制了反對力量，保住了政權，但巫統內部分裂，反對勢力興起、壯大，加上對副首相安華（Anwar Ibrahim）的逼宮和逮捕行動，這一切已足以令國家傷痕累累了。

　　本章分析MIT三國慣常的政策模式與發展型政體國家有哪些相似之處，尤其著重於出口成果和GDP快速成長相關的討論。然而，MIT三國深層的經濟模式在帶動產業持續升級和提升產業精緻度方面，遠不如發展型政體的模式有效。但反過來說，這些模式也都是形塑該政體的國家機關、社經力量和外在勢力之各方組合的必然結果。同樣地，這些模式的凝聚力也不如發展型政體的有力。

　　其結果是，雖然MIT三國的經濟公認有著長足的進步，然而大量仰賴外來投資，再加上提升國民技能方面投資不足，使得這三個國家都很容易在外來勢力做選擇時受害，對於國內所創造的鉅額財富也較沒有能力留住。此外，當下一個替代發展型政體出現時（只要這個替代發展型政體能提供更便宜的勞動成本，讓自己在外國投資人和他們所能調動的熱錢看來更有吸引力即可），它們很可能首當其衝。

第三章
掠奪型政體——掠奪爲先，繁榮次之

　　2018年6月，北韓領導人金正恩抵達新加坡，與美國總統川普進行高峰會談。隨行的有他的親信和手下的高官。雖然這個國家的人均國內生產毛額（GDP）在全球排名倒數十名之內，但金正恩卻乘坐Mercedes-Maybach S600 Pullman Guard加長型防彈禮車，浩浩蕩蕩橫越新加坡這座城市。他的禮車每輛要價50萬美元，雖然在聯合國禁運令之下，北韓是不准購買這類奢侈品的。而諷刺的是，如今赤貧的北韓，在1970年代時，曾經比現今繁華的韓國還要富裕。

　　讓我們也回想一下遭罷黜的菲律賓總統馬可仕。1986年2月他流亡到夏威夷時，在他的秘密帳戶中藏有50億到100億美元，全都是他主政二十多年間攢下來的。除了他的夫人收藏在總統官邸內、屢屢在鏡頭前曝光的2,000雙精品鞋，馬可仕夫婦拋下的還有因貧富懸殊及密集廣泛的貧困而撕裂對立的菲律賓人民。和北韓一樣，昔日的榮景何以落到這般田地，令人費解。1960年代初期，菲律賓製造業的產出超過台灣和韓國的總和；菲律賓經濟繁榮，在亞洲排名第二。

　　經濟發展作爲國家目標，對任何一個國家以及所有的領導人應該都是再自然不過的。畢竟提高生產力、追求先進技術，與生產者的利潤能否增加，勞工能否獲得較健康、收入較高的工作，甚至提升人民福祉都是息息相關的。誠然，東亞發展型政體國家快速經濟轉型，讓上述各方面的發展一日千里，且即便是略遜一籌的替代發展型政體，其表現也不俗。這六個國家欣欣向榮，掩蓋了隨之而來的缺點。但國家應該追求經濟發展是一個大前提，就好像談到個人時，有句老生常談：「我窮過，也富有過。相信我，富比窮好！」[1]

　　不用說，結構面有多種缺失都可能妨礙發展。但較令人費解的是，竟然有些政體會自行築起藩籬，阻礙實質的發展。本章將要分析三個這一類的例子。雖然坐擁龐大的資源曾經讓它們比貧窮的鄰國在經濟上擁有更多優勢，但昔日的落後者卻以驚人的速度，後來居上。而與此同時，曾經看似前途無可限量的國家卻始終昏昏欲睡地旁觀，眼見區域內的鄰國經濟起飛，一一超越。

本章將依循前兩章的模式，檢視三個在經濟發展上潛力無窮的國家，看看它們如何將國家機關、社經力量以及與外部的連結，攪成一鍋巫婆湯，構築出一個排斥、而非追求國家經濟轉型的經濟模式。一小撮政治和／或社經權貴只顧著擴張自己的勢力，將個人中飽私囊凌駕於國家繁榮之上。其結果就是，遍地是貧困的人民，總體經濟停滯不前。這就是本書所謂的「掠奪型政體」。

掌控國家機關或社經影響力大到不成比例的人優先考慮自己的利益，這並不難理解。自私自利只不過是權力常見的副產品。然而，隨著區域內經濟發展的旋轉木馬逐漸加速，愈來愈多政體也跟著加入競賽，爭相搶奪能確保發展列車持續奔馳的金戒指。如此一來，多數政體都將有志一同，採取類似的政策模式，除了讓少數人致富，同時也全面提升人民的生活水準。本章將分析，為何東亞有三個國家自外於區域的趨勢，即便鄰國成功的經驗如此激勵人心，也不願借鑑。

許多優秀的著作都已指出，制度模式一旦確立就很難更替；不僅如此，它還會左右日後的選擇[2]。這個道理說明為何以轉型為訴求的經濟模式發展可期，但仍有多個政體反其道而行，不願採取促進亞太多數地區繁榮的模式。在政壇和社經結構中占有一席之地的菁英，打造出最符合一己利益的政治體制，而不是選擇客觀上可能動搖現行體制，但對國家較為有利的制度。發展型政體的組成元素能形成保護協定，藉以抗衡推動國家經濟發展的行動所帶來的生存威脅；然而掠奪型政體卻認為大規模工業化會危及它們的存亡，因為工業化會讓它們失去優勢。因而它們選擇了「掠奪協定」，選擇了能維護、甚至強化其掠奪力量的經濟模式。

本章主張這類政體和發展型及替代發展型政體大不相同。掠奪型政體擁抱的體制與經濟模式是榨取、掠奪式的，它們將大得不成比例的戰利品回饋給政體核心元素。以北韓而言，它對反發展政體的保護，二戰之後迄今，幾乎從未遭受過挑戰。馬可仕統治下的菲律賓（以及其後的殘餘勢力）奉行的也是類似的模式；而且從約莫1962年開始，一直延續到二十一世紀的第二個十年，緬甸的軍事政權也一樣。

這三個掠奪型政體，雖然掠奪的行徑有其共同之處，但相較於前文提到的三個發展型和三個替代發展型政體，國與國之間的差異實則大得多。我們可以仿效托爾斯泰名著《安娜·卡列尼娜》（*Anna Karenina*）的開場白這麼說，「繁榮的國家無不相似，破落的國家各有不幸」[3]。因此，以下的討論將逐一分析，而非將它們混為一談。

馬可仕統治下的菲律賓

1950年代和1960年代，菲律賓是東南亞發展最為迅速、工業化程度最高的經濟體之一。殖民統治留給菲律賓的是受過良好教育、英語流利的人民，以及專業知識豐富的文官體系[4]。這個國家的中產階級薪水豐厚，教育水準高，此外，還有國會，施行民主制度。1960年代初期，菲律賓的製造業產值超過台灣和韓國的總和，技術先進，在東亞地區首屈一指，僅次於日本，而且儼然會一直向前推進。然而到了1990年代，菲律賓卻是東亞經濟最為衰敗的國家之一。菲律賓的人均所得曾經遠遠超過印尼與泰國，而今卻成了東協六個創始會員國中，貧窮人口比率最高的國家[5]。

而這道暗淡的成長軌跡急轉直下的關鍵，就發生在1960年代中期馬可仕統領國家大政，到1986年被迫下台的這段期間。原本前景看好的菲律賓，在掠奪型政體的領導下逐漸衰敗。這個政體一心一意為少數人增加銀行戶頭的存款，不惜做出犧牲多數人利益的行徑。雖然有部分掠奪的行為在1986年之後消聲匿跡了，但直到2019年，菲律賓還是名列東亞最貪腐的國家之一，僅略勝印尼，但遠遠落後泰國和馬來西亞。

和三個發展型政體一樣，菲律賓是美國在東亞的同盟架構中，不可或缺的一環。美國聯手國際貨幣組織（IMF），提供該國龐大的經濟協助。隨後，日本透過戰後賠償和政府開發援助（ODA），挹注了更多資金。

這些經費雖不至於像美國對日、韓、台的援助那般廣泛，但菲律賓在國家安全上所面對的外來挑戰微乎其微的情況下，這樣的外來金援也算是相當可觀了。然而，不同於美國對發展型政體的援助，美國支持的是其工業化模式；在菲律賓，美國的政策卻成了一個掠奪成性的政體強而有力的靠山。

因此，事實證明，馬可仕統治下的政治體制對於經濟轉型的幫助遠不如其他政體。反之，構成政體的三大元素沆瀣一氣，抗拒大規模的工業化，一心只想有計畫地掏空國庫。對於這樣的政體，保羅・赫屈克羅夫特（Paul Hutchcroft）有個生動的形容，稱之為「掠奪性的資本主義」[6]。

國家機關

西班牙三百年的統治，加上其後五十年的美國殖民，留給獨立之初的菲律賓一群本土菁英和競逐權力的國家機關。然而，他們都缺乏方向感，不知如何擬定一個有雄謀大略且可行的成長計畫。

由於地理環境的關係，許多地方自成一個區域，自主性相對高，遠大的成長計畫就更難誕生了。多數地方政府在財政預算上缺乏自主性，得完全仰賴中央政府分配，不過也有些地方比較能自給自足。但在這些地方，地方上的強人用自己的拳頭取代了官方的威信；以暴力作為控制地方的主要工具。這些地區讓中央政府無法執行韋伯口中「國家最根本的任務」：在所屬的領土上獨家行使暴力[7]。取而代之的是，無數橫行霸道的土皇帝指揮著令人望而生畏的私人民兵，無法無天，橫行於各自割據的帝國裡[8]。

從1945年到1972年，政治權力的核心在立法機構。菲律賓兩大政黨——國民黨和自由黨——都脫胎自殖民時期的政黨，且在戰後繼續稱霸立法機關。兩大政黨的死忠支持者都是殖民時期之前便已頗有根基的菁英，多數在地方上扎根極深，而且是富可敵國的大地主。菁英互鬥不時在立法部門上演，政黨忠誠度則多變如流水。國會議員常游走各政黨之間，跳槽的時候還會帶走一票忠貞的手下和鐵票部隊。理念和政見很難堅持到底。選上國會議員最大的好處就是能當老大給好處，還能從國家的各項行動中拿到好處。表面上的競爭掩蓋了兩黨互相幫襯的事實。利益將他們緊密連結；他們共同謀求的不是國家的經濟轉型，而是相互啃食。

在許多方面，菲律賓的文官體系其實很有潛力，有望成為國家機關當中有效率的一個環節。然而殖民時期遺留下來的文官世襲風氣，加上利用職務之便行掠奪之實的習氣，使多數機關喪失了日、韓、台文官系統中常見的技術官僚與專業傳統。立法機構恩庇侍從之風盛行，導致行政部門上下無法一心，也很難用人唯賢。

嚴格來說，在菲律賓，舉凡公務人員都必須通過資格考試。然而事實上，靠著裙帶關係指派、無須應試的公務員很快便充斥整個行政體系。有數十年的時間，國民黨和自由黨相互競爭，也同時跟總統角力，試圖掌控文官系統的任用權。1959年，三方討價還價之後，將文官體系中這種做人情的人事任命權一分爲二，總統和國會各拿一半[9]。身爲總統的馬可仕就善加利用，順勢將國庫的錢私飽中囊。到了1970年代中期，未曾通過資格考試的官員占據了65%的文官職位[10]。其結果是，國家機關不僅技術能力不足，整個文官體系也欠缺動力，未能訂定、更未能施行有助於成長的計畫。

在馬可仕統治下，恩庇侍從關係和壓迫成了一體兩面。馬可仕於1965年首次當選總統，1969年連任成功。但他的選戰充斥著貪腐、暴力甚至恫嚇選民。此時，他面對著雙重的挑戰：部分地區發生動亂，民答那峨島局勢尤其動盪；此外，在全國各地都爆發左翼和共產黨之亂。1972年，他以「內亂」爲由，廢止憲法，宣布戒嚴。馬可仕執政，軍方對他的支持是關鍵力量，然而，就如同當時杭特（Chester Hunt）所說的，若以最嚴格的定義，馬可仕政權還稱不上是「軍政府」[11]。

總統指揮軍隊，雖然邪惡，但效率很高。國家的安全部門不斷迫害人民，主要對象是反對政府政策的左派人士。軍方逮捕並關押了約3萬名異議分子，其中包括記者、學生和工運人士。此外，軍方和保安部隊查扣武器，解散了許多政壇大咖政治人物和其他重量級人士所擁有的私人軍隊。未經審理便遭法外處決的有3,257人；登記有案的被失蹤人口有737人。此外，還有約3萬5,000人遭到刑求，7萬人被監禁。馬可仕同時也控制了國會。遭他禁止，或是鐵腕施壓的媒體不計其數。國家機關成了聽命於總統的工具，壓制一切針對戒嚴和執政而來的批判。

　　本尼迪克特・安德森（Benedict Anderson）指出，馬可仕也試圖將屬於地方的權限強行轉移到總統府內。此舉改變了地方上劃地爲王的傳統：

> 斐迪南大爺*1就是最大的土皇帝，也可說是軍閥頭子。他將舊秩序的破壞性邏輯導向必然的結果。他以一支專門聽命於他的全國警察部隊，取代了數十支各地土皇帝的私人「警衛」；以一支專屬於他的軍隊取代了各地軍閥無數的私人部隊；地方上聽話順服的法官被體貼入微的高等法院取代了；許許多多劃地爲王、腐敗的土皇帝融合成一個錢權至上的腐敗國家，一個由（斐迪南大爺的）親信、職業殺手和唯唯諾諾的庸奴掌管的國度……幾乎是從1965年登上總統大位起，馬可仕在心理上就脫離了十九世紀的舊時代。他深知，在我們這個年代，有權就有錢，拿下國家大權就等於拿到王牌12。

　　直到1986年被罷黜爲止，馬可仕憑著總統的職位，國政大權一把抓，順勢從中牟利。藉由實施戒嚴，國家擴張管制經濟活動的權力，馬可仕操控國家工具的手法，和韓國的朴正熙、台灣的蔣經國有異曲同工之妙。

　　然而，即便實施戒嚴且高度集權，但民營企業仍然持續掌控著重要的經濟活動，多數企業甚至認爲戒嚴能確保社會安定，深得其心。但長期而言，國家卻始終沒能控制社經菁英。反之，政壇和社經菁英集結起來，實質上等同是結盟了，但這和日、韓、台政壇與社經的結盟大不相同。在日、韓、台，這類結盟是有志一同，矢志爲快速工業化而努力。然而在菲律賓，國家機關對於來自社經盟友的需求，總是以偏袒、政黨利益先行的

---

*1　譯註：馬可仕全名「斐迪南・馬可仕」（Ferdinand Marcos）。

方式予以回應[13]。

　　政壇與社經菁英發現，各方的最大公約數就是動用國家機器，榨取國家資源。保羅·赫屈克羅夫特論及馬可仕時說：「他相信自己可以為社會提出一番願景⋯⋯，但最終他做的還是掠奪。」就這點而言，馬可仕幾乎是無人能及。根據國際透明組織（Transparency International, TI）指出，馬可仕是現代史上排名第二的貪官。他任職於總統府二十年，中飽私囊的金額高達50億到100億[14]。身為總統，他有很多收入來源，只要他一句話錢就滾滾而來。他的錢脈是一個八爪章魚般的網絡，全國的木業、媒體、公共事業都會來朝貢。馬可仕還會沒收政敵的資產，為自己錦上添花[15]。除了本地的財源，外國商業領袖也提供回扣，為他增添額外的收入。因此，就有這麼個例子。有六家在ODA計畫下的日本企業，從1970年代末到1980年代初，向馬可仕和他的親信行賄超過5,000萬美元[16]。

　　事後看來，馬可仕政權固然可以為所欲為，但1983年授意暗殺反對黨領袖艾奎諾（Benito Aquino）還是過火了（就跟大韓民國中央情報部（KCIA）試圖刺殺金大中未遂一樣）。1986年，馬可仕決定提前大選，藉以平定愈演愈烈的內亂。此次選舉，帶領反對勢力與他正面對決的是艾奎諾的遺孀──柯拉蓉（Cory Aquino）。馬可仕雖然自行宣布勝選，但對於他恐嚇、作票的指控卻排山倒海而來，其中包括負責選舉結果的35名電腦工程師集體出走，並出面指證官方大幅造假。在國會議員、宗教團體、學生、公務人員以及部分軍方人士等紛紛挺身而出的情況下，這股名為「人民力量」的反對勢力拒絕承認大選結果，最後更將馬可仕趕下台，結束了長達二十一年的一人獨裁統治。柯拉蓉隨即繼任總統。

社經力量

　　菲律賓的社經力量有如一盤散沙，難以動員，特別難以讓它為經濟轉型出力。菲律賓的社會種族多元，文化差異極大。正因如此，它的社會和發展型政體國家非常不同，但近似於鄰近的東南亞替代發展型政體。菲律賓有7,600多座島嶼，其中2,000座是無人島。各地有各自的認同是常態；

社會上的各股力量稱不上團結。

　　緩和這股離心力的是強大的天主教會。80%以上的菲律賓人信奉天主教，因而教會當局對於節育、教科書等社會政策具有相當大的影響力。不過，除了上述政策，天主教會鮮少動員。雖說如此，它一旦跨足社會政治的領域，影響力還是在的。1986年，教會便發揮力量，迫使馬可仕下台，只不過這股力量始終未能帶動社會經濟的轉型。

　　誠如前文提到過的，一小撮極富有的地主家族長期以來主導著地方、立法機構以及經濟。只要是全國性的工業化或經濟轉型計畫，他們都是深植於社經體系內的阻力。日、韓、台三國都曾全面施行土地改革，剷除大地主，使地主無力成為全面工業化的潛在反對勢力。相較之下，戰後的菲律賓在土地改革方面毫無作為，因而這類占地為王的家族能延續他們在戰前以及殖民時期獨霸社經場域的局面[17]。菲律賓地主龐大的影響力，和拉丁美洲農村處處可見大地主長年獨大的現象非常類似。更重要的是，菲律賓的糖業集團以農業菁英的姿態，靠著與美國企業、美國市場的緊密關係存活了下來。這一點和拉丁美洲市場也是大同小異[18]。

　　雖然早在1946年就脫離美國獨立成功，但菲律賓土地租賃的模式和社會結構始終都維持半封建狀態。有權有勢的地主透過恩庇侍從的政治模式，稱霸地方。他們在地方上的權力基礎，馬尼拉的國家機關非但無從插手，甚至還會是敵對勢力[19]。他們還會透過自身在兩大政黨內的影響力，將地方上的勢力轉進為全國性的影響力。至於國會，與其說是節制社會的獨立政治機構，不如說是地方霸王展示經濟實力的競技場。

　　相較於發展型政體的工商組織，菲律賓都會區的工商業界欠缺和衷共濟的能耐。菲國的工商業領袖從未真正形成一股明確的社經力量，在產業轉型中找到共同的利益。他們之所以各行其是，主要是因為涉足工業化的大地主世家，與顯赫的華裔商人階級有所分歧。出身老派農家或是商業菁英家族的商人，會透過投資各式各樣低風險的傳統產業來多角化經營家族的財富；他們不會投資具高度成長潛力，全球前景看好的產業[20]。此外，一直到1974年，嚴格的歸化程序和需具備公民身分的要求導致多數華裔被拒於許多行業門外，因而不得不任由享有政治大權者剝削。唯一開放少數族裔——華人——經營的是商業。許多華人因而選擇從商，攪亂了整個布局。若非如此，地主階級應該就是社經體系具主導地位的力量了。確實，菲律賓華裔雖然只占人口的1%，卻掌控著該國60%的財富[21]。

就在東亞各國竭力促進社會平等的同時，菲律賓貧富懸殊的現象仍是普遍存在。整個戰後，菲律賓那一小撮社會菁英與數以百萬計的勞工、都會貧戶乃至農民之間，財富和收入都有著天淵之別[22]。從1961年到1991年，將近三十年的時間，貧富差距始終非常懸殊：1961年吉尼指數為0.503，1965年的數字是0.505，1971年為0.490，1985年0.452，1988年還有0.447，到了1991年則回升到0.477[23]。1970年代末期一項官方統計顯示，菲國最富有的10%人口，收入總計占全國的56%，最貧窮的30%，收入僅占4%。在富人集中的都會區，這個數字分別為81%和7%[24]。

就如同世界銀行所指出的，這個現象一直持續到二十一世紀，即便馬可仕的獨裁政權已經被推翻了：「數以百萬計的菲律賓人深陷貧窮的泥淖，全國多數財富掌握在少數菁英手中。雖然近年來國家的經濟成長率相當高，但2003年時，貧窮人口的比率占人口數的30%，2006年卻上升到32.95%。」[25]

然而，遍地可見的貧富差距並未能成為積極反抗政府、對抗農村內寡頭獨占的力量。由於種種原因阻礙貧民團結，讓他們無法同聲一氣，因而也始終無法脫離貧窮。工會一度是反對勢力可能的源頭，何況即便菲律賓工業化水準如此低，都能帶動工會遍地開花。1956年，製造業僱用的勞工約只占受僱人口的13%，大約50萬人，相當於非農部門受薪階級的四分之一。1951年參加工會的勞工只有15萬1,000人，但到了1970年，工會成員已成長到約120萬人，相當於總勞動人口的10%。然而這個數字也只是約30%的受薪階級[26]。此外，加入工會的勞動人口多集中在都會地區，多數是在馬尼拉。這個現象進一步弱化了工會在政治和經濟方面所能施展的力道。

而讓勞工的聲音益發微弱的原因之一是大量勞工出國當移工。1974年，菲律賓將出國工作制度化並且大力支持，因此在1979年到1985年之間，赴海外工作的菲律賓勞工約有38萬人，但到了1995年大幅飆升10倍，來到380萬人。菲律賓成了典型的勞動力出口國，也是全球無數國家主要的勞動力來源。1975年到1995年間，大約800萬菲律賓人曾出國工作，足跡遍布100多個國家[27]。移工多半是男性，但到了2000年代初期，反而是女性占大多數。在外國工作的移工將賺取的薪資匯回國，使得貧窮人口減少，生活方式也隨之改善。但這個機制同時也降低了勞工針對執政者或是經濟上隨處可見的不公現象，集結力量、群起反抗的可能。

此外，教育非但未能作為多數人脫離貧困的階梯，也不是企業努力精進發展時的資產。菲律賓的城市有無數私立學店，提供中低或社會底層的年輕人，包括許多半工半讀的學生，取得文憑的機會。相較於菲律賓少數值得稱道的公私立高等學府，這些從1960年代開始數量和入學人數都不斷膨脹的學店，彷彿是另外一個世界。隨著都會就業市場對正式認證的需求日益增加，這類教育機構的學生人數空前地多。繳了學費的學生塞爆馬尼拉市區破舊甚至廢棄的大樓內。這些學店很少提供學生真正良好的技術訓練，幫助他們在經濟上更上層樓[28]。也因此，缺乏技術官僚以及接受過良好教育的勞動力，讓菲律賓在邁向高科技產業時舉步維艱，從而為國家經濟轉型築起了更大的障礙。

但這不能否定反對力量的存在。只不過社經層面龐大的反對力量展現的場域，不在政黨內部，也不是透過選舉制度。共產黨和伊斯蘭分離主義分子的反政府暴動始終不曾停歇。國家經濟起起落落，反政府運動的強弱程度，在很大程度上，也是隨之起伏[29]。菲律賓有太多失業或缺乏就業機會的知識分子──找不到客戶的律師、找不到讀者的詩人、寫了書卻沒人看的作家、沒有攝影棚的攝影師、沒有教室的歷史學家，以及沒有人僱用的記者──共產黨不愁找不到人。這些人就是共產黨的幹部，負責共黨外圍宣傳隊伍的組織和訓練工作，組織各類團體和委員會[30]。共產黨作為有組織的政黨，利用農村地區對政府的不滿情緒向來是最拿手的。

此外，菲律賓南部有一支少數民族。他們是穆斯林，主要盤據在民答那峨島上。他們的分離運動常常涉及暴力。1960年代末期，由於土地遭到強取豪奪、信仰的宗教受到歧視，再加上政府的輕忽，長期累積的民怨引發了動亂[31]；而策動、動員伊斯蘭教徒不滿情緒的是莫洛民族解放陣線

（Moro National Liberation Front, MNLF）。莫洛民族解放陣線在菲律賓南部一帶頗受擁戴，尤其是在馬可仕鐵腕鎮壓該地區，而且未能兌現政府與民答那峨的穆斯林所簽訂的協議時。

只有在1986年透過民主運動推翻馬可仕這一役，菲律賓原本各自為政的團體，如人權律師、修女神父、作家、記者、學界和學生，才短暫地展現出團結的一面。很重要且值得記上一筆的是，在整個1970年代戒嚴時期，菲律賓的商人始終默許政府的各種行徑。一直到1980年代中期，他們才意識到，如果不和馬可仕徹底切割，自己的經濟利益和社會地位將岌岌可危[32]。因此，他們開始挪動經濟重心，轉而站到民粹勢力的背後。商界的反對勢力夠強大，足以動搖屹立不搖的政體，並且在這個過程中，提供一個管道——至少是暫時的——讓農民和勞工階級表達不滿，動員民怨，來挑戰執政者和牢不可破的階級制度[33]。然而，「人民力量」團結起來，雖然足以推翻一個不孚眾望且腐敗的總統，但卻還是太過各自為政，無以為繼，也因此，後續無法凝聚社經與政治上的各股力量。

簡而言之，有數十年之久，特別是在馬可仕執政時期，少數社經菁英與寡頭政治階級沆瀣一氣。他們在政治、社會甚至經濟各方面幾乎都不曾遭受過阻力。他們一起利用國家機關和國庫資源，一方面掠奪國家資產，一方面對抗反政府的各項挑戰[34]。在這個過程中，他們無視所有的重大產業計畫，反而留下來一個歷久不變、極度不公平的經濟模式。

外部勢力

菲律賓一點都不缺外來的支持，尤其是以全球或區域性組織形式存在的支持力量。菲律賓是聯合國的創始會員國，聯合國亞洲及太平洋經濟社會委員會（Economic and Social Commission for Asia and the Pacific, ESCAP，下稱「亞太經社會」）的成員，也是世界銀行、國際原子能總署（International Atomic Energy Agency, IAEA）、世界衛生組織（World Health Organization, WHO）等多個非區域性專門機構的會員。此外，菲律賓也加入亞太經濟合作會議（Asia-Pacific Economic Cooperation, APEC，下稱「亞太經合會」）和科倫坡計畫（Colombo Plan），同時是24國集團（G-24）、77國集團（G-77）和世界貿易組織（WTO）成員。另外，它也是東協（ASEAN）的創始國。1966年，在亞洲開發銀行（ADB）成立的過程中，菲律賓扮演著領頭羊的角色，且總部設在馬尼拉。雖然積極參與各式各樣全球和區域性的國際組織，然而，此舉對那些雄霸一方的政經菁英，卻鮮少能構成長期的挑戰，對於菲律賓推動工業化的計畫也少有助益。

　　除了這些一般性組織的力量之外，在菲律賓動見觀瞻的外來勢力都絕不是支持現代化和工業化的。從1898年到二次大戰結束，菲律賓都是美國的殖民地。1946年7月4日，它成爲全球首個自願脫離殖民統治獨立的國家。然而在冷戰的算計下，菲律賓被迫在獨立之後，於1947年簽署軍事基地協定，同意美國繼續保有16處軍事基地（包括克拉克空軍基地、蘇比克灣海軍基地等重大軍事設施）。這些基地無償供美國使用九十九年[35]。1951年8月30日，兩國簽訂美菲聯防條約[36]。菲律賓在美國遍布亞太軸輻式的防禦布局中，成爲其中一環，藉此取回名義上的主權。這種種的做法，菲律賓跟韓國、日本和台灣的經驗都是一樣的。1980年代，美國在亞太地區駐軍的高峰時期，派駐菲律賓的軍事人員約有1萬3,000到1萬5,000名，此外還有隸屬國防部管轄的1萬2,000名平民[37]。

　　美國則贈以厚禮作爲交換。1946年到1980年間，美國提供給菲律賓總計約28億美元的金援。雖然金額已不算少，但相較於韓國的127億、台灣的58億美援，這個數字相形見絀[38]。再者，和美國的關係也絕非只有利沒有弊。殖民時期的政治體制以及富豪家族壟斷的現象，也一直延續到戰後的政體。對美國的決策者而言，爲數眾多的美國企業在殖民時期取得的壟斷地位得以持續，才是最重要的。

　　關於這一點，華府堅持美國的投資人和企業家要能持續擁有特權，這是菲律賓得以獨立的條件之一。此外，自由貿易協定讓在戰前已深耕菲律賓，實力雄厚的美國企業，得以繼續在菲律賓境內擴張經濟版圖。美國還繼續保有匯率和貨幣政策的最終決定權，以此來限制菲律賓的貨幣自主[39]。

　　美國企業在菲律賓的利益和馬尼拉的政治人物所擔心的問題不謀而合。菲律賓政界憂心，倘若不能繼續保有進入美國市場的特殊管道，或者美國如果不繼續投資，又或者華府不支付為數可觀的戰爭賠償，剛剛成立的共和國不知是否能生存下去？就因為這樣，他們接受了特殊的安排[40]。美國投資帶給菲律賓工作機會、資金、管理技能和技術。然而美國企業獲得的特權，往往是壟斷式的，稀有的資金也大多握在他們手中。但這些資源主要投入在農業、原料和低技術含量的產業，極少透過美菲合作，推動產業升級，連外資在替代發展型政體的模式都很罕見[41]。不可否認地，來自美國的外部支持確實帶來了一些助益，但過程中，美國也不成比例地壯大了一個不公不義、缺乏效率、貪腐橫行的政體[42]。

　　日本也提供菲律賓援助。二次大戰期間，日軍的殘酷殺戮導致約110萬菲律賓人民死亡。這段歷史使得兩國在菲律賓獨立後多年，關係仍相當惡劣。最終，在1956年5月，歷經艱辛的談判，日本同意以勞務和商品的形式，外加2億5,000萬貸款，支付給菲國5億5,000萬。賠償措施聚焦於基礎建設，其中包括興建一座水泥工廠，購買貨輪，以及其他強化基礎建設的方案[43]。日本資金透過海外發展援助的方式源源流入菲律賓。以1989年為例，菲律賓獲得的海外援助當中，有48%是日本提供的[44]。就如同美國的做法一樣，來自日本的援助讓無數日本企業在進入菲律賓市場，或在此創業時，享有一些優勢。

　　因此，雖然有各式各樣的外來援助，但這些援助換得的卻是依然故我的國家機關和社會力量。這些力量所形塑的政體，讓極具破壞力的國家機關、和占地為王的菁英勢力擁有不成比例的龐大影響力。執政者再將這些影響力與保留給美、日投資人，且備受保護的市場地位融合在一起。這些力量所形成的政治體制，不僅不利於解構享有不成比例的政經利益、卻掠奪成性的本地寡占勢力，對於緩和社會上的貧富差距，或者是鬆綁農業部門龐大利益所受到種種束縛，也形成了障礙。擁有經濟資源者在重重保護下享受寡頭獨占，加上其與農村地主盤根錯節的關係，他們的所作所為呈現的不僅是缺乏動機，更欠缺推動全國性經濟模式的能力，遑論促成有利於本土經濟轉型。此外，事實證明，菲律賓政府，尤其是馬可仕政權，在設法融入區域生產網絡上甚至不如替代發展型政體，因而沒能像替代發展型國家一樣，在全球工業出口方面提高占比，獲取利益。反之，外部勢力和本土元素合作造就的是一個典型的掠奪組合[45]。

經濟模式

菲律賓的經濟發展模式是它政治體制必然的結果。事實上，經濟政策的作用就是作爲凝聚的力量，將周遭各個虎視眈眈的勢力結合起來，鞏固政府所做的布局，貫徹執行。

菲律賓的經濟發展模式有四個基本要素：(1)對國外貸款依賴甚深；(2)實施進口代替；(3)生產零組件，供應全球所需；(4)黑市經濟，以及無所不在的貪腐。

菲律賓的情況和日本、尤其是韓國特別相似，都是在二戰後浴火重生。二戰期間（韓戰期間的南、北韓也是如此），菲律賓的基礎建設被破壞無遺，馬尼拉受創尤其嚴重。早期的賈西亞政權（Garcia，1957年至1961年）曾試圖推動以發展爲目標的「菲人第一」經濟政策，藉此確保受益者多數爲菲律賓公民。然而，誠如上文提過的，美國政府和盤據已久的美國企業利用他們在經濟和安全上的優勢，阻擋了這類行動。早在二戰結束後不久，美國獨霸的態勢便養成了菲律賓倚賴美國的習慣，進而限制了菲律賓官員和企業領袖在政策上所能做的選擇。

少數富可敵國的家族對於放棄穩定且源源不絕的利益興趣缺缺；他們無意將手上持有的大筆土地和壟斷農產交易的權力拿來換取工業化，何況還是在成敗未卜的情況下。國內投資於基礎建設和產業的資金如此受限的情況下，「爲發展而舉債」成了菲律賓早期經濟發展的口號。對外舉債成了不得不然的必要之舉。1960年代初期執政的迪奧斯達多・潘甘・馬嘉柏皋（Diosdado Pangan Macapagal）開啓了舉債循環。馬嘉柏皋於1961年11月當選菲律賓總統。他矢言在保護美國利益的同時，進行經濟自由化。美國政府透過IMF提供了一筆3億美元的貸款作爲交換。菲律賓的製造業雖然有關稅加以保護，緩和了解除管制所帶來的衝擊，但IMF嚴格的信用管制逼使數以百計的菲律賓本地企業面臨倒閉的邊緣。許多企業最終和國外投資人達成協議，接受了緊箍咒般的合資安排[46]。

而官方的計畫書卻只是一再強調「開發好」的美麗詞藻，馬可仕執政時提出的開發方案尤其如此。然而這些詞藻往往不過是掩飾貪腐的遮羞布。外來投資讓菲律賓的經濟無法快速轉型，這一點固然無庸置疑，然而，事實證明，國內勢力從國庫中巧取豪奪才是最大的障礙，讓菲律賓無法採取較有利於轉型的經濟模式。滿口發展至上的言詞遮住了馬可仕一心一意以發展為幌子，讓自己的家族和黨羽發大財的決心。將國家發展計畫中的承諾，一次次偷梁換柱，行貪污之實，文官系統就是幫凶。菲律賓的技術官僚很善於製作迷人的企劃案，但只要經費入帳，「政治領導階層就會無限次同意例外情形，讓企劃的精神和宗旨成了不折不扣的笑話」[47]。

很明顯地，馬可仕執政期間，對外借款金額相當龐大。雖然他持續鼓勵促進出口，但也同時保護進口替代工業化（ISI）相關企業。製造業出口在1970年末期和1980年代節節攀升，但技術官僚和支援出口業務、疊床架屋的國家機關所能做的，卻只是為家族型的企業集團多開拓一些多元化經營的管道。既然外部資金已經到手，放手讓負債帶動成長也算是權宜之計[48]。國外流入的資金與巧手安排的承諾相呼應，通過官員貪腐的篩子而流出。其結果就是外債需求節節攀升。1962年到1986年間，菲律賓的外債從3億5,500萬美元攀升到283億美元。馬可仕下台時，依絕對值計算，菲律賓的國債之多，在亞洲、非洲和拉丁美洲各國當中排名第九[49]。歷任美國政府對於菲律賓的借款都予以支持，因為對美國而言，軍事基地和安全問題，以及美國企業在菲律賓的業務有利可圖，會比認真監督重要。其結果就是菲律賓的國際收支一次一次面臨失衡的風險，以及一次一次紓困。

取得外國資金一般來說都是有附帶條件的。外資一再要求放寬進入菲律賓市場的限制。與此同時，開放外國資本也是項利器，馬可仕便是試圖藉由這項利器在國內外觀眾面前，宣告他「憲政獨裁」政權的正當性。他的政府就是以此為基礎，成功地說服外國貸款機構和投資人，而他們的支持，反過頭來，正是他和他的政權稱霸的關鍵力量[50]。

誠如前文所指出的，菲律賓提出一項ISI政策之初，都會承諾讓這項政策成為出口擴張的基礎。然而，可想而知，政治現實很快會將經濟面的保證踩得粉碎。龐大的利益讓國家為達成出口擴張、或是任何形式的快速工業化所擬定的計畫，都無法貫徹[51]。獲得保護的企業和產業會成為政治恩庇侍從的天坑。享有優惠待遇的企業在獲取龐大利潤之餘，會回過頭要求擴大保護的範圍。政府官員會收到企業經理人送來的豐厚回扣，以及為表感恩賦予的特權作為回報。而在長久以來用於保護他們的法律遭受挑戰時，業界的美國合夥人往往會出面制止，藉此來提升自己的影響力。結果便是，用於保護本地產業的關稅從1960年代中期到1970年代末期始終不變，永遠那麼高。1983年，本地市場總產值還占全國製造業附加價值的86%[52]。

　　因而，菲律賓的ISI方案，除了極少數特例，都難逃那些發跡自農村、尋求經濟租的菁英掌心。截至1990年代末期，菲律賓放棄的計畫包括發展國產汽車、興建鋼鐵廠和發展航空業。即便菲律賓和其他東南亞國家一樣，成功吸引外資前來，它的魅力也僅止於提供平價製造的零組件，或是快速廉價的組裝。菲律賓有無數的轉承包商就是靠著在電子業或半導體這個領域扮演上述角色而獲利。然而像日本、韓國和台灣一樣，從ISI轉為出口導向的成長模式和深化產業轉型，或者像日、韓、台許多企業從接受保護到自立自強，甚或像替代發展型政體連接上產業的區域網絡，事實證明，對於菲律賓而言這些都是海市蜃樓，消失在無盡迴旋的轉角處。

　　此外，鄰近國家不斷改善基礎建設，一步步攀上技術階梯。在外國投資人和區域生產網絡眼中，它們是比菲律賓吸引人的投資標的。因此，外國直接投資大量流入印尼、馬來西亞、泰國、中國和越南，而菲律賓卻未能吸引等量的資金。例如在區域內舉足輕重的日資和台灣資金，有數十年之久，因為嗅到政治動盪、貪污和排外的氛圍而每每繞過菲律賓。

　　服務業開始超越工業生產：工業部門僅占菲國GDP的三成多一點，服務業占比卻高達六成。旅遊業成了重要的經濟引擎，它創造新的工作機會，同時也帶入收入。全球電話客服中心也是重要產業，從旅行社到就醫紀錄維護無所不包。電話客服中心的工作成長快速，且大受歡迎。工程學系和商學系的畢業生紛紛排隊卡位。國際勞工組織（International Labor

Organization, ILO）一項研究指出，菲律賓在2000年到2005年間，每年生產力平均只成長0.9%。與此同時，中國高達10.3%，印度也有4.9%。許多社會新鮮人始終找不到工作[53]。

最後，雖然歷任政治領袖都信誓旦旦，做了各種承諾，這當中包括最勇於任事的羅慕斯總統（Ramos，任期1992年到1998年），矢言終結貪腐、結黨營私和獨占壟斷，但貪婪使然，受惠最深的仍然是在馬可仕時代就獨攬大權的權力組合。他們的勢力幾乎絲毫不減。事實上，這個組合在艾斯特拉達（Joseph Estrada）和艾羅育（Gloria Macapagal Arroyo）兩位總統任內（1998-2010）曾捲土重來[54]。而即便在聲稱反貪腐的杜特蒂（Rodrigo Duterte）主政下，2018年，TI還是將菲律賓列在全球180個國家當中的第99名[55]。

馬可仕專制統治期間，並不是菲律賓政府掠奪最猖狂的時期。國內外的力量集結起來，推動一個為少數富豪家族以及扎根已久的美國公司提供特權的經濟模式，他們的特權已是不成比例，更何況還伴隨著政壇嚴重的貪腐。政體內部各股勢力集結，藉由繞過工業化、普及技術發展、脫貧和政府監理而獲取利益。其結果就是，政府嚴重貪腐的情形始終存在；社經菁英始終侷限在有權有勢的地主階級；社經各方面嚴重不公的情形處處可見；以及形成一個分配不均、工業化程度微乎其微的經濟體。

北韓

從二次世界大戰結束後，北韓就是建立在暴虐的國家機關、沆瀣一氣的黨機器以及紀律嚴明的軍隊等三者的綜合體之上。國家的高官權力之大，幾乎無人能挑戰。他們掌控國家的能力，世上多數國家的政治機器都望塵莫及。然而，另一方面，北韓的國家機關缺少大批能幹的技術官僚，來為它擘劃不這麼獨裁的政權，作為國政核心的經濟轉型政策模式。北韓的政治體制也不存在獨立的社經勢力。他們或有能力挑戰國家機關，或提出、倡議任何有意義的經濟轉型計畫，或對此提供協助。

在北韓不可或缺的外部支持最初來自蘇聯和中國。在1979年中國改革開放，以及1991年蘇聯解體之前，中、蘇兩國提倡的經濟政策都同樣是大幅仰賴由上而下的國家計畫模式。但事實證明，這種發展模式讓兩國經濟都死氣沉沉。中國和蘇聯的外援固然給北韓帶來正面的力量，但長期面對美國的壓力，抵銷了中、蘇支持的效應，更何況北韓同時還承受來自韓國和日本的壓力，雖然較小，但也同樣如芒在背。在來自蘇聯和中國的援助放緩，以及北韓政權加速國內研發飛彈和核子武器的情況下，這些負面影響尤其限制了北韓在經濟方面所能做的選擇。

由於以上種種，許多人都在測探北韓的底線，紛紛預言指出，北韓政權本身就不穩定，已經瀕臨崩潰邊緣[56]。然而，在寫這本書的此刻，就我們所知——雖然資訊取得受限，我們對當地的舉動可能是霧裡看花，但北韓政權看起來根基仍十分牢固，可望繼續屹立不搖。那麼，北韓政權的本質到底是什麼？它為什麼始終追求看起來全國轉型無望，且可預見只能嘉惠狹隘的執政菁英、有利其管控的經濟政策呢？

國家機關

北韓的政府架構極大部分是師法史達林時代的蘇聯。事實上，北韓憲法最初是以俄文起草，韓文譯本是後來才有的。因此，北韓國家機器像極了其極權統治的老祖宗，也就一點也不足為奇了。北韓政權的核心是朝鮮勞動黨（Korean Workers' Party, KWP，下稱「勞動黨」）。在體制上，勞動黨的地位高於政府的文官體系，也高於軍方各機關，而且是他們的指導單位。因為極權統治，因而必然只有單一一種意識形態；它無所不包、無處不在。國營媒體什麼內容都沒有，只播放領導階層的訊息。政府可以隨心所欲採取恐怖手段讓一個人——特別是對政權可能構成挑戰的人——消失於無形。正因為如此，勞動黨和國家機器可以全權做主，全面主導經濟[57]。

極權統治時鬆時緊，鬆綁最明顯的是從創建者，也是全心信奉史達林主義的金日成傳位給他的兒子金正日之後。金正日每隔一段時間就會提出較務實的做法。金正日交棒「第三代」金正恩之初，也曾鬆綁。然而，綜觀這三代的執政，北韓的國家機關和資源分配其實都是環繞著四個核心元素進行的。雖然理論上勞動黨大權在握，而且即便金氏家族也得透過國家機關行使權力、控制一切，但金氏王朝實則凌駕於所有官方機構之上。

金氏王朝自1945年仰賴俄國扶植上位後，代代相承，世襲至今。1974年金正日發表宣言，將王朝式的領導方式制度化。金家三代都是以「土皇帝」的風格統治北韓。然而，儘管有媒體漫畫諷刺，但他們三人其實並不是無法無天的獨裁者。每位最高領導人都仰賴近親和長期死忠支持者所組成的骨幹部隊支持。這群人是黨內的「遴選集團」（selectorate），人數從2,000到5,000不等，端看圈圈畫得多大[58]。遴選集團獨占政治資源，也獨享經濟資源。三大元素強化了王朝控制的力道：(1)圍繞金氏王朝的個人崇拜；(2)最高領導人直接控制勞動黨和朝鮮人民軍；(3)對金氏家族誓死效忠的一群親信，他們跟最高領導人若非血親就是姻親[59]。

北韓的政治菁英當中，有相當多人若非跟金氏家族沾親帶故，就是1930年代，金日成在中國東北打游擊時的手下後代。這群人獨占黨、政、軍的最高職位，就算不是百分之百，也是占多數，而這全都因為他們跟「偉大的領導者」以及他的家族的私交而來的[60]。裙帶關係和個人崇拜使得金家三代的權勢都凌駕於政黨之上。行政和司法缺少制衡，社會組織沒能獨立運作，也缺乏獨立的資訊來源，凡此種種都讓勞動黨得以獨霸整個國家[61]。

軍方、勞動黨以及內閣和國家的官僚體系都是落實領導人決策的主要機制。也因此，這三個系統所著重的略有差異，他們也各自利用不同的工具來左右決策，這些其實都不足為奇。嚴格遵守意識形態是驅動勞動黨的力量。北韓的軍隊，就如同多數國家的軍隊一樣，首要之務便是捍衛國土、保疆衛國，以及確保執政菁英的個人安全。國家的官僚體系各自在所負責的領域，專注鑽研專業技術和實際應用，即便得犧牲思想的純潔度，或者將抵禦外侮至高無上的原則稍打折扣，也在所不惜。

這三個系統之間不斷相互鬥爭。很明顯地，在金日成擔任領導人時，勞動黨無疑最有權勢。金日成的兒子──金正日──因為憂心黨內發生貪腐，也擔心外來的軍事挑戰，因而削減了勞動黨的權力，改以軍方至上。此外，到了1990年代末期，龐雜的國家經濟全然聽命於國家、由國家全面掌控的觀念已成了神話。市場機制的重要性與日俱增，需要的往往是國家官僚體系間接扶持，而非束手無策、意識形態至上的政黨和軍事領袖。

金正恩即位之後，便讓勞動黨歸位，成為節制軍方的最高力量。然而，在思想純潔度上，相較於先人，他是比較寬容的。對於三個系統同步更加積極尋求經濟租，他也較能包容，只要他們付得出治理國家所需的經費就行了。這個做法進一步加速了市場化[62]。然而，勞動黨、軍方和國家的官僚體系這三個國家機關所側重的點有所差異，不宜過度強調。但是北韓的政治，無論如何都不宜被視為制度多元主義。任何的施與受都是在不折不扣的獨裁架構下進行。最高領導人始終是至高無上，掌控著形塑社會行為與經濟走向的搖桿。面對最高領導人設下的縝密軌道，政府機構的影響力相形見絀；軌道的設置是為了確定遴選集團面對最高領導的決策只有一條路：唯命是從[63]。

國家機關揮舞著各式各樣的管控工具，全體國民都是他們主要的管控對象。限制重重的社會政策、對思想的操控、公然使用暴力、招降納叛以及剝奪資訊都是最顯見的手段[64]。在建國之後相當短的時間內，北韓便打造了一個綿密的社會控制機制，而當中最殘酷的莫過於一系列的強制收容所。秘密情治系統、秘密警察、社會安全省、國家保衛省以及國防省攜手合作，讓社會上的群體能相互監控，以確保這種鎮壓也有自我強化的機制[65]。

然而，人民並非唯一的監控對象。政壇菁英本身也都得受到嚴密的監視。繁複綿密的監視系統強化了政治菁英絕對忠誠的心，也減少了圈內的嫌隙。交錯重疊的情報管道，用以確保出現反政府騷動時，即便只是蛛絲馬跡，最高領導人也能隨時得知，且無論騷動來自黨內、國家的文官體系或是軍方。最高領導人還有項福利，那就是有一支獨立、專屬於他的軍隊，用以保護他的人身安全。這支專屬的護衛軍由三個旅組成，配備有坦克、火砲和飛機等重裝備。護衛隊的任務是一旦有人試圖政變時，要保護王朝的首腦。平行的兩支軍隊，平壤防禦司令部以及平壤防空高射炮司令部（意譯，應是指朝鮮人民軍空軍）分擔反政變防禦以及戍守首都的責任[66]。他們的功能全都是保衛政權，不讓政變發生。

能接近最高領導人顯然有好處，但伴君如伴虎，這從金正恩登基之後，大規模肅清異己就可看得出來。急於讓自己爲忠臣環繞，身邊的人百分之百效忠，金正恩幾乎將父親的領導班子整肅一空。2016年韓國國家安保戰略研究院（Institute for National Security Strategy, INSS）一份報告指出，初掌權的前五年，金正恩至少下令執行340起死刑[67]。行刑的方式都很令人毛骨悚然，而且往往讓受刑人的親人親眼目睹處刑過程。最引人注目的例子是他姑父、公認爲攝政王的張成澤。他在2013年被公開處死。同樣舉世矚目的還有在馬來西亞一處機場，同父異母兄長金正男遭人用生物性毒物暗殺。這是爲了除掉可能挑戰他在金氏王朝地位的人。

因此，北韓的國家機關稱得上高效率，也具有極佳掌控能力，只不過目標不是經濟升級或是改善人民生活，而是正好反其道而行。國家機關能保障一小撮只知自肥的遴選集團，確保他們長久掌權，安穩過日。這群遴選集團無一願意犧牲現有體制賦予的利益，鼓吹大家掉頭遠離現行指令型經濟所做的種種安排。

社經力量

獨立的社經力量無論如何是不可輕忽的。國家機關投入相當多的努力和資源，防範人民因信賴而建立關係──即便是一丁點兒都不准──進而基於信任而單獨去參與集體行動，更不用說動員來從事由下而上、顛覆政權的行動[68]。

政權成立之初，勞動黨主要是由貧農（50%）和勞工（20%）組成。隨著政黨的規模逐漸擴大，工人人數的絕對值增爲2倍，農民則增爲3倍，入黨讓他們的社會地位在某些程度向上移動了[69]。同一時間，北韓憲法第65條：「公民在國家社會生活的所有領域都享有平等的權利。」[70]然而事實上，政府卻明文規定，將北韓社會根據觀察到的政治忠誠度和家庭背景，做了詳盡的分類，做法和種姓制度差不多。「出身成分」制度是在1957年到1960年間發展出來的，這段期間，金日成正忙於鞏固權力。這套制度持續發揮作用，將金氏王朝的敵人——無論是真實的還是想像中的——予以孤立、整肅，至於對金氏家族忠心耿耿的，則予以獎賞。

「出身成分」制度將人民依社會政治狀態區分為三大類（「核心」、「動搖」以及「敵對」，而後再細分為51個次類，完全都是按照家族歷來對國家和領導人的忠誠度而定）。「核心」階級的成員享有無數特權：有專屬的薪資制度、能使用外國貨幣、購物的商店提供品質較佳的商品，住房也是最高級的。反之，如果一個人的成分只屬於「動搖」或「敵對」階級，情況就完全相反了——受教育的機會有限，配給少得可憐，只能住在窮鄉僻壤的破房子裡[71]。

此外，30到40個家庭組成一個公社，每個家庭都得隸屬某個公社，人人都得彼此監視。個人得向黨的幹部負責，而地方警察則負責監視整個公社。工人每天得參加一到兩小時的思想教育課。國內的報紙很多，但全都得接受政府嚴格的監督。書刊報章審查無所不在，廣播電台和電視頻道全都是國營的，而且也只能收到政府官方電台的信號，播放的通常都是官方的演說或政令宣傳。

只有黨政高官以及長期受政府監控的科學家和研究人員才能上網。一直到2002年11月之前，手機甚至連「罕見」都稱不上，而且至今仍由國家管控。最後，手機服務終於擴及到首都以外的地區。截至2017年，手機用戶大約有400萬人，相當於六分之一的人口。然而，北韓幾乎所有的電話、平板電腦、筆電和電腦安裝的都是當地開發的作業系統，並且加裝審查和監控工具，預防用戶接觸到資訊爆量的外在世界[72]。

前英國外交官大衛・埃弗拉德（David Everard）曾直言：「政治控制的主要形式就是試圖將所有的人民關在政府打造的金屬世界裡。」[73]歐威爾式（Orwellian）操控思想與資訊，增強了政體實質的合理性，同時也削弱了潛在反對者的勢力。

支持這類限制資訊的做法是展現對政體忠誠的必要舉措：向無所不在的官方紀念館、紀念碑鞠躬，參加體育館內的大型集會，務必在衣領別上金氏家族的頭像別針，每天必須參加的冗長團體學習，以及接受嚴格的國內旅遊限制[74]。年輕人必須到紀律嚴明的軍中服役八到十年，而這展現的不過是其中一個面向，說明北韓政治體制高度軍事化的本質。雖然有助於提升在軍中的位階，但長時間服役卻耗費了這個國家年輕人大量的體力與活力；若非服役，他們可以把這些用來貢獻於民間經濟[75]。

　　勞動黨插手每一個社會組織，進一步緊縮對社會的控制。例如金日成社會主義青年同盟（Kim Il-sung Socialist Youth League, KSYL，2021年4月底金正恩宣布將該組織更名為「社會主義愛國青年同盟」），從創設、經營到監控，都由勞動黨一手包辦，目的就是組織學生。KSYL的工作是負責聯絡、安排國家機關以及全國18到28歲的年輕人，確定他們能加入政治思想灌輸團體，且積極參與國家的各項活動[76]。透過將「黨」注入每一項有組織的社會互動，政治機器可以確定他們的政治體制裡沒有真正獨立的社會團體，進而降低反政府活動發生的可能。

　　職場生活也得嚴密監控。在工廠或田地冗長枯燥的勞動之後，還得定期不斷透過宣示「百日鬥爭」甚至「二百日鬥爭」深化認知。這類活動意味著每天十二到十四小時，每週七天的勞動。工廠或建築工地的工人往往會發現即便晚上也回不了家[77]。

　　直到二十世紀末、二十一世紀初，這種種限制都是無所不在的。一直要到2000年後到2005年之間，才稍微鬆綁。可以自行決定收聽頻道的收音機、DVD和CD播放器零零星星地進入了北韓，這通常是韓國的非政府組織（NGO）夾帶進去的。此外，北韓的走私客、合約工以及藝人也跟外國人有了比較多的接觸，因而成為了解境外生活資訊的管道。韓國總統金大中（任期1998年到2003年）率先提出、繼任的盧武鉉（任期2003年到2008年）也繼續奉行的「陽光政策」（Sunshine Policy），促成了更多南、北韓商人的跨界往來。凡此種種的效應便是，愈來愈多北韓人開始察覺到，自己和韓國以及中國人的生活存在巨大的差異。政府當局不得不接受這樣的改變。他們即便試圖打壓，但也無法持久，而且只能達到部分效果[78]。

　　市場逐漸開放，加上國營企業績效持續惡化，讓「出身成分」不再那麼醒目，但也還不至於被連根拔起。但有一些人，比方說，能到市場上販售自己種植的蔬菜、擁有一輛貨車、有錢可以借給別人，或者是成功的走私客，他們就能取得足夠的資源，藉由行賄打通關。這樣得到的額外收入很可能比靠官方認定的「出身成分」得到的好處還多。其結果就是，市場上賺來的錢催生了官方的貪腐，而這些錢也都是藉助官方貪腐而得來的。為一己的私利，破壞官箴的現象與日俱增。

北韓控制人們最殘酷的手段是大量設置集中營和勞改營。據估計目前遭關押的約有8萬到12萬人，罪名很多，但多數是政治犯。衛星照片顯示，這類集中營當中，至少有一所占地約華盛頓特區的3倍大[79]。懲罰的對象一般不只被逮捕的罪犯，他們的親人也常常被認為應該受連坐處罰。這類關押主要的手法通常是好幾年的思想再教育，直到被關押的人讓政府當局相信，他們對政府和最高領導人忠貞不二為止。在此之前，犯人得做苦工、挨餓，而且不能有外人探視[80]。

因此，國家機關既沒有社會或經濟方面的夥伴，也沒有來自那些方面的壓力。北韓缺少一個有意義的基礎，讓獨立的社經活動能在此之上進行。嚴密的管控機制使得社會、經濟力量無從萌芽，進而脫離國家機器有意義地自主運作。這樣的組合也讓政治和社經力量無法融合，帶來正向的效益，為大幅促進產業升級的政策模式而共同努力。

外部勢力

北韓之所以能存活下來，靠的是中國和蘇聯長期的支持。韓戰期間，中國在軍事方面提供給北韓政權關鍵性的協助——包括士兵與軍需品。從那時候起，一直到1990年代初期，中、蘇兩大外國勢力都是北韓最重要的市場，也是其原油與其他基本必需品的主要供應國，而且價格多半是折扣極低的友誼價。蘇聯與其東歐衛星國的解體，以及東亞地區兩極對立的嚴峻情勢告終，磨損了這兩條大受北韓歡迎的生命線。北韓領導人因而奮力重整該國的外交政策，試圖與美國、日本，乃至位於其南方的宿敵——韓國——改善關係。國家領導人冀望較為友善的外在環境能對安全和經濟產生實質的幫助，從而扭轉國家悲慘的命運。然而，北韓雖然試圖轉向，但產生的力道卻始終不足以消弭外國對北韓的敵意。北韓追求核子武器和先進飛彈系統不遺餘力；北韓迫害人權，還有其常規部隊不斷在軍事上挑釁；凡此種種都引起外國反感。

1950年代初期，兩韓「漢賊不兩立」式的對立緩和下來後，老布希政府從韓國撤出了約100件戰術核武器。1992年元月，南北韓簽署共同宣言，承諾朝鮮半島非核化。數日後，北韓和IAEA簽訂協議，同意接受核武檢查。然而，不過短短一年後，IAEA便公開宣布，北韓並未落實協議內容。北韓的反應是，宣布有意退出《核不擴散條約》（*Nuclear Non-Proliferation Treaty*, NPT）。

北韓領導班子宣稱，北韓開發核能，目的是供作重要的民生能源，而非製造武器。然而柯林頓政府卻揚言要發動軍事攻擊，來阻止北韓繼續發展核能，並且堅持要北韓政權重返NPT。1994年簽訂《朝美核框架協議》之後，北韓與美國、以及其後與韓國劍拔弩張的關係終於緩和下來[81]。

1998年，韓國選出第一位非保守派的大統領——金大中，並且開始推動金大中所稱的「陽光政策」，承諾對困境中的北韓政權提供經濟援助，藉以改善雙邊關係，降低國家安全上的緊張對峙。2000年10月，平壤與韓國對談取得正面進展後，北韓高階軍事領導——次帥趙明祿訪問華府，並會見柯林頓總統。三週後，國務卿歐布萊特（Madeleine Albright）禮尚往來，回訪平壤，並且與金正日會談。雙方互訪的目的在於為擴大《朝美核框架協議》奠定基礎，並且為總統柯林頓訪問北韓鋪路[82]。隨著與韓國和美國關係的改善，北韓與日本也趨於友好。長達數年的幕後交涉為日本首相架設好了舞台。2002年9月，小泉純一郎訪問平壤，也意味著雙邊關係有所改善。

北韓對外關係逐漸改善，和小布希政權卻漸行漸遠。小布希引述據說是秘密情報的內容指出，北韓違反《朝美核框架協議》，並且終止該協議。他痛批「陽光政策」，甚至宣稱北韓是「邪惡軸心」的一部分[83]。此後數年，美國和北韓衝突不斷，六方會談談談停停。這個情況一直持續到2006年，北韓成功試射核武。多次六方會談可望達成的多項協議很快浮上檯面，但隨著北韓領導人金正日健康走下坡，以及美國的北韓政權倒台論再度復活，北韓的外部關係進一步惡化[84]。

此後，北韓對僅存的外援——中國——抱著將信將疑的態度。中國領導人不斷施壓北韓政權，要求北韓重視經濟發展，而非一味追求強化國家安全，基本上就是主張北韓應該效仿中國在1979年之後的改革開放經驗[85]。而中國向來都是北韓主要的糧食和能源援助國，因而，2006年至2007年間，中國年度開發援助當中，北韓接收了近半數[86]。2010年代中期，進入北韓的外國直接投資，中國占了高達85%。中國投資客從原本的餐廳和觀光業，擴大投資，聚焦於資源開採以及開路、造橋、興建鐵路等基礎建設相關項目。

就如同韓戰期間支持北韓一樣，中國主要的目的就是扭轉北韓政權垮台的頹勢。一旦北韓垮台，對中國的邊境安全可能會帶來災難性的後果。在這個過程中，北韓對中國的倚賴愈來愈深。就算只是呼應川普和金正恩那一系列擺好姿勢、高調的宣傳照，或者即便川金數次會談大幅提高了金正恩和北韓政權的國際能見度，也讓北韓國家正常化向前邁進，但北韓對中國的依賴絲毫沒有改變的跡象。

北韓的對外關係向來侷限於固定幾個國家，極少參與多邊互動，而它的外交關係對國內的經濟轉型也很少有所助益。平壤的政治領導班子對於中國聲稱「經濟開放不會妨礙黨對國家的持續掌控」，始終抱持著懷疑的態度。圍繞領導班子的小圈圈依舊深信，北韓若開放經濟，定然會對投資、貿易、情報和外交造成破壞，而這一切都可能導致政權垮台，就像東歐一樣，羅馬尼亞和（前羅馬尼亞總統）壽西斯古（Ceauşescu）的命運，尤其令金正日和他的兒子惶惶不安。政權保衛引發的失序混亂，在北韓的經濟模式中一覽無遺。

經濟模式

就如同討論韓國時提到過的，二戰結束之初，北韓所接收的產業基礎建設是遠比韓國先進的。二戰結束之際，北韓，尤其是平壤一帶，密密麻麻都是先進的日本產業設施[87]。1950年到1953年韓戰期間，遭到大規模破壞後，金正日決心重建國家經濟。他依循蘇聯的模式，動員勞力，重建重工業。此舉讓北韓的經濟一直到1970年代初期，都遠比韓國繁榮。然而北韓政權和相關的經濟政策卻將原來的優勢揮霍一空。

　　北韓的經濟模式主要是架構在三套經濟體系之上。數量極其有限的少數菁英在某位分析家所稱的「宮廷經濟」框架內去運作。宮廷經濟環繞著國家的核心事業運作，如此就可賺取外匯，並將外匯帶入國內。宮廷經濟的運作範圍涵蓋其附屬機關、銀行和企業，而且得負責為金氏家族以及支持金氏家族的遴選集團成員取得國政所需的資金。它透過國內外各式各樣的經濟活動──無論是合法還是非法的──來達成這項任務[88]。另外還有一個幾乎全然獨立於宮廷經濟之外的體系，那就是軍方。軍方不但有大筆來自政府的經費，還能取得外國的軍事設備，並且與之交流。這兩大系統幾乎占了北韓總經濟活動的半數。最後剩下的才是內閣和國家機關掌控之下的人民經濟。

　　政壇和軍方的特權分子在前兩套經濟制度保障下，生活過得相當富裕，因而沒有什麼動力去放棄這些利益，進而在公共經濟的框架內推動經濟轉型政策。因而，比方說，北韓政權內部就缺乏動力，未能像台灣或韓國一樣，驅動軍方和政黨領導人全面提倡工業化和科技興國的民族主義。

　　北韓的經濟政策可分為三個階段。第一階段是為期約四十年的計畫經濟時期，主要的基礎是日本留下的遺緒，加上蘇聯龐大的挹注，以及部分來自中國的援助。第二階段則是在經濟上屢戰屢敗的時期，因為欠缺龐大的外援，而使得國家計畫經濟先天上的限制暴露無遺。最後，也是第三階段，北韓政府開始在計畫經濟以及無數個由下而上的市場機制之間尋求平衡，對於後者的崛起容忍看待。但這三個階段都沒有看到北韓認真複製本書前兩章討論過的政策模式，了解這些模式如何推動發展型與替代發展型政體的經濟發展。

　　除了自成一格、用以酬庸小圈圈內政治菁英的「宮廷經濟」，計畫經濟和指令型經濟都是全民適用的。1960年代，北韓特別之處在於，它是唯一一個市場幾乎全然消失的國家。其他共產國家很少像北韓一樣，可以這麼成功地限制市場活動[89]。然而，在1950年代和1960年代，平壤的領導班子數度著手修改政策。他們修正農業政策，增加對輕工業的投資，並且鬆綁私有土地持有或市場活動的相關限制。「這些措施都算不上重大改革，但在嘗試發展社會主義國度的脈絡下，領導班子也發覺到，即便這樣的決定，就意識形態的層面而言是很敏感的，而且很難做出決定。」[90]

這段期間，旅居平壤的東歐共產黨員嚴詞批判北韓的經濟政策。多數人認為北韓的政策設計不佳，執行不力。然而基於國家安全保密的規定，連外交人員都無法得知詳細的內容。北韓大使館所擁有的資訊也僅僅比局外人多一點。此外，連共產黨自己的觀察家對北韓的經濟決策也都嗤之以鼻[91]。

蘇聯倒台，一夕之間奪走了北韓作為經濟命脈的出口市場和外國援助。雖然北韓政府向來自吹自擂，誇口一切靠自己，但事實上北韓的經濟都是靠蘇聯的補貼撐起來的。1990年莫斯科斷絕對北韓的援助之後，這一切也跟著消失無蹤。隨之而來的危機，在短短數年間，將北韓的工業產值腰斬[92]。

在經濟上從未能自給自足的北韓，因而更需要強勢貨幣來支撐政體和取得外國資金。北韓使館和派駐海外的人員不僅缺少中央政府提供的經費，反而還要自行籌措。他們多半透過犯罪行為籌資，作為任務的資金來源，甚至還可以將收入匯回家鄉，支撐宮廷經濟。此外，北韓政府還派遣數以萬計的勞工到外國去賺取外匯。多數移工到了中國和俄羅斯，從事營建、農業、伐木之類的工作，還有的到製衣廠，或是從事傳統醫學相關工作。

有了這些新的轉變，國內的經濟「務實派」就能有比較大的空間，提出耳目一新的想法。第一個提議出現在1980年代中期，在勞動黨第六次代表大會決議之後，且與韓國發展溫和路線的決議不謀而合。第二個提議出現在1990年代初。1993年到1994年，朝美核問題危機期間，許多革命派先鋒嘗試打開通往西方的管道，冀望能在嚴格的指令型經濟，以及國家安全至上、軍事經費優先兩者之間，尋求平衡之道。在這些改革者心中，外交政策和安全考量已經走上偏鋒，危及國家經濟成長了。雖然政府的政策不曾公然表態反對這些政策方向，但這兩次提議都胎死腹中。兩次都是情勢一有變化，就自動消聲匿跡了[93]。

北韓官方還明顯留有計畫經濟的影子，但指令型經濟的比例隨著市場化的擴張，已開始縮減[94]。1991年到1998年間，北韓面臨經濟浩劫，全國鬧飢荒。在如此悲慘的局勢下，新興市場如雨後春筍般出現在全國各地。1995年到1997年，幾乎所有的工廠都有過停止營運的紀錄。到了1997年初，據稱大企業平均只使用46%的產能[95]。公共配給制度（public distribution system, PDS）幾乎完全崩潰，即便拿到配給券也不保證能領到東西。聯合國糧農組織（United Nations Food and Agriculture Organization, FAO）發現北韓有57%的人口完全仰賴配給制度過活，而且幾乎所有的農民都有菜園。此外，有六成到八成仰賴配給制的人民，以及公社內65%的農民都得四處覓食，另外還有四成的人得靠農村的親戚接濟（有的是贈送，有的是以物易物）[96]。

面對私有經濟的崛起，國家機關和政治領導人的反應可謂又愛又恨。他們多半都能接受，私人企業的比例增加是不可避免的。但基於意識形態，他們卻還沒做好將它完全合法化的準備。總的來說，勞動黨對於跟「改革」、「開放」這些詞扯上關係的想法，都將它跟「政體瓦解」畫上等號。他們所能想像的就是東歐開放之後的情境。軍方則主張，即便市場開個小縫，也有損它保家衛國、對抗外來威脅的能力[97]。

2002年至2003年間，北韓政府又開始嘗試進行一連串改革，意圖振興民間經濟，將它從陰影底下拖出來一點。然而，2004年，改革的力道減緩了。之後，從2005年到2009年，政府當局更大力遏制民間經濟。執政當局盡其所能地抗拒改革，讓國內的一切維持現狀，雖然北京和首爾不斷施壓，要求改變。2005年，北韓政府試圖重啓全面配給，然而，由於經費不足，官僚體系無法有效管控，因而未能全面實施。此外，北韓政府還雷厲風行，推動一系列反市場運動，並且強化中朝邊界的安全措施，但結果還是徒勞無功，既未能減少走私，也未能阻止移工非法越界。

2009年11月30日，政府再度推出一項更嚴峻的反市場措施：將流通的紙鈔以100：1的比例換成新鈔，此外還對每個國民所能兌換的舊鈔額度設了上限。官方的說法是爲了查扣資本家的利得。這次行動成效卓著，幾乎查扣了所有累積的私人財富，然而卻也引發物價飆漲，社會動盪。金氏王朝的領導人對此的回應是，避談個人功過，並且下令公開處決主導幣值重估的朴南基[98]。

在避免大張旗鼓地開放市場，以及阻止個人累積財富的努力相繼失敗之後，北韓政府放緩了對國內新富階級的打壓，而只利用行政手段，限制民營企業的活動，而這些手段多半都是虎頭蛇尾[99]。2011年金正恩上台之後，多半時候就是採取睜一隻眼閉一隻眼的策略。相較於父親和祖父，金正恩對民間企業比較寬容，有時甚至由政府指定，允許民間進入政府核可的市場。北韓的數據向來不透明，因而很難精準判斷，但據估計在2016年時，民營市場經濟已占GDP的三成至五成[100]。

2013年春天，金正恩進一步開放市場，聚焦於強化經濟成長。他公布所謂的「核經並進政策」，同步發展經濟與核武，有效降低長久以來「國防優先」的重要性[101]。之後，在2018年元月的新年賀詞中，他宣稱北韓的核武已擁有可靠的戰爭嚇阻力，因而可以暫緩之後的試射行動。勞動黨執政的「新戰線」將是「社會主義經濟建設」[102]。

作爲一個還相當年輕的領導人，面對日後可能長達數十年的執政，金正恩比他的父親更關注長遠的發展。他以同爲共產主義國家的越南和中國爲師，雖然不曾明言仿效自這兩個國家，但他把經濟特區和實驗性做法納入國家經濟的劇本內，甚至在特定地理區域內某些法規還可以轉彎。初步的成果相當令人振奮。根據韓國銀行的報告，2016年是北韓經濟十七年以來成長最快速的一年。雖然它的成長，長期而言，由於聯合國安全理事會的制裁，還得面對挑戰。

金正恩的新政策，事實上，就是正式承認「市場」在全國各地日益重要。魯迪格・弗蘭克（Ruediger Frank）曾在2018年時，針對這個情況做了個摘要：「消費主義已經在北韓生根了。汽車、智慧型手機、電動腳踏車、平面電視、時裝和珍饈佳餚、咖啡館，一應俱全。北韓有超過400處市場，甚至國營商店和小舖子裡琳瑯滿目，都是頂級產品。這個國家長久以來經濟上都是很制式的，人跟人之間倘若存在差異，也是因爲政治屬性，比如說，是勞動黨的黨員，或是因為有家人在韓國之類的政治污點。但它現在逐漸變得多元了。」[103]北韓正目睹新中產階級的崛起。然而，北韓這個政體與發展先進工業經濟、永續經營，還是有著很大的距離。潛藏在底下，用於保護其整體架構和舊日政策遺緒的那股強勁逆流，使得這樣的發展充其量不過是個遙遠的目標。

　　就如同我們在其他案例中所觀察到的，北韓的經濟模式和主導一切的政治體制是相互呼應的。然而隨著政策的改變，市場化的分量逐漸加重，政體的各個組成元素對於瞬息萬變的誘因，反應也可能各不相同。特別值得一提的是，軍方在政治、經濟上的重要性似乎逐漸式微，但黨的力量卻日益坐大。此外，市場的角色日漸突顯，而能在市場上致富的人，也愈來愈具優勢。這類社經層面的變化會如何影響（或限制）目前的政權，將會是一個動態變化。它會慢慢地在眾人眼前上演，而且極可能成為日後驅動國家前進的一股關鍵力量。

緬甸

　　自從1948年1月4日獨立，一直到二十一世紀的最初二十年，緬甸政治體制當中唯一一個大權在握的組成元素就是軍方[104]。然而軍方的勢力由於地理環境的關係，面臨了極大的限制。緬甸境內有無數個準自治區。自從獨立之後，緬族之外的各個族裔就盤踞了那些地方，並且不時對國軍發動游擊戰。由於這些因素，緬甸始終無法真正有一個全國性的統一政體，更遑論前瞻的經濟模式了。反之，軍事將領一手控制了所有的國家機關，獨霸大半江山，牟利自肥，並且壓制獨立的政經勢力，讓他們出不了頭。這一切都遏制了經濟規劃或國家發展所需的技術能力，導致它無從萌芽。

　　外來勢力進一步鞏固軍方的勢力，但也讓工業化窒礙難行。早自二戰結束之初，外國強權便開始在緬甸的領導班子身上上演拉鋸戰。一方面對外國勢力戒慎恐懼，一方面是民族主義的焦慮感作祟，憂心新殖民主義造成的影響，緬甸的黨政領導階層選擇了鎖國，與全球各國不相往來。其結果就是，畫地自限而獨裁的政權，爲多數人民帶來數十年的經濟災難，但一小撮軍官卻盡享特權與利益。

國家機關

後殖民時期，緬甸國防軍（tatmadaw，又稱「塔瑪都」）喬裝成各種不同的面貌，深入緬甸各個搖搖欲墜的國家機關，成爲驅動它的主要力量。1948年緬甸獨立後不久，軍方將領便幾乎獨霸所有的國家機關，社會政治影響力也是一把抓。軍方之所以能獨霸，主要是因爲緬甸始終脫離不了暴力輪迴，連年內戰。正因如此，軍方的作戰技能之重要性不言而喻。

隨著英國殖民政府的解體，國內各種各樣非政府暴力組織紛紛崛起，數量之多，令人眼花撩亂。槍枝氾濫，各擁山頭，恫嚇就是政壇最重要的貨幣。無數團體宣稱握有武力、領土、資源和人民，而脆弱的中央政府不過是其中之一。結束殖民統治之後的緬甸，有數十年之久飽受內戰之苦。其結果就是以「戰爭機器」爲目標所訓練、磨練出來的國軍，在遍地權力競賽的緬甸，成了最終的仲裁者[105]。

零星衝突持續了數十年。這段期間，軍官也很難分辨誰是平民，誰是國家的敵人。文官體系能力提升的速度趕不上軍方的靈活多變。因而，軍方在傳統非軍事領域中累積更多資產、責任和權力[106]。一路以來，軍官都在自肥。

人民議會獨立之後十多年的治理所帶來的動盪不安，讓國防軍的高階軍官相信，爲了國家團結，並且與外國勢力一刀兩斷，軍方直接統治是必要的。結果就是尼溫（Ne Win，或譯爲「吳尼溫」）在1962年發動政變。尼溫是個書讀不多的軍事將領，迷信命理和占星術。他一直執政到1988年才下台。尼溫政變成功之後，軍官成爲主要的監督者，監管聯邦革命委員會轄下的各個國家機關。革命委員會可以按自己的意思制定法律，統治國家[107]。委員會試圖消滅一切形式的多元主義，軍方因而成爲主理國政的太上皇。尼溫政權勢力最強大的時候，國防軍試圖將社會生活的各個面向都納入監管。雖然雄心勃勃，但始終未能成功，主因爲邊陲地帶此起彼落的武裝叛亂所形成的挑戰。其結果就是黃呂琛（Roger Lee Huang）所稱的：「遭挾持的極權體制」[108]。

雖然有人預言「在開發中國家，專制政體最短命的形式就是軍事統治」[109]，但這句話在緬甸並沒有應驗。它經歷了現代世界最長壽的軍事統治[110]。對此，尼克·契斯曼（Nick Cheesman）形容道：「軍隊全都是使用暴力的行家，而緬甸軍方跟多數國家的軍隊比起來，有更多機會透過武裝鬥爭培養這項專長。」[111]國家恫嚇人民的力道，警方和情治單位還能助一臂之力呢。

至於擅長作戰的軍官，多數缺乏訓練，不懂發布新聞、徵收賦稅、或是進出口作業的相關專業技術，這也就無足為奇了。國家機關的運作，講究一個命令、一個動作，政治和行政上的相互妥協就不那麼重要了。有幾十年的時間，多數理論上屬於文官體系的國家機關，都處於載浮載沉、空轉的狀態。

1971年，革命委員會試圖打造表面，讓它同時扮演的兩個角色——治理與戰鬥——看似有所區隔，因而開始將委員會文官化。委員會20名資深官員從軍方的職位上退下來，換到緬甸社會主義綱領黨（Burmese Socialist Program Party, BSPP）擔任文職。從1974年到1978年，國家名義上由BSPP掌控，但事實上，和其他時期由軍方直接統治並沒有多大差別。1974年頒布的新憲法更提高了軍方在政治上優越的地位，並且規定所有的國民都必須接受軍事訓練、服兵役[112]。

BSPP效仿的是馬克思—列寧式的革命型政黨，它的思想則是共產主義與佛教思想的奇特結合。其結果就是黨國體制，和台灣的國民黨、中國的共產黨並無二致。BSPP為了動員更多平民，動用國家之力極力籠絡。它開放讓少數民族、農民、年輕人和地方官員等各式各樣的人入黨。黨員人數很快就超過100萬人，全國各地也都設了黨的支部，因而觸角得以深入全國各個角落[113]。BSPP巔峰時期，黨員超過200萬[114]，但它從不允許軍方以外的聲音影響核心決策[115]。軍刀的刀尖永遠都擺在手邊。

1988年8月8號（8888民主運動）是個令人永難忘懷的日子：軍方血腥鎮壓抗議的學生，導致數千人死亡。血腥鎮壓引爆了全國各地的民主

示威活動，BSPP下台，由更暴虐的機關——國家法律與秩序重整委員會
（State Law and Order Restoration Council, SLORC）取代。SLORC的目
標是要剷除境內各種形式的異議活動，並且進一步強化國防軍的角色，
雖然後者早已令人聞之色變。SLORC將國防部系統以外所有的國家機關
強制改組。爲了回應民主派的訴求，SLORC答應舉辦自由選舉。1990年
5月27日，政府依原計畫舉辦選舉。然而令軍方大爲震驚的是，以全國
民主聯盟（National League for Democracy, NLD）爲首的民主派反對勢
力在選舉中贏得壓倒性勝利。SLORC拒絕交出政權。其後在1997年11月
15日，政府再度改組，SLORC換上國家和平與發展委員會（State Peace
and Development Council, SPDC）的新招牌[116]。他們還將國名從Burma
變更爲Myanmar，首都由仰光遷移到戒備森嚴、新近開發的「奈比多」
（Naypyidaw，緬甸古語，意爲「太陽皇城」）。

　　緬甸軍政府能一直掌權，面對內部分歧卻能全身而退，實在是組織
內部衝突管理一個令人費解的案例。獨立後不久，軍方就大力肅清，少數
族裔的軍官幾乎被整肅一空。此舉有效地限制只有緬族可晉升軍官階級，
進而消弭了內部分歧常見的亂源。這是其他軍政府常有的現象。只要尼溫
認定是忠心耿耿的官員，他出手都非常大方，給他們豐厚的退休金，提供
專屬的百貨公司讓他們去消費，退休後還有房可住。很重要且必須一提的
是，他放任軍官如果用不完分配到的燃料，可以拿到民營市場自由買賣，
用以補貼官方發放的薪水，也任由他們收受轄區內企業領袖所贈與的奢華
禮物。基本上，他清楚劃分每個軍官管轄的範圍，從那裡軍官可以搜刮各
種各樣的經濟租[117]。爲了確保軍官確實效忠，尼溫手裡也會握有高階軍
官的把柄，想教訓他們的時候就可以派上用場。

　　然而，只要往邊界走，就可明顯察覺國防軍控制的力道急遽下滑[118]。
獨立建國之後，中央政府並不曾持續努力將外圍地區納入，嘗試組織一
個眞正的聯邦政府。他們擔心的是，一旦組成聯邦，就可能成了國家分崩
離析的前奏。數十年的人民叛變，使得國內許多地區都是天高皇帝遠，享
有極大的自主權[119]。克倫民族聯盟（Karen National Union）、克欽獨立
軍（Kachin Independence Army）、撣邦軍（Shan State Army）、孟泰軍

（Mong Tai Army）以及伍邦聯合軍（United Wa State Army），他們抗拒來自首都的管控，始終不曾停歇。很多地方對於中央機關的影響——無論多巨大——一直都是絕緣體。中央政府因而無法名正言順地宣稱，在所謂的「國土」上，唯有中央政府能合法使用暴力。

國軍對這類分離主義的回應就是提出政策，意圖達到全國「緬族化」（即後來的「緬甸化」）。目標是利用軍事力量，將離心離德的各個區域納入中央的管轄[120]。國防軍的手法通常都很殘酷。以1996年爲例，軍政府推行所謂「四斷」政策，意圖切斷叛軍的糧食、資金、情報和兵源。國防軍摧毀了約莫2,500座村莊，造成100萬以上的人民無家可歸，其中多數是克倫族和撣族這兩個少數民族[121]。邊陲地帶的少數民族，正因爲如此，而抗拒聯邦制。他們認定加入聯邦，即便不會被摧毀，至少也會損及他們長久以來獨立的族裔認同。

在1980年代末到1990年代初這段期間，執政的SLORC利用凱文・伍茲（Kevin Woods）所謂的「停火資本主義」，成功地和多數武裝的少數民族達成一系列停火協議。同意停火的少數民族要求得到實質的利益以及相對的和平，開啓了緬甸史上最長的一段和平歲月[122]。然而，至此，獲利最大的還是國防軍。暫時休兵讓國防軍得以加緊管控，並且在全國大部分地區部署軍隊，打造一個幾近統一的緬甸[123]。

然而，國防軍無法全然壓制非暴力示威這類的直接行動。圍繞著挑戰政權者的各種勢力——最典型的是學生團體（例如前文提到過的8888大屠殺）或是佛教僧侶（例如2007年的番紅花革命）——不時會引發暴動。進一步遏制軍政府無法無天的統治的，還有翁山蘇姬。非常具有群眾魅力的她，是領導反殖民運動的革命領袖翁山的女兒。緬甸就只有這個具有影響力的反對黨——NLD，而翁山蘇姬無疑是其真正的領袖。雖然長年被軟禁，但翁山蘇姬的存在提醒了人們，軍政府的統治是如何不孚眾望。

軍方盔甲上的裂縫終於開始擴大。兩起重大事件——2007年的番紅花革命、以及2008年的納吉斯風災（Cyclone Nargis）——重創SPDC的執政。前者是由身著藏紅僧袍的僧侶發起的大規模抗議活動，這群僧侶因爲宗教上的地位廣受百姓的支持（在軍方內部支持的人也不少），而這場抗議行動讓民主化所遭受的壓力一覽無遺。後者是一場奪走超過14萬人命的天災，這場天災突顯出因為國家機關的無能，使得熱帶氣旋所造成的災難雪上加霜。國防軍的救援行動拖泥帶水，然而對軍方造成更大傷害的是，在死傷人數不斷增加的當下，它拒絕西方的援助，原因是擔心西方伸出援手不過是個幌子，背後隱藏著外國要迫使軍政府改革的意圖[124]。當外部援助團體終於取得許可，進到緬甸時，國防軍拖延所造成的毀滅性後果，已經是難以言喻了。

之後，又發生了一項重大變化。2008年發表的新憲法，理論上提供了路線圖，可通往代總理登盛（Thein Sein）所稱的「有紀律的民主」[125]。然而軍方就算退回軍營，也不會是腳踏兩條船。新憲法保留了四分之一的國會席次給軍方提名的人選，同時規定總統必須是由軍事將領擔任。此外更保證，陸軍將領可控制所有重要的部長級職位，其中包括國防部和內政部。除此之外，軍方可以自訂預算，有權宣布國家進入緊急狀態，並且在其認為必要時，奪取政權。為了讓停火協議下運作的所有異議軍隊都能轉型為戍守邊疆的武力，憲法也明文規定，緬甸境內所有的武裝團體都必須接受國防軍指揮[126]。而最能確保軍方勢力維持不墜的可能是這個特別條款：有外籍配偶或孩子持有外國護照者，不得擔任公職。這項限制根本就是翁山蘇姬條款[127]。

2010年的大選，軍方明目張膽地作弊，NLD則予以抵制。在接下來的一次選舉，開放競選的44個席次當中，NLD拿下了43席。讓人目瞪口呆的是，軍政府在2011年一改常態，竟然正式解散，並且成立民選國會，指派前陸軍軍官登盛出任總統。

上台後的登盛，將一系列的計畫刪頭去尾，著手鬆綁軍方控制，並且逐步推動，讓國家政治更多元，人民更自由。他允許媒體出刊，批評時政，釋放數千名政治犯，並且在2015年再度舉辦自由選舉。此次，NLD再次獲得重大勝利。之後，能有意義地監督國家機關的民意代表人數大幅增加，政府也更能分層負責，權力更為分散[128]。登盛等政府高官也呼籲對宗教要能包容，不再堅持長期以來「緬甸化」的政策[129]。

這些舉動雖然都很戲劇化，但軍方鬆手，不再獨霸一切，反映出軍方所要採取的策略是，將軍方對國家機關的影響力制度化，而且無須擔負直接執政的責任[130]。然而NLD年逾古稀的領導班子展現的卻是無精打采、缺乏想像力，也欠缺技巧，無從繞過軍方設下的種種障礙，開拓政治新局[131]。2011年的重大變局是否眞能成爲一個轉折點，開啓令人耳目一新的政治權力重組，還有待觀察。緬甸軍方從1962年起就一手獨攬國家大權，而在2011年之後，也還是一言九鼎。鬆開軍方的鐵腕是一個緩慢的過程，而軍方對國家機器的影響力也還是鋪天蓋地。

社經力量 [*2]

　　緬甸的社會和經濟層面都是各自爲政，鴻溝處處，因而全國性、整體的社經力量也會受限，很難成爲國家機關可靠的夥伴。誠如上文提到過的，種族、宗教和地域的裂縫層層疊疊，國家機關對全國很大部分地區都鞭長莫及。即便是在首都管轄範圍內，社經力量也是分散的，沒能形成一股核心力量，來制衡軍方的強大勢力，或者逼迫軍方給予社經力量空間，或者放寬政策，不那麼貪婪。

　　在前一節曾清楚指出，國防軍的勢力無人能敵，雖然它很惡質，但還是權力的核心，統領著全國三分之二人口，享有直接管轄權。然而全國剩餘三分之一的人口，卻彷彿一張集結了上百個種族和宗教團體、用粗針縫合而成的百衲被，其中包括有印度人、華人等少數族裔，而他們多數都想要在緬甸政府統治下，設法爭取自治。至於人數最多的幾個少數民族，例如撣族、克倫族、孟族、克欽族、伍族和若開族（以及居住在若開邦境內，信奉伊斯蘭教的羅興亞族），就地理環境而言，他們都集中居住在緬甸的邊陲地帶，享有程度不同的自治權。種族差異，加上經濟利益，加大了政治分離主義向外拉扯的力道[132]。

　　與此同時，前文也提過，緬甸人多半信奉佛教。在緬甸，種族和佛教信仰是重疊的，而佛教在緬甸的社會文化中是備受尊崇的。1961年，政府

[*2] 校訂註：緬甸當前局勢已有比較大的變化。

頒布法令，明定佛教爲國教。佛教僧侶在法律上尤其享有崇高的地位[133]。

　　多元的宗教與種族認同，兩者之間僅有一線之隔，而這也使得國家的向心力更不易凝聚。欽族、克欽族，還有爲數眾多的克倫族都是基督徒。而根據緬甸法律，嚴格來說算是無國籍的羅興亞人則是穆斯林。此外，還有許多穆斯林散居緬甸各地，主要是在大城市中。宗教認同向來是個敏感議題，而且問題相當嚴重，以至於政府常常得延遲公布或竄改人口普查的結果，唯恐正確的數字，尤其是有關穆斯林人口的數據，會使得原已緊張的宗教和區域對峙更加惡化[134]。

　　緬甸境內許多自治區都蘊藏豐富的天然資源，因而各個族裔的領袖和當地的軍閥靠著開採金礦、珍稀寶石、貴金屬、木材以及海洋資源，經濟上就足以達到半自主了。地方上可以徵收各項賦稅，動員轄下的民兵，創設自己的語言學校，編寫專屬的民族誌，並且從事經濟活動，而不需接受中央政府的節制，簡直就是國中有國。

　　而在緬族地區，最接近半獨立的經濟力量向來都是那一小撮寡占統治階級。他們和國防軍始終是同一陣線，自己更是軍方讓利的受益者。多數時候，他們對整個政體是一股助力，但卻不是獨立經濟基礎之下的產物。反之，他們藉由讓利，分享掠奪的戰利品，而此舉讓他們得以從事管制性的經濟活動；若非如此，他們肯定不得其門而入。管制性經濟活動包括進口石油、取得伐木與採礦權，從事金融業、房地產業，以及武器買賣[135]。這些寡占統治階級以及爲他們護航的軍官掌控的經濟，可能高達全國的80%。這也意味著，在緬族控制的區域內，獨立的社經勢力少之又少。國家機關和社經力量聯手在全國各地進行掠奪。

外部勢力

　　二次世界大戰之後，緬甸這個國家選擇了孤立，此舉讓它往往成爲地緣政治強權競逐的標的。某些鄰近國家給予支持，更多國家與之爲敵。區域性的權力遊戲往往會強化一個或多個邊陲族裔地區的力量，卻也因此進一步弱化中央政府的威信。

　　即便是獨立之初，國內在做選擇時也常常受外國勢力左右，因為當時有大批來自中國的國民黨軍隊正和中國共產黨作戰，而他們就在緬甸的邊境地帶愈聚愈多。美國向來支持國民黨不遺餘力，因而拒絕緬甸的要求，不願意停止對國民黨提供軍事和財務上的援助，也不肯強迫國民黨離去。而事實證明，這只是開端。

　　在冷戰你死我活的氛圍中，緬甸的領導班子因為擔心國家再度陷入仰賴外國勢力或成為新殖民主義的受害者，拒絕選邊站，從而選擇了嚴守中立的外交政策。不同於多數曾受過英國統治的國家，緬甸並未加入英國共同市場，也拒絕了蘇聯的援助，並且堅持以稻米償付所收到的任何協助。緬甸承認1949年之後的中國共產政權，但也支持聯合國在韓戰中的行動。與此同時，它又因為支持中國國民黨孤軍，而封殺了美國的援助計畫。緬甸立下了中立最佳的典範，因而有個外交官吳丹獲選為聯合國秘書長。這倒不是因為吳丹是唯一一位資歷傲人的人選，更主要的原因是，他來自一個真正中立的國家[136]。

　　1962年政變之後，尼溫從「中立」轉為「孤立」，然而孤立並未能讓這個國家免於外來勢力的影響。緬甸境內許多分離主義地區和外國政府串通，此舉使得緬甸邊界出現一個個破口，對各種外國勢力門戶大開。他們當中有中國來的貿易商人和武器販子、泰國的黑市販子、支持非暴力反抗民主運動的印度人。印尼、馬來西亞等穆斯林為主的國家也跨境前來聲援緬甸。而多數國家也並非自始至終都支持或反對緬甸政府。泰國算是一個典型的例子。它基本上是支持緬甸軍政府的，但也同時在多個地區和軍火販子、鴉片商合作，損害緬甸的國家利益，而在另一方面，它還公然聲援少數族裔的叛亂行為，孟族、克倫族、克耶族和撣族都在支持之列[137]。

　　外來勢力也不全然是不受歡迎的。經濟疲弱不振多年之後，緬甸的政治領導班子同意接受外援。1976年，在世界銀行的協助下，緬甸援助團（the Aid Group on Bruma）成立。緬甸開始吸引外國的經濟支持，短短六年間，外資激增20倍，從每年2,000萬美元上升到超過4億美元[138]。然而，和馬可仕統治下的菲律賓一樣，外國援助都得透過國家機關匯入，這類援助與其說打亂，不如說更加強化了無所不在的掠奪行徑。

　　日本的資金和基礎建設方面的協助是最早進入緬甸的外援，而事實上，爲了兌現1954年戰爭賠償協議的部分要求，日本企業早在此地建立了據點。和其他東南亞國家一樣，這些賠償同時以投入緬甸所稀缺的資金和提供技術協助兩種形式進行。日本在十年間，每年支付2,000萬美元賠款，此外每年還提供500萬美元貸款，作爲技術協助之用。截至1988年3月，日本總計提供給緬甸22億美元的經濟援助。然而，就跟對替代發展型政體的援助一樣，緬甸發現這類援助計畫通常會讓日本企業得利。許多日本企業因而捷足先登，率先取得緬甸豐富的天然資源，並且先行進入其商業市場。比方說，利用日本賠款償付的第一項計畫就是巴盧昌（Baluchaung）水力發電廠。這座造價190億日圓（5,270萬美元）的電廠，從研究、設計到建造監工全都由日本工營株式會社一手包辦[139]。

　　此外，日本的援助往往附帶有嚴厲的建議。緬甸的經濟管理方式把日本嚇壞了。日本固然不曾大肆聲張，但卻正式發表聲明指出，緬甸必須進行重大（但沒點明）經濟政策改革，否則日本將重新考慮雙方的關係[140]。這樣的批評，再加上8888民主運動軍方血腥鎮壓之後，民主國家紛紛發聲，促使美國、西歐和許多NGO對緬甸祭出嚴厲的經濟制裁。多數西方企業撤出了緬甸，但也有一些，特別是從事石油探勘的公司，則鑽制裁的漏洞留了下來。

　　另一股讓緬甸政權五味雜陳的外部壓力，來自翁山蘇姬獲頒諾貝爾和平獎。獲獎原因是她長期從事非暴力運動，爲提倡緬甸的民主，爭取人權而努力。她的丈夫，邁克・阿里斯（Michael Aris）是牛津大學西藏學教授，他在背後的精心策劃、動員，在說服諾貝爾獎委員會時發揮了極大作用。委員會認爲翁山蘇姬得獎，能爲緬甸這個小國的問題帶來一道珍貴的曙光，並且加大軍政府內部改革的壓力[141]。

　　然而即便西方加大制裁的力道，但區域內各國與緬甸在貿易、援助和外交各方面的往來卻愈發頻繁。1989年，日本企業開始對日本政府施壓，要求放寬制裁，以便他們可以開始或恢復在緬甸的一些計畫，否則其他國家的企業將趁虛而入[142]。急於擴展貿易的中國，和緬甸的軍事將領聯手，清理並占據連結兩國的多條貿易路線，此舉將克欽族和其他幾個以往稱霸中緬貿易的少數民族，硬生生給擠了出去。中國的消費性產品大量湧入，取代了本地以及日本出產的商品。中國開始獨霸緬甸北部的經濟[143]。中國多管齊下，例如它透過販賣軍火和毒品，跟數個反中央的區域——尤其是位在中國雲南省和緬甸邊境的那些地區，建立關係[144]。

中國也變成了緬甸中央政府最主要的軍事協助、發展援助和外部基礎建設資金來源。兩國領袖頻頻訪問對方的首都和商業中心[145]。到了2010年代中期，中國對緬甸的投資總計高達約184億美元（占全體外國投資的31%），此外還有透過香港而來的75億美元投資（占12.5%）。中國資金多半投資能源和天然資源，另外有些部分觸角較廣，也投資房地產、旅館和金融業[146]。

而大國博弈也總跟印度脫不了關係。從許久以前，緬甸對印度就充滿敵意。1990年代，在當時執政的國大黨領軍下，印度政府因為NLD承諾以非暴力手段推動民主，而成為NLD強而有力的盟友。然而隨著中國對緬甸的影響日增，印度為了對抗宿敵中國，對緬甸中央政府的堅定支持也開始動搖。

而讓外來勢力影響益發錯綜複雜的是北韓。西方情治單位早就懷疑，二十一世紀之初，國防軍就興致勃勃，打算跟隨北韓的腳步，打造一座滿載彈道飛彈和核武的火藥庫，實現軍事自主。2006年春，緬甸軍政府與北韓關係正常化，並且違反聯合國對平壤的禁運令，開始與北韓進行常規武器貿易[147]。此外，儘管國內石油和天然氣蘊藏量豐富，緬甸仍與蘇聯簽署協定，發展其所謂「和平用途的核能」。

中國在此地日益活躍吸引了東協的注意。東協領導班子提出反制，吸引緬甸加入成為東協的會員國。尤其引發各方強烈關切的是，中國進入了安達曼海域（Andaman Sea），提出基礎建設方案，取得海軍基地，另外還有10億美元的軍售[148]。東協各國的領導人也試圖降低緬甸涉入鴉片販賣、毒品走私、販賣人口、愛滋病和侵犯人權等給區域帶來的負面效應。有人估算指出，緬甸的海洛因產量占整個東南亞的八成[149]。1997年7月23日，在信奉伊斯蘭教的印尼做出重大讓步之後，緬甸終於加入東協（由於緬甸迫害穆斯林少數民族，印尼原本反對緬甸加入）[150]。

　　東協為緬甸提供了一小片社交舞台，尤其是在區域內眾多的高爾夫球場上。東協的目標不在於推翻緬甸的軍方領導班子。東協其實更在乎的是要降低軍政府的疑慮，讓他們不再那麼擔心異議分子可能帶來的危險，以及經濟開放後可能喪失的影響力。東協各國的領導人再三重申開放門戶以及經濟改革可能的好處。鄰國馬來西亞、泰國和印尼就是最好的例子：這三國的軍方和政壇菁英在經濟繁榮之後，無一被迫交出政權，經濟特權也絲毫無損。

　　除了拿著紅蘿蔔再三保證，東協另一隻手則拿了棍子。2006年東協領導人還以形象不佳為由，迫使緬甸軍政府放棄擔任當年會議的輪值主席。2007年，東協各國外交部長再度打破該組織不干涉內政的先例，嚴詞批評緬甸政府鎮壓平民，尤其特別點名它打壓該國的僧侶[151]。

　　最後，緬甸作為美國總統歐巴馬所謂「亞太再平衡」（原文"repositioning"，新聞多用"rebalancing"，故譯為「再平衡」）的一部分，也引來了美國的關切。美國將雙方的外交關係正常化，指派大使，歐巴馬也在總統任內兩度造訪緬甸[152]。對美關係的改善，引來中國削減合作計畫，其中最明顯的一個例子就是密松大壩（Myitsone Dam）。這座水力發電大壩原本預定由一家中國企業承建，但當地居民擔心家園會被大水淹沒，得大規模搬遷，另一方面，又因為得知水壩產生的電力有九成將輸往中國，導致民怨高漲。2011年9月30日，政府下令暫停水壩興建計畫。緬甸中部的蒙育瓦銅礦（Monywa Copper Mine）也爆發類似的爭議[153]。

　　簡而言之，外國對緬甸的興趣從不曾少過，但卻沒有任何金主是始終如一的。反之，幾乎區域內所有的強權都對緬甸政府施壓，迫使它轉向，令其左右不討好。緬甸因為地理位置、資源和脆弱的經濟，而成為鄰近地區較大國家覬覦的對象。這使得它自己都不確定，本地的政經菁英能否避開各方角力，力求自主，還是應該和某些外部勢力結盟，藉此打造一個正向且有條有理的政策模式。

經濟政策模式

　　仔細分析緬甸的經濟是一件難事，因爲這個國家的財政數據，多年來都不可靠。比方說世界銀行，在2000年之前，已經有好多年時間，壓根連試都沒試過公布年度GDP年增率這些基本的統計數字[154]。然而，緬甸的經濟模式，某些事實還是很清楚的。五十年來軍方所領導的政體在經濟方面管理不善，以致昔日的富裕景象全然翻轉。緬甸在二次大戰之前，曾是東南亞經濟最繁榮的國家，也曾是稻米出口大國（雖然產量最高的土地約80%爲不在地地主所有，而且其中多數是外籍人士）[155]。然而到了1987年，聯合國最低度開發國家，緬甸卻榜上有名。此外，貪腐無所不在。依外部評鑑單位的排名，緬甸的經濟自由度在亞洲是倒數的（比如說，排在柬埔寨、寮國和越南之後，雖然還比北韓高）[156]。此外，2007年TI的排名當中，其廉潔度在全球也幾乎敬陪末座[157]。

　　這麼糟的紀錄跟軍方主導政體可以畫上等號。緬甸政府無法掌控整個國家，同時也缺乏有資源、有意願改善國家經濟、且強而有力的社經夥伴。技術官僚無能使得國家深受其害，而外來勢力以壯大自己爲目的，更對內政造成傷害。其結果就是這個政權貪腐橫行，而這一切都反映在它日趨衰敗的經濟模式中。

　　獨立之後，緬甸政府就和多數後殖民時期的政府一樣，一取得政治自主權後，自然便會去尋求國家經濟的獨立。國家機關嘗試將境外勢力阻絕於經濟運作之外。軍方所謂「緬甸特色的社會主義」靠的就是自立自強，以及國內的工業化。然而，國內缺乏資金投入，結果就是一事無成[158]。

　　民營企業全面國有化的政策也同樣宣告失敗。1963年，商業銀行收歸國有，是全面國有化的開始。不久後，民營企業也納入國有化的範圍。1962年到1988年間，緬甸政府不斷嘗試讓企業不再以追求利潤爲目標，進而催生了一些國營事業。而就如同前文所說的，退役軍官出任國營企業經理人，但他們當中有企業管理專長的卻是寥寥無幾[159]。國內能用於投資的資金來源有限，加上國營企業領導無法勝任，事實證明這是個失敗的藥方。此外，政府嚴控生產計畫及定價的結果是，很難從農民身上榨出資金來，而農民也沒有動力去提高生產效率[160]。

更新或整修外國機具也找不到資金。這固然有部分是因為外匯不足，但更重要的是，長久以來緬甸人都堅信，工業生產不應該仰賴外國人。因此，國營企業果不其然是一大挫敗。從1989年到1998年，國營企業虧損最低可占政府赤字總額的30%，最高可達68%[161]。

1963年到1965年間，政府將所有的銀行、企業和大型店舖全面收歸國有。1985年和1987年，政府廢止數種面值的紙鈔，不予兌換。他們還宣稱要沒收外籍人士的財產，並且約束黑市和走私販子。然而，事實上，命理師已經說服了尼溫，讓他深信「九」這個數字的力量，因此十進位的紙鈔就讓位給了45元緬元和90元緬元的紙鈔了（這兩種紙鈔的面額都是九的倍數）。然而，突如其來廢止貨幣，讓全國人民持有現鈔受到了限制，引起諸多後續效應。學生上街示威，進而引爆了8888民主運動及其後的血腥鎮壓。經濟疲弱不振，使得國家官員開始對走私睜一隻閉一隻眼，因為很大一部分的商業活動，以及消費者需求能否獲得滿足，全都得仰賴走私。早在1970年代末期，緬甸就有超過九成的人口仰賴非法交易，來滿足八成左右的基本需求[162]。

為了盡可能取得大量外匯，軍政府採取了跟菲律賓政府完全一樣的做法，亦即鼓勵人民出國工作。大批緬甸移工到鄰近的馬來西亞和泰國工作，然後寄錢回家。這個方法替代了外來資金，為緬甸提供一小部分的外匯。然而，同樣地，這個策略不夠宏觀，未能整合成為經濟轉型戰略的一部分。

與此同時，國庫也未能從走私稻米、橡膠、柚木、寶石以及古董等占全國經濟達20%的非法活動中獲得任何利益。非法種植毒品也是如此。能從這類非法行徑中獲利的只有一小撮邊緣農民、地方型的軍閥、主張分離主義的少數民族，以及一些軍方的高官。對於國家財政或更全面的經濟發展幫助著實有限。

最終，由於意識到國家經濟政策的不利因素對官僚體系造成影響，導致效率低下，國家領導人於是轉而加強民營企業自由化與國際化。1988年到1989年間，SLORC正式解禁國際經濟交易，並且放棄它信誓旦旦——

但不無可疑——要追求的「具緬甸色彩的社會主義」。除了12種指定產業外，全面終止企業國有化，開始施行私有化。例如金融業的外資持股比例就上升到總數的30%。此外，1990年代頒布的新法與制度，允許外國直接投資，訂定了大衛·斯坦伯格（David Steinberg）口中「緬甸史上最開放的外國投資法」[163]。貿易、金融、投資全都開放。然而，多數外資都流入服務業，尤其是旅館、房地產、採礦，另外還有天然氣和石油產業。僅有少數資金流入製造業。一直到2000年代末期，工業化的芽苗還是長得稀稀疏疏的[164]。

國營企業的改革也還未能完成。只有小型工廠和零售商店民營化，多數國營企業還是維持原貌。此外，金融和外匯體系的變化也微乎其微。在此同時，嚴格的外匯制度使得官方匯率始終脫離現實，而且尾大不掉，導致出口導向的工業化策略全都窒礙難行，更重要的是，它反而造就了一個規模龐大的黑市外匯市場[165]。

進口必要的原料，以及緬甸初萌芽的工業生產運轉所需的零組件，支付這些款項都困難重重。1970年，緬甸的外債只有1億600萬美元，到了1980年已經增加到16億了。之後在1985年，受到日圓與德國馬克幣值重估的影響，外債急遽惡化，在1986年膨脹到44億，1989年時更高達53億。此外，由於國營企業不斷向國庫借款，國內的債務也持續上升[166]。

從2000年代中期起，緬甸的經濟模式對天然氣出口依賴愈來愈深，緬甸也逐漸具備天然資源出口國的特質。看到新開發的豐沛能源，人們必然認為緬甸的政府財政相當充裕，足以打消國營企業的負債，或投資於工業化、基礎建設乃至提升人力素質。然而，販賣天然氣的收入幾乎沒有半毛錢進到國庫。這是因為國防軍採用了一套非常巧妙的制度。施行外匯雙軌制的結果，軍方發現先以官方匯率登錄盈餘，之後再將真正的盈餘，偷偷放到很可能是由他們控制的私人或海外帳戶。獲利極高的天然氣在緬甸官方的公共支出中，所占的比例還不到1%[167]。

貪婪的緬甸政權利用這些方式，讓國家的經濟模式長期破敗不堪，而軍方的領導班子和他們的黨羽對國家資源卻是予取予求。經濟模式也無能為力，再者，目前也還不清楚，2010年代有限的民主化以及日益龐大的外國利益，能否將這個政體帶往更高的成長曲線，收取更豐碩的經濟成果。

本章討論的三個政體有個共同之處，那就是其掠奪的本質，以及抗拒加入周邊東亞國家經濟轉型的行列。然而，這三個國家掠奪的手法各不相同。這三個國家都是中央集權，但它們集權的方式不像發展型政體。這三個貪婪的政體都有一個特色，那就是在技術層面的無能到了無以復加的地步。無論是北韓或緬甸，都沒能出現舉足輕重的社經勢力。在菲律賓，反對工業化的房地產大亨與政治菁英聯手，抗拒工業化，持續靠著掣肘發展，一點一滴地掏空國庫。

不同於北韓和緬甸，菲律賓顯然享有來自美國的龐大外援。然而雙方能否意氣相投，乃是取決於美國能否繼續使用軍事基地，以及美國企業在當地經濟寡頭獨占的地位能否受到保護。但後者卻嚴重阻礙菲律賓的工業化。此外，但也不意外的是，從日本流入的重要援助都聚焦在日本、而非菲律賓企業能否受惠。日本在北韓及緬甸的投資與安排，也大致都是這樣的布局。緬甸政權就在試圖獨善其身卻未竟其功，以及狼吞虎嚥的鄰國之間匍匐前進。

掠奪式的政治體制讓這三個國家都沒有太大的動力，朝富國裕民的經濟模式邁進。這三個國家都有著豐富的天然資源，也都是農業大國。然而，雖然有這麼龐大的資產，但有數十年時間，這三個政體在多數經濟低度開發與貧困國家的排名當中，始終敬陪末座。對天然資源和經濟作物的依賴進一步降低了這些政體朝向發展工業化的誘因。因此，三個國家對人力技術的投資向來極其有限，貧富差距和貧窮現象也同樣處處可見。發展型與替代發展型政體展現的是，經濟發展的道路不只一條。這三個掠奪型政體也顯示，通往民不聊生的路同樣多不勝數。

PART 2

第四章
發展型政體的改造

　　政治體制就跟老舊的建築一樣，多半重新整修，較少整個拆除。當然也有例外情形。革命、內戰或外患入侵，只是其中一些顯見的例子。這些時候，即便根基穩固的政治體制也會徹底瓦解。更常見的是，政體長期的得利者在面對政體的凝聚力遭受挑戰時，會有強烈的誘因，以抗拒、調適和創意併用的方式，設法留住對自己有利的布局。日本、韓國和台灣在發展型政體的凝聚力和鑲嵌式重商主義面臨一連串日益嚴峻的挑戰時，就是這樣的情形。然而，這三個國家的體制雖然都經歷了重大的變革，但並沒有完全崩潰；它們的政治體制和鑲嵌式重商主義沒有被消滅，而是經過改造[1]。

　　日、韓、台的發展型政體宰制了數十年。1980年代是它們起飛的輝煌歲月，但也是挑戰的開始：政體內部同舟共濟的誘因逐一消失，進而危及其經濟模式。三項外來的挑戰尤具殺傷力：其一，原本美國對各國內部的布局，以及鑲嵌式重商主義的模式大力支持，此刻開始動搖了；其次，金融全球化的發展一日千里；第三，全球和區域性生產網絡卓然成型。與此同時，在國內，政體穩定和鑲嵌式重商主義的成功，徹底改寫了政體組成元素、乃至政體反對者所面臨的誘因。這種種阻力合流，削弱了凝聚政體所不可或缺的向心力。

　　本章將就這些挑戰，及其後續的改造進行分析。我們將檢視政體原有的完整性與鑲嵌式重商主義如何遭到侵蝕，並查看隨之而來的無數調整。日、韓、台三個案例，調整的過程都既複雜又驚心動魄：既得利益者與挑戰者捉對廝殺；挑戰者揮舞著新的資源，挑戰現狀。然而，即便維繫政體的紐帶鬆散了，政治體制也不至於瓦解四散[2]。事實證明，因體制相互依存所建立的關係，以及根深蒂固的利益，對於預防政體全面潰散是極為有效的。

　　三個發展型政體面對挑戰時，回應的速度、方向和具體內涵都有程度上的差異[3]。台灣和韓國調整的速度比日本快，也比日本周延，原因是前兩個國家執政的關鍵人物展現出丹・斯萊特與黃一莊（Joseph Wong）所謂「讓步的力量」，因而保住了龐大的長期影響力[4]。然而，在這三個國家，國家機關都相當程度地捨棄了團結，放鬆了管制，與社經盟友關係緊繃。此外，原本堅定不移的外部支持也開始動搖了。更重要的是，鑲嵌式重商主義模式的「鑲嵌」也嚴重流失。透過這些方式，發展型政體得以不像水晶球墜地，一下就粉碎了；它比較像河堤，一點一滴逐漸被侵蝕淘空。然而，隨著改造、重整的進行，慢慢地人們再也無法否認，發展型政體及其採取的政策模式，都是因緣際會下偶然的產物，很難再行複製[5]。

外部支持成了外來的挑戰

　　就如第一章所指出的，有數十年之久，三個發展型政體國家都是二次大戰後全球金融、貿易、貨幣秩序的受惠者，美國對於區域安全的介入也令其受益良多。更明確地說，美國主要是基於安全的考量，才提供大量經濟和政治協助給這些由國家機關和支持成長的社經力量所組成的保守派結盟。美國的決策者毫不避諱地投注大筆資金，資助日本自民黨。對於韓國和台灣獨裁政體的濫權行為，更是視若無睹。身為全球經濟霸權，美國有足夠的能力大手筆地提供各種援助，或是在貿易上不求對等，單邊給予利益。與此同時，全球經濟情勢讓三個發展型政體的出口策略得以落實。然而，從1970年代的日本開始，到1980年代這三個國家，嚴峻的冷戰氛圍逐漸融冰，經濟也快速全球化。影響所及，就是三個政體所面對的外部環境不再那麼友善了。

　　早在1989年至1991年間，蘇聯和其東歐夥伴崩解之前，在東亞，冷戰的酷寒已開始出現暖意。越戰挫敗後，美國便拋棄了它的多米諾骨牌理論（domino theory），以及配套的圍堵政策。1971年，中、美兩國都意識到，雙方共同的安全威脅來自蘇聯，因而暫時收起數十年的敵對狀態。此外，1972年，向來在經濟和意識形態上堅持與中國劃清界線的日本，和中國實現了外交關係正常化。此舉迅速地增加兩國在經濟上的選項。而正因爲如此，中國也和「唇齒相依」的北韓拉開了一點距離，並且和韓國建立正常的外交關係。

　　第五章將詳細說明，該地區一個關鍵的轉捩點發生在1978年到1979年：當時中國的政治領導班子在外交上打破了原有的安全秩序，張臂迎接大規模經濟國際化。與中國建立較緊密的經濟關係因而變得可行，也深具吸引力。對包含台灣在內的這三個發展型政體，都是如此。貿易與投資往來日益蓬勃。原本不值一晒的外國援助，連同西方的經濟學說如潮水般湧入中國，帶進了大量的投資和技術，西方和亞洲企業也紛紛在此設立公司。

　　對台灣而言，與中國經濟上的來往是個複雜的問題。1971年，台灣政府失去了法理上作爲「中國」合法代表的地位，同時也失去了其在聯合國安全理事會以及其他國際組織的「中國席次」。與美國、日本和韓國的正式外交關係也終止了。因此，原本美國對台灣內部保守派布局的支持，此時也失去了動能。台灣和中國在經濟文化上的交流，則得要到許久之後才開始動起來[6]。

　　這樣的交流對於緩和安全上的緊張態勢是有正面作用的，但卻也同時弱化了發展型政體一根主要的支柱。在漢賊不兩立、兩極對峙的時代，「國家安全」這個概念將軍事保護以及經濟成長牢牢綁在一起，形成相互依賴的共同體。但隨著「安全」有了更微妙的定義，發展型政體內部「軍事」和「經濟」不再那麼緊密相黏了。「安全」一詞有了多面向的全新詮釋：經濟安全、糧食安全、環境安全，以及不受流行病、國際犯罪侵擾的安全。這些只是少數顯而易見的挑戰。它們都成了討論外部威脅與保家衛國的辯論中，備受矚目的議題。對發展型政權尤其重要的是，鑲嵌式重商主義這個最高指導原則。對這三個國家而言，將軍事安全利益和經濟利益視爲兩條平行的軌道，似乎愈來愈可行了[7]。最基本地，與中國貿易或投資中國獲得的利益可望增多，讓政府長久以來的主張變得很棘手。政府一向宣稱，面對共產主義與中國的恫嚇威脅，國家機關嚴管嚴控是唯一的屏障。隨著與中國的經濟往來日益頻繁，以往關於「合法性界線爲何」的政治辯論，限制也逐漸模糊[8]。

與此同時，美國開始釋放訊息：經濟上對發展型貿易和貨幣政策的寬容做法，和硬性軍事關係不再是互相依存的孿生關係。日本、韓國和台灣的企業及產品在全球製造業市場的占比早已不斷擴大，許多曾經不可一世的美國製造業因而受到重創或開始走下坡。對此，美國決策者的因應之道是，單向撤掉原為亞洲盟國出口商品所鋪設的紅毯。掙脫冷戰漢賊不兩立這道枷鎖的束縛後，從1970年代起，直到1990年代，美國歷任政府都更有魄力地回應國內政界來自各行各業的要求，從紡織業、鋼鐵業到汽車業，乃至半導體業與金融業，全都大力反制來自發展型政體國家的進口商品。此時，美國不再重申最能彰顯美國精神的「自由貿易」；「公平貿易」成了美國的新口號[9]。

美國改弦易轍後，為了降低雙邊貿易失衡的狀況，推出了一連串行動，其中力道最大的是要求全面幣值重估。美國的假設前提是，亞洲盟國的出口商品之所以橫行美國市場，是因為這些國家的貨幣全都低估了。首當其衝的是日本。1971年，尼克森總統撤銷對「布列頓森林貨幣制度」的支持，放貶美元，引發了日圓大幅升值。近十五年之後，1985年的《廣場協議》，引發了一波更大規模的幣值重估，不僅日本，台灣和韓國也都涵蓋在內。

幣值重估固然使得從發展型政體來的無數進口商品不再那麼具有競爭力，但卻無法緩解美國在產業和政治上的隱憂。華府進一步升高壓力，後續又對各國提出所謂的「『自願性』出口設限」（voluntary export restraints, VERs），針對包括鋼鐵、鋁業、機械工具、電視機和電腦晶片等特定產業，祭出一連串要求[10]。同一時間，美國的決策者也向發展型政體的國家機關施壓，要求進一步放寬美國投資其國內市場，允許更多美國產品輸入，尤其是美國企業享有技術優勢的領域，例如金融業和保險業。其他可能引發政治效應的產業，包括牛肉、柑橘和汽車等，也名列美國政府施壓各國政府放行進入市場的名單[11]。最極端的做法是，美方談判人員甚至暗示各國政府保障美國出口商，讓他們在當地市場擁有一定的市占率[12]。像這樣多管齊下，而且不惜下重手的做法，顯示美國的優先順序已經改變了。對這三個發展型政體，美國不會再單方容忍其鑲嵌式重商主義的布局。

美國逐漸加大壓力，要求進入發展型政體市場時，要能享有特殊待遇。就在此刻，國際資金的力道飆升、觸角迅速開展，一項更全面性的外部挑戰成形了。這故事很複雜，它的理論基礎源自現代學者海耶克（Friedrich Hayek）與馮·米塞斯（Ludwig von Mises），以及他們新自由主義信徒的學術著作。他們全都主張政府和大眾民主放寬對資金的控制，允許資金自由流通[13]。

雷根和柴契爾主政期間，明明白白就是進行解禁革命。他們兩人的政府都接受海耶克的理論，意識形態上也堅信，金融市場自我規範是可能的，因為根據他們的想法，在國內放鬆管制、解禁資金是合理的。解除管制、創新和國際化一一隨之而至[14]。

解禁革命的同時，金融產品創新也欣欣向榮，衍生性金融商品、期貨、遠期契約、交換契約和選擇權紛紛問世。電腦也為資訊科技界帶來類似的革命性變化：金融交易速度加快帶來許多新的可能性，也提高了交易的獲利能力。金融界一飛沖天、大發利市，靠的不再是金融界按部就班、保守的錙銖必較，而是神乎其技的數學運算。

為了尋找尚未開發的獲利來源，金融業界快速開拓海外市場。全球金融工具的計價非常敏感，而且牽一髮而動全身。市場上的玩家，無論大小，莫不把握機會，追求帳面上的最高利潤，國界幾乎什麼都擋不住[15]。稅務居民與非稅務居民之間的買賣總額在1980年時，只占全美國內生產毛額（GDP）的9%，到1990年，已飆高到89%了。根據國際清算銀行（Bank for International Settlements, BIS）估計，在1996年底時，若以美元計價，未平倉衍生性工具之價值總計超過34兆，相較於五年前的7.9兆，暴增了4倍。這類私人資金快速增加，很快便超過大型銀行的儲備。最後，這類交易之多，在每日交易活動中，占比達4：1。跨國資金大舉流入，跟商品貿易相差的比例達70：1。

其結果是，金融業一飛沖天，無疑成了獨占美國經濟制高點的霸主。1973年到1985年間，金融業的獲利從未超過全國企業獲利的16%。但在1986年，這個數字上升到19%。整個1990年代，金融業獲利占比在21%到30%來回擺盪，到2000年代，更衝上41%。2016年時，敲敲電腦鍵盤，就在國界之間移動的資金大約有5.1兆。這個數字約比五年前高出25%，跟1970年代和1980年代相比，那更是天文數字。

　　金融業的勢力在美國日益坐大，在英、德等國也不斷擴張，印證了威廉・格萊德（William Greider）所說的：「在資本主義長期擴張循環的歷史中，通常最終稱霸的都是金融資本。開啓這個時代的是發明家和實業家，但最終還是得讓位給金融資本。」[16]

　　隨著金融機構日益茁壯，受到的管制愈來愈少，三個發展型政體都出現實業家退位的現象；而金融機構全都虎視眈眈看著生氣蓬勃的日本、韓國和台灣市場。華府愈發結實的政治肌肉，聯手國際貨幣組織（IMF），施壓日、韓、台政府，要其開放原本備受保護的金融市場：實行資本帳戶自由化，鬆綁政府的監管[17]。外國流動資金一波波蜂擁而至，開始淹沒了與發展型政體及其鑲嵌式重商主義不可分割的貨幣和金融防波堤。

　　金融流動必然會衍生另一個挑戰，那就是，工業生產模組化愈來愈普遍。模組化讓企業將可以獨立分割的功能，例如設計、製造、包裝、批發和零售等，做較多元的安排：從集中一處，改爲分散各地，選擇最能發揮效能、最方便進入市場、或是最能拉高利潤的地點。國界的限制幾近於零。此時，口號變成了「移動的是產品，而不是工廠」。其結果就是名副其實的跨國生產網絡林立，蓬勃發展[18]。

　　採用這種生產模式的不只是西方企業。受到國家貨幣突然走強的激勵，再加上降低生產成本的動力，以及爲了接近最終市場，日本、韓國和台灣許多國家趁著金融全球化和貨幣走強的大好時機，有些自己帶頭、有些則參與合作，開始著手對外投資，並且善用日漸擴張的區域生產網絡[19]。日本早在1970年代就開始了，韓國和台灣企業在1980年代中期也起而仿效，開始將許多低薪工作的生產設備移到海外。

　　其結果就是熊彼得式的「創造性破壞」，催生了發展型政體與其他東亞國家之間全新的互惠關係（詳見第二章和第五章）。然而在國內，企業出走切斷了企業與當地利害關係人，如銀行、承包商、工人、當地社區以及國家機關等的關係。因而，外部安全秩序的改變，外加資金全球化帶來的壓力，各股力量的結合削弱了發展型政體及其鑲嵌式重商主義政策不可或缺的外部支柱。其結果就是國內主要的行動者急於摸索出新的誘因結構。不可諱言，日、韓、台境內都有某些集團，得利於這全新的外部情勢，但也只是幾家歡樂幾家愁[20]。以下各節將討論，發展型政體的國家機關以及社經結盟，面對國際間誘因改變的新局，各自是如何因應的。下一節將檢視政體改造對於主要的社經力量結盟產生了什麼影響。

社經結盟的分崩瓦解

　　團結一致的社經結盟與國家機關的管控力量相呼應，這是三個發展型政體不可或缺的一環。以大企業為中心，加上中小企業，以及各式各樣的專業團體，還有小農，數十年來，發展型政體之所以能維持不墜，就是靠這些支持成長的結盟撐起來的。而另一方面，社經層面潛在的挑戰者，例如工會組織、非政府組織（NGO）、以及消費者團體等，始終是經濟領域的配角，更是政壇的邊緣角色。讓這整個結盟得以凝聚的，是各方對於經濟模式的支持：一個集結了快速經濟轉型、國內保護主義式的管制，以及幾近於零的經濟重分配模式。反過來，國家經濟穩定向前邁進，加上各式各樣的旁支付，讓同盟中的夥伴有利可圖，而且更加堅定對彼此的承諾。

　　然而，勢力龐大的社經結盟，卻面對來自兩方面的挑戰。前面的章節談到的外部挑戰是其一，國內社經力量轉型則是其二。這兩大挑戰同時剝奪社經領域主要行動者所能取得的優惠與資源。

　　社會不斷進步是延續政體、落實經濟模式不可或缺的一環。但成功的花朵總是同時蘊藏社經分裂的種子。教育普及、技術精進、長期就業，加上貧民減少，連同培育充滿活力的中產階級，這一切都對政體的延續有不利的影響。個人移動能力以及技術水準的提升，會隨著科技升級、企業生產力提升而同步精進。如此一來，減弱了重新分配經濟大餅的需求，卻強化了政體的合法性，以及共同邁向尖端科技的必要性。

　　然而，企業愈是接近巔峰，持續成長的挑戰就會愈來愈大。藉由模仿或購入技術以求取進步的企業，在公司個別的選擇或誘因隨著全球化和自由化程度的加深而開始移動，再加上本國的幣值不斷攀升，就愈覺得舉步維艱。國內市場競爭加劇，企業的保留盈餘也會增加。就如同上一節所指出的，許多企業原本對發展型政體有著不可或缺的貢獻，面對變局，他們的因應之道卻是將部分國內生產線轉移到海外。但此舉會使他們與原本的社經同盟脫鉤，與國家機關原本緊密的互賴關係也會因此淡化。

　　日本企業是最早開始大舉往這個方向移動的。第一波外國直接投資的高峰發生在「布列頓森林貨幣制度」解體，日圓飆升30%的時候。企業找到了新的誘因：他們既投資先進目標市場（如美國），亦投入資金到生產成本較低的國家（起初是台灣和韓國，後來是東南亞和中國）。1985年《廣場協議》簽訂之後，日幣再度進行幣值重估，此舉成了第二波企業更大規模外移的導火線。從1985年到1989年間，日本對台灣的投資躍升了4倍，對馬來西亞和韓國是5倍，新加坡6倍，對泰國更是爆炸式的25倍。

　　《廣場協議》簽訂後不到三年，新台幣升值了41%。此時，台灣原本未充分就業的農村勞動力正好開始出現不足的現象，也帶動了薪資以及其他生產成本上漲。台灣廠商的因應之道就是跟隨日本的腳步，將相當部分的勞力密集工作轉移到成本較為低廉的地區。在1980年代初期，透過香港涓滴進入中國的台灣資金，其後十年間匯流成一股瀑布。1959年到1986年這二十七年間，台灣對中國的投資總計只有區區2億2,000萬美元。1988年，這個數字一躍為335件投資案，總計4億2,000萬美元。1989年又增加了540件，總額約5億美元[21]。從1986年到1991年間，約有2,500到4,000家台灣廠商在中國投資了約30億美元。截至1992年底，約有1萬家台灣廠商投資中國，投資總額達90億美元，這使得台灣成為中國第二大外資，僅次於香港（香港也常是台資進入中國的跳板）。

　　同一時間，台資企業也大舉投資馬來西亞、泰國和印尼。1988年到1989年的短短兩年間，相較於之前的五年，投資額增加了3到20倍[22]。跨越國界但同文同種，以及家族間的感情促成了這樣的移動[23]。其結果就是巴里・諾頓（Barry Naughton）所謂「華人圈」向外擴張，席捲了大半個東南亞[24]。

　　韓國的企業早從1968年就開始進行海外投資。但就跟台灣一樣，且加上政府嚴格管制外匯流出，受限更深，因此在1980年代中期之前，韓國每年對外流出金額都不大（不到2億美元）。1987年，韓國政府為了回應IMF的要求，以及資金流動全球化，再加上來自美國的政治壓力，開始放寬外國直接投資的管制[25]。此時，也正值韓圜快速升值。之後的十年間，和日本、台灣一樣，韓國外國直接投資快速飆升，1996年時，投資總額高達42億美元[26]。

　　與此同時，國內始終高築的保護主義障礙，擋住了外國直接投資的進入，因而減輕了企業出走、跨國經營的壓力。直到1994年之前，韓國外國直接投資的廠商多半是從事勞力密集產業的小型企業，為了尋找廉價勞力而外移。然而在亞洲金融危機過後，IMF在提供紓困時，有附帶要求韓國要比過去十年更大幅度地開放。開放的標的包括金融業，但也包括一些和貨幣危機毫不相干的產業[27]。其結果是許多大型財閥的內部結盟解體，但同時也促使韓國企業更大規模地至海外投資。到了2007年，韓國外國直接投資占GDP的比例已經趕上台灣了[28]。

　　產業外移弱化了對企業的誘因。企業本是這三個發展型政體為促進發展而形成的結盟內部不可或缺的一分子，但如今企業對這樣的布局開始動搖。社經結盟作為樞紐，串連起許多企業、合作互助且技術純熟的本地勞動市場、本地供應商和附屬公司，以及一言九鼎的國家機關。如今他們之間的集體互賴關係消失了。以往以結盟為榮、形形色色的利害關係人——比如受僱的員工、社區群體乃至承包商——他們的忠誠度消散了；對國家機關、對政府的甜言蜜語，也不再言聽計從了。相形之下，全球競爭力較弱的企業彼此間結合得更為緊密，跟政壇的保護者站得更近，嚴陣以待，迎戰即將到來的變化。重要的是，在這三個國家，企業開始轉向，愈來愈依賴兼職員工和在家工作的非正規就業人員，而貧富差距也開始加大[29]。

　　外部和國內的挑戰幾乎是同時發生的，然而後者對社會面貌的改變，影響更深更廣，當中很多其實就是「成功的困境」最直接的體現[30]。數十年的經濟快速轉型使得日本、韓國和台灣，相較於之前的數個世代，人口更多、更富裕、更健康、更長壽、都市化程度更深、教育程度更高，也具備更好的技能。這些國家有相當大一部分的勞動力原本從事農漁業，後來才轉入製造業和服務業。原本對政體至關緊要的產業，其影響力因經濟繁榮而下降；原本的周邊產業影響力上升，形成了一股左右國家機關決策的新力量。這樣的改變，日積月累，原本盟友間的凝聚力就逐漸淡去了。

這類轉變最顯著的例子就是：農民、小型企業主在社經領域的影響力減弱了；與此同時，都會區服務業從業人員的人數和影響力都逐漸攀升。此外，銀髮族和教育程度較高的群眾人數增加，其也是所有人當中要求較多的一群。所得提高，中產階級人數增加，影響力也與日俱增。

二戰後日本約有7,200萬人口。到了1980年代中期，已增爲近2倍，達1億2,000萬。這段期間，務農維生的家庭從50%降至不到10%。1947年時，日本的勞工有40%受僱於中小企業，另有20%是自僱。到了1985年時，日本有80%的人在大企業工作，其中約60%受僱於服務業。出生率下降、平均壽命提高，65歲以上的人口比例增加，健康照護和退休年金的支出也同步增長。1950年時，實施九年義務教育之後，進一步升學的人，全日本只有17%。到了1980年代中期，這個數字不但已經升到50%以上，而且適齡就學人口有將近40%正在接受高等教育。1990年，人均所得從1950年代的3,500美元左右，上升到超過3萬美元，村上泰亮（Yasusuke Murakami）口中「新的日本中產階級」於焉誕生[31]。日本的農村、漁會、還有跟它們關係緊密的政治人物，全都眼睜睜看著自己的比較性影響逐漸式微。

韓國人口也是類似的趨勢：1960年的2,500萬，到了1995年已增加到4,500萬。首都首爾的人口更是增長了10倍。都會區人口穩定增加，在1970年代末期，飆破50%關卡，到了2000年更高達80%。1958年時，第一級產業的從業人口占全體勞動力的82%，但到了1985年，這個數字已經跌到了25%，和第二級產業的人數幾乎一樣。1960年時，製造業占GDP的14%，但1983年爲30%。輕工業的占比從61.8%跌至43.2%，重工業從28.2%上升到56.8%[32]。此外，服務業占比則躍升爲勞動力的51%[33]。在同一段時間內，國民平均壽命增加了十四年（從55.8歲提高到69.7歲）[34]，而每戶平均人口數則從1960年的5.5人，下降到1995年的3.3人。1990年代，小學和中等教育的覆蓋率幾乎達到100%，高等教育的比例也和多數工業化民主國家不相上下。1962年到1995年之間，人均GDP躍升了近12倍[35]。

　　台灣的故事也大同小異。從1956年到1980年之間，島上的人口增加了快1倍，從940萬增爲1,800萬。嬰兒死亡率下降，平均壽命上升到72歲。1980年的人均GDP爲3,463美元，1997年已上升到1萬7,807美元[36]。第一級產業僱傭人數從1952年的56%下降到1982年的18.9%，而且其中有許多是來打工的農民。同一時期，製造業僱傭人數從12.4%上升到31.6%[37]，民營企業的比率也從43.4%飆升到82%。

　　1968年，台灣開始實施九年義務教育。到了1990年時，95%的台灣人都念完普通高中或高職。高等教育的入學率增加了3倍多[38]。1960年時，製造業占台灣GDP的22%，到了1983年已增爲29%。1965年到1984年間，輕工業的占比從51.2%減爲41.5%，重工業則由49.8%增加到58.5%[39]。隨著台灣經濟的繁榮，有相當多的勞動人口從務農轉爲白領階級，或是進入中小型製造業工作。如此一來，新的就業機會讓許多台灣人得以脫離國民黨層層包圍的統合主義式網絡。在此之前，這套網絡讓他們不得不受制於執政黨和政府[40]。這也使得準備好以「勞工」身分組織起來的人，數量大增。

　　與此同時，經濟發展以及漢賊不兩立肅殺氛圍的緩解，有助於抵銷政府一再強調的，強兵才能強國，以及犧牲小我完成大我的政策。而這在政治學算是常識：除了培植更多元、涵蓋面更廣的社經力量，社經層面全面的提升，也往往會拉高鬆綁獨裁主義鐵腕的呼聲[41]。原本被壓抑的需求，特別是在韓國和台灣，而今突顯出來了[42]。全力聚焦經濟發展時不可或缺的保護主義協定，如今失去了說服力，也不再那麼言之成理[43]。而得勢的社經菁英以及國家機關，對於哪些事該優先、如何團結凝聚、如何將政體的挑戰者邊緣化等，均較難達成共識。

　　在韓國和台灣，反獨裁運動風起雲湧。這股風潮之所以興起，很大一部分是因為教育水準提高、中產階級人數增多，以及都會區居民增加（而站在第一線的往往是學生）。在人口結構出現同樣趨勢的日本，選舉時死忠選民少了，支持反對黨的人增加了。這樣的趨勢也促使保守的政治菁英開始超前部署，除了預做準備，也設法緩解避免出現更劇烈的變化。

1975年之前的台灣，獨裁政體嚴格管控，統合主義式的網絡無所不在，來自社經面向對政體的挑戰幾乎沒有生存的空間。然而國內經濟發展，以及隨之而來社經層面的各種變化，再加上來自美國的外在壓力，在在挑戰內部壓制的力量。其中一個重大的轉捩點是1979年的高雄事件[*1]，政府暴力鎮壓要求民主的示威者。在人民對許多議題──包括消費者運動、女權運動、反核運動、原住民族人權運動、以及身心障礙者社會運動──持續發出異議，民怨不斷升高的情況下，高雄事件其實是開出第一槍[44]。蕭新煌對此曾簡短論述：「1980年代台灣的反對運動，其中一個目的是向獨霸的獨裁國家索取自主權。人們追求改革，不只是著眼於特定的公共政策，或是國家機器的某個特定功能，同時也著眼於讓獨裁政府與動員的公民社會兩者之間的力量得以轉型。」[45]這類運動中最熱血的往往是本省人，他們向政體挑戰，訴求更大程度的群體包容，要求國家除了極力追求經濟成長，也應該重視其他議題。最後，他們要求國家體制民主化，並最終尋求台灣的主權[46]。

隨著這些力量愈來愈強大，國民黨的領導班子也著手挽救執政的黨國體制以及國民黨本身的政體。就社經層面而言，他們減少對大陸來台者及其後代的優惠待遇，以及這些少數族群把持社經機構的力道。1988年到1989年間，國民黨採取一連串措施，刪修政治團體管理條例，放寬對媒體的限制，將反對勢力組黨合法化，同時也放寬次級團體的自主權。其目標是為了說服政體的反對者，他們不需要將國民黨及其支持者完全推翻，也能取得重大進展[47]。

既有的社經布局全面轉型的同時，也開啟了台灣本土化的過程。蔣

[*1] 譯註：又稱「美麗島事件」。

經國總統意識到，如果完全依賴大陸來台的移民，可能會引爆社會暴動，進而完全推翻政體的掌權者。蔣經國因而選擇稀釋年邁的外省人手中的權力，同時放寬本省人向上移動的管道和政治影響力。本土團體開始可以站在比較平等、也較具正當性的立足點上，和外省人以及他們的後代競爭，無論是在國民黨內部或政黨以外的成員皆是如此。尤其重要的是，1984年，蔣經國選擇了台灣出生、且長年效忠國民黨的李登輝，擔任他的副總統，而且顯然把他當作繼任總統的人選。1988年，李登輝登上了總統大位。

　　國民黨的種種做法稀釋了原本政體的力量，也沖散了凝聚力，而且最終事實證明，只有部分是成功的。並不是每個有雄心壯志的台灣人都想加入國民黨；他們很多人選擇了從黨國體系之外來動員。國民黨和外省人獨霸國家機器的情況下，許多台灣本土人士轉而從商，作為向上移動的另一個管道。在這個過程中，此舉豐富了政體潛在反對者的經濟資源[48]。此外，有個聲勢浩大的集團，常透過教育和家族人脈或地緣關係，和台灣本地的中小型企業主密切互動，他們也利用較開放的媒體管道批評執政當局。社經層面挑戰政體者聚集而成的龐大勢力，最終在民進黨內集結。這個台灣最主要的反對黨，對於國民黨控制國家機關不斷提出質疑。

　　和台灣一樣，韓國社經環境的轉變也帶動了社經勢力的結盟，參與的層面愈來愈廣，從中產階級的活躍分子、都會區的專業人士、勞工、教會的領袖以及學生，全都加入了「民眾運動」。這場運動開宗明義就表明了是反獨裁主義，以反對政府迫害和英雄式的反抗運動為主軸[49]。民眾運動主要的訴求是，制定新的民主憲法，以及總統直選。因而，和台灣的反對黨──民進黨一樣，民眾黨質疑的是韓國政體的核心：獨裁國家機關與社經力量的結合。

　　約莫從1984年起，韓國這些新興社會勢力開始茁壯成長。他們利用國家壓制力道弱化的時刻，串連學生團體、勞工以及農民運動，形成合作連結網絡，同時也逐漸獲得都市中產階級的支持。整個1960年代和1970年代，韓國國內勞工引發的動亂算是相當少──平均每年約100件勞資糾紛，但多數是未經組織、自發性的，且多半一瞬即逝[50]。1980年代中期，韓國罷工事件之多史所未見。每次罷工除了希望能從經濟成長的利益中，爭取到較大一塊餅之外，也冀望實現政治的民主化[51]。

反對勢力的崛起，與美國加大壓力、要求進一步民主化的力道合流。此外，1988年漢城[*2]奧運迫在眉睫，而政府和企業領袖都希望奧運以巔峰之作的面貌出現[52]。1987年5月起，一直到6月，反政府勢力不斷發動大規模示威，反對軍事強人全斗煥。最後，全斗煥下台，將大位交給他屬意的接班人盧泰愚。然而，儘管盧泰愚打好了算盤，國內的社會壓力卻讓他不得不改弦易轍。1987年6月，他承諾總統直選，並進行憲政改革。

在韓國和台灣，社經力量與國家機關兩者合流，其所要面對的主要挑戰都是透過反政府勢力動員而來，這些勢力主要的訴求都是要從體制外來完成政治民主化。日本走的是不一樣的模式。獨霸一方的結盟早在外部的挑戰成氣候之前，就開始出現齟齬了。

誠如第一章所提到過的，在日本，作為發展型政體支柱的社經結盟原本就是貌合神離。各式各樣的團體都希望在公共支出這個大碗中，找到一塊肥肉，因而，他們將所有的力量集中在如何提升國家生產力。前者包括廣納大多數自耕農的農業協同組合，以及小型企業。至於生產的主力，主要還是大型企業、為數眾多的國家機關，以及都會區的專業人士。這兩大部門的財富，與通過鑲嵌式重商主義所達成的經濟快速轉型同步成長。經濟高速成長，國家預算跟著水漲船高，因而負擔得起相較之下為數不多的旁支付，例如對農業部門和小型企業的補貼、保護措施、以及價格支持等[53]。

1980年代末期，日本面臨排山倒海的外部壓力，迫使其開放特定農產品進口，並且減少對小型店鋪的嚴密保護。此外，日本業績最好的出口商發現，國內繼續施行保護主義，可能會成為他們進軍海外市場的障礙。他們於是動用在政府內部的影響力，施壓政府減少對農業部門和小型企業的保護。但此舉是有風險的，即可能因此斬斷與社經部門的連結，而與後

[*2] 譯註：韓國首都，舊時譯為「漢城」。2005年，官方明定改譯為「首爾」。

者的合作昔日向來是發展型政體的命脈之一。此後就開始了一連串由政府主導的開放政策，也降低了這個部門繼續支持自民黨的誘因。隨著肥肉與生產力結盟的分崩瓦解，許多能分一杯羹、在選舉中支持的力量，開始轉向反對黨[54]。

　　一直要到二十一世紀初，這時候社經結盟的摩擦已經差不多塵埃落定，國家機關也失去了昔日貫徹主張、嚴格控管的能力，此刻才有一支準反對勢力，出來推翻長期把持政壇的自民黨[55]。也因此，日本的國家機關，在形式上，始終受控於自民黨（即便力道已經削弱），維持著自民黨獨霸一方的假象。即便自民黨還是高高在上、持續不墜，但從1980年代中期起，它再也不像發展型政體巔峰時代那麼顯赫了。然而，自民黨還是持續掌控整個內閣，在國會也擁有多數席次，而國民黨和民主正義黨（Democratic Justice Party, DJP，下稱「民正黨」）卻早在許久之前，就把駕馭政體的韁繩交給反對勢力了。

舵手輪替，國家機關弱化

　　外援減少、社經勢力分裂加劇，曾經運轉順利的國家機關也出現新的摩擦。政府機關以往的上下一心、精明幹練，和掌控能力全都消退了。

　　在這三個發展型政體，國家機關功能萎縮的關鍵，在於兩大變化。其一，以往一黨獨大的保守政治勢力，不再能全面掌控國家機關的操縱桿，而不受質疑。其次，國家機關本身以往的凝聚力和控制能力都大幅消退。

　　關於第一點，在日本、韓國和台灣內部，以往被邊緣化的反對勢力都開始長期掌控國家機關了。韓國軍方及其保守派繼任者在1987年時，推動民主化，開始放鬆獨裁統治。保守派繼續掌控總統大位，直到1997年。此後，韓國有相當長一段時間，國家機關之輪都是由進步派操控的。進步派和保守派都曾掌控國家機器的方向盤，但前往的方向卻南轅北轍。而隨著政權輪替而來的幾多波折，也意味著政策模式不斷更迭。日本的自民黨和台灣的國民黨也大抵是同樣的情形。

　　然而，自民黨和國民黨既不曾分崩瓦解，也未永久放棄他們駕馭國家體制的方向。韓國保守派的政治勢力也並不是從此在選戰中魅力盡失。像這樣在後發展時期，在政壇繼續占有一席之地的現象，與東歐和拉丁美洲的經驗著實是天壤之別：曾經不可一世的東歐共黨機器，在1980年代末期、1990年代初垮台後一蹶不振。1982年到1989年間下台多名舉世矚目的拉丁美洲軍事強人，也都自此隕落。

其次，國家機關不斷換手駕駛，對於政府機構和資深官員都會有延續性的問題。國家機關能平順運轉、且能一條鞭作業，他們是不可或缺的。而如今，資深行政官員常得聽命於新的政務官，奉命執行與以往大相逕庭的政策議程。

日本就是內部分崩離析最明顯的例子：長期獨霸的自民黨各階層如此，國家文官體系也是各自為政。本書第一章討論過，1955年成立之後，有將近四十年的時間，自民黨每次國會選舉，即使不是贏得絕對多數，至少也都能獲得相對多數的選票，因而有數十年之久，幾乎都能席捲所有的內閣席次[56]。自民黨長年獨霸政壇，將選戰潛在競爭對手的組織、人才庫乃至民眾對其的信任度全都掏空了[57]。然而，自民黨這部老舊又保守的機器，早在1993年真正將內閣控制權交給多黨聯盟之前，就已老態龍鍾、又咳又喘了（以及之後在2009年到2012年間，他又將政權移轉給內部較為團結的民主黨（Democratic Party of Japan, DPJ））。

隨著外部挑戰和內部人口組成的變化日漸加劇，自民黨的選民基礎也不若以往堅實了。到了1980年代中期，選民解構（voter dealignment）的結果，許多選民對政黨不再忠心耿耿[58]。然而自民黨和日本多數國家機關仍拒絕捨棄政治體制上的一些布局，因為這和他們的利益息息相關。日本的情形與新制度主義學者分析多個其他個案後得出的結論不謀而合：事實證明，日本抗拒的力量處理起來是非常棘手的[59]。

而之所以如此棘手，都拜了無生氣的首相官邸[*3]之賜。相較於韓國和台灣總統的強勢，在位者可以全權作主，日本首相官邸配置的人員既少，

[*3]　譯註：「首相官邸」是首相的辦公處所，首相住家為「首相公邸」。

歷任首相更可謂黨內各種政治過招的門面，方便黨內大老繞過首相的任何提案，只要那些提案是可能危及他們利益的。短期的選舉利益比調整黨的選民基礎或公共政策等長遠計畫重要[60]。抓住長期的死忠支持者也比吸引新的社經團體來得重要。而就如同前一節討論過的，1980年代末期，自民黨選擇了部分解禁多種農產品進口，並且削減對小型店鋪的保護，但對於因此而流失的選民結盟並未能以成功吸引新的（多數是都會區的）選民來取代[61]。其結果便是，自民黨未能在1989年參議院選舉中，吸引足夠的選民支持。自民黨失去了參議院多數席次的寶座，自此國會參、眾兩院由兩個相互競爭的多數黨領軍。自民黨因而在制度面失去了通過任何國家新政策所需的關鍵性操縱桿。更重要的是，日本這個發展型政體棄守了以往國家機關與支持它的社經盟友彼此之間的緊密關聯。

此外，由於首相官邸的弱勢，給了官僚機構自主詮釋的機會。對於首相直接下達的命令或內閣擬定的方向，他們常設法規避。無數的否決點確定無論社會經濟、制度或政策上的變革，都是可以一直抗拒下去的。其結果是，無論形式上是否民主，事實證明，這三個國家當中，日本這個發展型政體的國家機關對內部調整抗拒的力道最大，在維繫政治體制和政策模式的延續性上也最能發揮作用[62]。

一直要到二十一世紀，國家機關才開始真正出現重大的變革。2001年元月，日本在首相橋本龍太郎主導下，進行大規模組織改造。他整併部會，削弱局、課、室與選區利益團體的連結，擴增內閣府、內閣官房以及首相官邸的員額。這種種改革擴大了首相主導和協調新政策的權力，同時也削弱了自民黨大佬以及眾多國家機關或利益團體的力量，讓他們難以阻撓提案的執行[63]。

相較於日本，由於反對勢力早先便經由選舉接管了政權，也終結了獨裁政體結構，因而台灣和韓國的國家機關已經歷過較大幅的蛻變。隨著區域內緊張對峙的情勢舒緩，台灣和韓國的政治領導人於是著手民主化，希望能防止反對勢力將反獨裁的訴求與全然肅清政權領導班子掛鉤，進而顛覆整個政體[64]。然而，這類減輕壓抑的措施反而給了反對勢力更多的機會，為他們贏得信任，組織也愈發蓬勃發展，原本非法的民主勢力也得以合法化。

　　1987年韓國和台灣的反對勢力都進一步掌控了立法院和地方政府。最後，一心想改革政治體制的反對者進一步取得中央機關的行政主導權。韓國和台灣民主化幾乎是同一時間發生的，所需應對的社經和國際壓力也大同小異，但有個重大的區別影響了兩國之後調整的方向。就如同第一章提到過的，兩國都有高效率、精明幹練的文官系統，然而韓國政黨的作用基本上就是政治強人個人脆弱的支持團體。因此，當韓國民主化的壓力愈來愈大，名義上的執政黨——民正黨——不僅在制定制度方面束手無策，勢力範圍也非常有限。歷來在韓國，無論是誰掌控國家機關，都不像台灣，既不是長期扎根的政黨，也缺乏社經力量全面的支持。國民黨勢力很大，根基深厚。這個列寧式的政黨有著強大的統合架構，觸角牢牢掌控著多數社會團體。也因此，國民黨在選舉中比韓國享有更長遠的優勢[65]。韓國掌握保守勢力的政黨，引進民主選舉制度後不久，就受挫下台了。

　　然而，如同任雪麗（Shelly Rigger）論及台灣時所說的：「選舉給了反對勢力一個機會，讓他們展現和平改革的決心，集結草根的追隨者，然後用國民黨自己的遊戲規則來打敗國民黨。」[66]然而在正式開始民主選舉之前，國民黨有近二十年的時間，號召台灣本地人入黨，加入國家機器，將國民黨改造成一個兼容並蓄的組織，緩和了本省人和外省人之間，因為與這個流亡的執政黨長期的關聯而引發的緊張對立[67]。因此，國民黨仍可以透過選舉在政壇和政策方面保有相當大的影響力。跟韓國比起來，執政時間持續得更久，效應也大得多。

　　因此，1992年台灣國會首次全面改選時，國民黨贏得了立法院59%的席次。而在1996年首次公民直選總統，勝選也是易如反掌：國民黨的李登輝贏得了54%的選票。李登輝總統任內，國民黨進行國會改革，內容包括讓立法院和監察院內大陸來的老邁委員退休。他們當中多數是代表大陸選區，但他們自己從1949年之後就沒回去過，有人甚至根本不曾踏足。國民黨因此注入了新的生命力，而且在2000年之前的總統大選，無往不利。2000年才初次以些微差距落敗。2004年再度失利之後，國民黨又再展現實力，分別在2008年和2012年再次拿下總統寶座（直到2016年才再度敗選）[68]。

　　韓國發展型政體面對的反對勢力，無論是在票匭或是在街頭，都比國民黨大得多。1985年大選是韓國政局的一大轉折。反對勢力集結，成立新韓民主黨（New Korea Democratic Party, NKDP）。這是「兩金」──金大中和金鍾泌[*4]──出於權宜的結盟。新韓民主黨雖然未能贏得國會的控制權，但它成功地突顯出政體合法性的問題，讓它成爲競選的主軸[69]。

　　1986年2月，韓國的反對勢力發動請願活動，催促政府立即制定新憲法，確保總統直選[70]。誠如上文所指出的，雖然民主化勢力日益高漲，全斗煥還是成功地提名盧泰愚成爲自己的接班人。然而，即便盧泰愚就是發動政變，讓全斗煥成爲總統的推手，但讓韓國脫離軍方主導獨裁統治的人也是他。雖然沒有台灣的國民黨那麼成功，但盧泰愚的策略奏效了。在反對勢力分裂的情況下，他在1987年以些微差距贏得總統大選。

　　1990年，三個在選戰中同屬保守陣營的政黨合併，成立民主自由黨（Democratic Liberal Party, DLP）。1990年代初期，民主自由黨控有國會將近四分之三席次[71]，更是1992年總統大選中，金泳三──另一位保守政治體制的死忠支持者──之所以能獲勝的關鍵工具。然而，金泳三後來與執政黨決裂，和反對勢力妥協，同意總統直選，並且參選獲勝，成爲三十多年來第一位文人總統。金泳三上台後，便讓文人政府牢牢掌控軍方，並且試圖讓國家機關更能回應民意[72]。

　　就如同韓國和台灣效仿日本，透過國家的力量推動經濟快速發展一樣，在這方面也看得出來，台、韓追隨日本黨國強勢執政的道路。原則上擁抱民主，但在同時也要確保保守勢力能透過獨大的政黨掌控一切[73]。這一點，台灣的國民黨做得比任何韓國政黨成功。韓國的政黨在民主化之後，至少有三十年時間，還是一股強大的政治勢力。民主自由黨的根基很淺，而盧泰愚擴大民主參與形式的做法，很諷刺地，反倒損害了長久以來，用於動員廣大民意的政治性或準政治性工具。

[*4] 校訂註：應爲「金泳三」。

　　反對勢力控有韓國的總統寶座，先是在1997年，長期提倡民主的金大中贏得大選，其後則是他的進步派接班人——盧武鉉。這兩位總統共計十年的任期內，韓國的進步派讓發展型政體的諸多工具轉型，或者說解甲歸田了。而其中許多是經濟工具。政壇保守派菁英在這十年當中，打造出一套選舉的手法，成功地趕走進步派，並且重掌國家權力的操縱桿[74]。諷刺的是，1988年的民主化擴大了財閥的影響力，因為無論是政治人物或政黨，且不論他們處在意識形態光譜的哪一端，全都轉向大企業尋求金援，因為大企業能給得起大筆獻金。

　　台灣和韓國民主化，意味著參加選戰不再像以往一樣，需要獲得執政菁英的背書。反之，競爭之激烈，足夠讓簽賭的組頭和民調業者大發利市。反對勢力和舊政權殘餘的勢力交互輪替，輪流控制立法和行政系統，因而韓國和台灣的國家機關經歷了巨大的改變，但也同時推動了各種南轅北轍的政策議程。然而這三個發展型政體的國家機關無一完全被連根拔除。反之，始終有些部分是一貫不變的。這三個國家保守的政治力量雖然減弱了，但仍然持續存活著。

　　最後要談的一點是，這三個發展型政體的官僚機構在擬定政策、主導政策方面，以往的影響力大多已不復見了。在無人能質疑發展型計畫的年代，曾經作為忠誠執行者、且往往一手擔負成敗、負責政策細部規劃的事務官，發現政治性的監督更加無孔不入，尤其在非保守派政府主政時。台灣無疑就是如此。民主化，加上國民黨在行政、立法系統不再獨霸一方之後，就不再能確保政策的一貫性，無法保證官僚體系能主導經濟朝同一個方向前進[75]。然而，發展型政體的某些國家機關，例如中央銀行卻往往能展現它面對政治壓力的抗壓性，即便是在民進黨首次執政的八年間（2000-2008），乃至之後自2016年再度執政之後也是如此[76]。這三個國家共同的成果便是，國家機關不再像以往一樣，得以運作得那麼平順無礙，機關的齒輪磨合得很慢。選舉結果風水輪流轉，反對勢力於是迫使發展型政體的各項元素分享權力操縱桿的控制權。發展型政體的國家機關無一能堅持，始終如一地為推動原本的經濟模式而努力。政治體制因而得經過重整。如此一來，無論是從政治的層面、社經層面甚至國際環境的角度來看，鑲嵌式重商主義都再也無以為繼。

鑲嵌式重商主義的瓦解

　　鑲嵌式重商主義是三個發展型政體共同追求的政策模式。如第一章的分析所顯示的，它有四大元素，缺一不可：(1)設定產業升級目標；(2)選擇性動員並投入資金；(3)保護本地市場；(4)擴大出口，且其中很大一部分是銷往美國。即便沒有前三節所討論的那些變化，延續這樣的經濟模式事實上都已經很困難了。GDP呈幾何級數增長，本身就有它的限制。而一個國家的經濟，或者是一家公司，科技愈接近巔峰，就愈難維持在後頭追趕時的步調。引進、複製、偷竊或是運用他人的技術，都比全然創新容易。同樣地，出口持續飆升的結果，市場飽和的限制必然隨之而來，更何況，絕對沒有任何國家能生產全球所有的商品。此外，經濟體和市場逐漸成長，規模變大之後，它們會吸引到比它們還弱小時更多的關注，更多人前來競逐。

　　然而，除了這些以及其他先天的限制，政體的關鍵支柱弱化或遭侵蝕，會加速鑲嵌式重商主義的解體。隨著發展型政體的崩解，對於鑲嵌式重商主義所必需的政策組合，昔日那股堅定不移的支持力道也消逝了。隨之而來的是天翻地覆的改變。

　　外國直接投資增加，無論資金是進、是出，都是重創鑲嵌式重商主義最大的力量之一。企業將部分營運移到海外，藉此淘汰或者一併帶走本地生產線員工較為高薪的工作。許多供應商原本十拿九穩的訂單也被拿走了。這個過程即便能提升管理、行銷、研發等方面的工作品質，但中階的製造業職缺被兼職型或低階的服務業（或者該說既是兼職又是低階）取代了[77]。工作外包的結果，企業不再那麼倚賴國家的慷慨協助、資金挹注，以及市場保護。然而，這一來，他們對來自行政體系的指指點點，接受度也就跟著降低了；對於政府花費大筆經費支撐或保護經濟體系中效率較差的部門，也不再那麼容忍了。反之，他們會向政府施壓，要求進一步開放國內市場，並要求國家擁抱各式各樣的自由貿易協定。簡而言之，企業大量投資海外，對於昔日發展型政治體制下，促進全國經濟蓬勃發展的正向螺旋連結，他們也不再持續做出貢獻了。

消費者、勞工以及承包商以往對大型企業和國家機關的信任減損了，因為在全球化的寒流打亂了方向，而大型企業和國家機關卻不再為他們遮風避雨。此外，勞動力培訓、教育普及，以及其他形式的人力資源發展，再加上人民普遍富裕，這一切都不同於從前：企業不再那麼慷慨支持，但也不再是唯一的來源了。在就業與人口結構雙重變化的帶動下，這三個國家的貧富差距都節節上升。

當三個國家開始對外投資的同時，自身所承受來自外部的壓力也變大了：有的壓力是來自全球性金融業界的外部力量，有的則來自急於進入本地市場的企業。它們或透過外國直接投資的形式，或以更具競爭力的進口商品方式現身。本地金融體系自由化降低了保護主義的多道圍牆，而本地的企業以往之所以蓬勃發展，原本是因為躲在圍牆之後。以往國家所建構的絕緣式溫室，剎那間門戶洞開，而且得跟較以往更冷冽的寒風搏鬥。但也正因為如此，日、韓、台的消費者在強勢貨幣助攻下，突然發現自己購買力大增，享用得起來自全球各地、琳瑯滿目的商品。

這三個國家的企業外資持股都增加了，而也正因為如此，原本壟斷和寡占國內經濟的業者受到了挑戰。外資在台灣企業的持股從2000年的16%，到了2007年增為37%。至於韓國，則是由1992年的5%，到2004年時提高到40%。日本1990年時，外資持股為5%，2010年則增至30%。外資增加，累積的效應便是本土企業彼此之間、企業與銀行業者，乃至企業與自己的勞工之間，原本緊密的連結鬆散了。

韓國自1979年朴正熙過世後，在美國、IMF以及全球資金重重壓力的刺激下，進行了一波波的金融自由化。其結果是，政府赤字減少，貨幣政策緊縮，商業銀行民營化，對外國投資的放寬管制，政府的補貼也逐步退場。1980年代初期，韓國政府更進一步將銀行民營化，減少政策性貸款，並且開放成立銀行，解除利率管制[78]。

韓國政府更加大刀闊斧進行另一波金融自由化的時間，是在1990年代初，金泳三執政時期。急於達到經濟合作暨發展組織（Organization for

Economic Cooperation and Development, OECD）的要求，成為該組織的會員，金泳三推動了一項為期五年的開放計畫，內容包括解除利率管制、廢除政策性貸款、放寬銀行管理的自主權、降低從事金融活動的門檻，此外，更重要的是，資本帳戶自由化。政府揚棄了長期以來統籌式的投資政策，而在這過程中，也廢除了發展型政體用於統整投資的關鍵性政治工具[79]。經濟企劃院（EPB）和財政部（Ministry of Finance, MOF）合併，成立超級部會——財政經濟院（Ministry of Finance and Economy, MOFE），象徵韓國官方計畫經濟的隕落。此外，政府也放棄了傳統上「官治金融」的外匯管理方式[80]。市場導向的理念興起，由中央統籌管制的方式失去了它的合法性[81]。

這些改革削弱了長期寡頭壟斷者的勢力，也弱化了政府、企業與金融業之間的連結。雖然有許多企業和政府既得利益者反撲，但整體而言，這些改革的效應大大削弱了昔日政策的力道。1991年到1996年間，韓國各項外來資金投入有價證券的累計總和從原本的23億美元增加到212億美元，遠超過設廠或成立零售據點等較長期的外國直接投資[82]。

這些為了因應金融全球化而設的早期政策，相較於日後受到亞洲金融危機（1997-1998）重創之後所提出的方案，著實相形見絀。韓國企業快速成長的同時，也開始找尋全球市場，以及較便宜的資金來源，而當中最受他們歡迎的夥伴，就是那些遊走全球各地的國際資金。後者遍尋各地，就為了找尋有利可圖且前景看好的投資標的。財閥們有了為投機事業融資的新辦法。他們直接向海外借貸，藉此降低對國內資金的倚賴，規避政府的管制。民間借貸急速上升，政府也同樣大量向外國借款，藉此平衡節節上升的預算赤字。國內向外國借貸，一直運作得非常順利，直到匯率走勢大逆轉。自此韓國企業和政府面對韓圜崩盤、債權人要求立刻償還，以及短期投資人資金外逃等，全然束手無策[83]。

目睹金融危機後韓國的困境，梅雷迪思·伍·卡明斯評論當時的韓國政府，顯然「無能解決長久以來發展主義所帶來的、人盡皆知的兩難局面。儘管實施金融自由化已經二十年了，韓國政府一方面仍然無法切斷政府與金融業的連結，另一方面和高度槓桿的商業界也同樣剪不斷理還亂」[84]。

　　亞洲金融風暴就是一場經濟海嘯，將韓國發展型政體殘餘的政策模式淹沒了大半。同一時間，就如同上一節所談到的，執政當局面臨的是一場政治大地震。選舉結果震驚全國：長期反對執政當局的金大中於1997年12月當選總統。金大中是個難纏的對手，他批評舊政權，也批評政策優先順序的相關決策。他在亞洲金融危機最嚴重的時候上台，並且斷言，IMF的紓困方案，雖然條件嚴苛，但卻是勢在必行[85]。

　　IMF的附帶條件使得無數欲振乏力的韓國企業被外國資金以趁火打劫的價碼收購。然而，金大中沒有挑動民族主義情緒來抗拒外資接管。反之，他中間偏左的政府卻擁抱IMF的要求，挾外自重，把IMF的條件當作棍子，對著發展型政體中他早已看準的元素——也就是那些向來提供他保守派政敵，以及財閥盟友好處的——予以迎頭痛擊。金大中採取多項措施，先將財閥裂解，之後再透過強迫大規模組織改造，予以重組（即「業種交換」（big deal）和「改善作業」（workout））。他將多家銀行或者收歸國有，或者強迫關門，並且將金融業100%全面對外國投資人開放。世紀交替之際，七家全國性的商業銀行當中，有六家外資持股都占多數，更有三家是完全由外資掌控。大企業的家族持股也大幅減少了。金大中政府進一步放鬆對資本與外匯交易市場的管制，並著手自由化。這種種改革的目的是要讓韓國從銀行為中心的金融體系轉向以市場為基礎[86]。此外，金大中的政府應勞工和社會底層支持者的要求，將韓國相當單薄的社會安全網加厚加牢，把政府的經費從打賞給企業轉向重分配[87]。

　　金大中的繼任者盧武鉉（任期2003年到2008年）突破早已根深蒂固的經濟模式，大力推動更多改革。他擴大改革範圍，納入所得重分配和權力去中心化[88]。與此同時，他違抗勞工階級支持者以及經濟民族主義者的要求，與美國洽簽雙邊自由貿易協定談判（《韓美自由貿易協定》，*United States-Korea Free Trade Agreement*, KORUS），試圖藉由強化貿易關係，提升雙邊關係，以交換國內接受美國對擴大韓國國內經濟自由化、與放寬美國進入韓國市場的要求。這種種措施加起來，徹底粉碎了鑲嵌式重商主義的溫室，為大規模全球化力量的雙向流動敞開了大門。

　　曾經是團結一心、支持鑲嵌式重商主義的政治方針，自此在自由派與保守派的總統之間擺盪。如果說進步派的金大中和盧武鉉往左傾，那麼繼任的保守派總統李明博（任期2008年到2013年）以及朴槿惠（任期2013年到2017年）就是努力搶救、或者說保留早期模式的關鍵元素，其中包括政府恢復對商業界、大規模投資，以及公共工程計畫較爲友善的氛圍。然而，保守派重返執政之前，新自由主義已經擠掉了鑲嵌式重商主義的關鍵元素[89]。舊政權和韓國保守派別無選擇，只得擁抱更大規模的經濟國際化，放棄與世隔絕的經濟模式。

　　諷刺的是，韓國的發展型政體有個區塊大致上還是完整無缺的，那就是大量出口。韓國的出口全球占比穩定攀升。1975年時，它就已占全球出口總額的0.56%。此後，即使經歷1980年代的幣值重估，這個數字仍然持續上升。1990年，韓國的出口占比來到1.86%；到了2010年，更已超過3%[90]，只不過出口商品最終的目的地已然發生變化。美國向來是最主要的目的地：1985年時占韓國出口總額的38%。至於受歡迎程度排名第二的日本，則購買了15%的商品。到了2000年，美國的占比跌到24%，日本更跌至6%，中國則上升爲13%。2010年時，變化更爲劇烈：美國只占10%，日本6%，中國占比最高，達29%[91]。

　　至於台灣方面，就如同第一章所指出的，早在1960年代，經濟政策就已經鼓勵某些類型的外國長期投資進軍台灣。這些投資主要來自美國和日本，但只限於出口加工區。商品在此組裝，但不得在當地銷售。這些特區吸引了科技和管理專業流入，但同時也激勵了本地企業專注於出口。1962年至1973年間，台灣的外國直接投資從2%增爲原來的4倍，達到投資總額的8%，但這個數字相對於整體商業的擴展還只是蠅頭小數[92]。事實上，外國投資占總投資的比例，在1973年到1987年間，還小幅下跌了1%（從8%降至7%），甚至2000年時，也不過上升到10%[93]。

　　從1980年代中期開始，一直到2000年代初期，台灣的貿易和金融體系一步一腳印，持續大幅自由化[94]。政府不願將太多黨國企業民營化的結果，這些企業都失去了昔日的保護。在急於保留台灣出口競爭力的情況下，政府逐步廢止行之有年的貿易政策，例如強制出口要求、自製率要求，以及出口補貼[95]。市場開放措施允許外資，其中多數是日本資金，和本地資金合資，搶攻本地的汽車與零售市場。外國投資的百貨公司、大型量販店以及便利商店，開始如雨後春筍般出現在台灣街頭。許多原本獨立經營的零售商店也選擇成為這些外國連鎖零售業者的附屬企業[96]。

　　然而，在這三個發展型政體當中，台灣是對金融全球化壓力抗拒得最厲害的。反對力量的中心在中央銀行。它始終堅決反對金融自由化，唯恐別的國家——尤其是鄰近的中國——藉由操縱匯率，干預政治。因此，儘管亞洲金融危機期間，台灣的經濟表現遠勝於區域內許多國家，但中央銀行和金融監督管理委員會（Financial Supervisory Commission, FSC）始終深信，整個亞洲地區的金融之所以崩盤，根本原因在於各國金融體系過早自由化。

　　有鑑於此，中央銀行便採取措施，試圖減緩外國企業的成長[97]。即便1980年起，外國投注的有價證券投資累積總額穩定上升，1991年至1996年間便從8億美元增為32億美元[98]，但台灣主管銀行與金融事務的官員仍拒絕讓資本市場自由化，也反對政府放寬對貨幣政策的監管。即便是進步派且傾向獨立的民進黨也發現，中央銀行權力很大，手上握有極有效的工具，足以抵銷該黨十年來的努力。民進黨為回應短期政治考量，傾向進一步解禁的想法，並未能實現[99]。

　　但經過篩選後的某些投資，特別是投資高科技產業，是台灣政府所鼓勵的。在台灣，國家機關還握有相當大的政治管控能力，主要是將投資引導到政府成立的科學園區。新竹科學園區和加州矽谷的半導體業關係十分密切。台南科學園區則取得日本轉移的薄膜電晶體液晶顯示器（TFT-LCD）技術，在南台灣打造出另一個高科技產業聚落[100]。這種種進展讓本地製造商和他們的國際夥伴有著共同的利益，但和本地既有夥伴的連結卻因此減弱了。然而，科學園區的成功帶來強大的群聚效應。這使得本地和外國企業都更重視台灣。再者，這類合資的獲利當中，必定會有一大部分是流入本地公司和事業夥伴的。

　　脫離鑲嵌式重商主義、重新設定方向，這為台灣與中國的經濟往來帶來了一個特殊的問題。《廣場協議》簽訂後有十五年之久，台灣在全球的出口占比一直持續攀升。2000年，台灣名列全球第14大出口國，占全球出口總額2.3%，但之後在出口方面的地位逐漸下滑。到了2015年，已跌至全球第17位，占比也跌至1.75%[101]。而中國雖然具有壓倒性的吸引力，能為台灣的出口注入新的生命力，也能讓台灣在急遽擴張的區域生產網絡中，能更全面地與其樞紐銜接，然而台灣的決策者依然憂心此舉可能對國家安全造成傷害。

　　然而，隨著時間過去，政府更替，台灣與海峽對岸的往來直線飆升。中國成為台灣外國直接投資與出口重要的目的地，最後甚至取代美國，成為台灣最大的出口目的地。1990年時，美國是台灣最大的出口市場，占台灣出口總額的32%，也是台灣第二大進口來源國，占23%。到了2015年，台灣輸往美國的出口商品總額跌至只剩12.2%，從美國輸入的商品也減至11.5%。與此同時，中國（含香港）來自台灣的進口商品占比從1990年的12.7%上升到2010年的41.8%，漲幅驚人[102]。在這個過程中，國家機關隱身幕後，操控鑲嵌式重商主義必要組成元素的能力，讓位給了日益抬頭、不受政府統籌的企業自主性。

　　在韓國和台灣，基於國家安全考量，某些重要產業的投資仍然是受限的。例如韓國官員持續對鐵路、天然氣和有線電視等產業的外來投資設限。台灣也有一張清單，列明基於安全和環保因素，不開放外國投資的產業。然而這些產業在台灣製造業當中占比不到1%，占島上服務業的比例也不到5%[103]。

　　相較於台灣和韓國政體解構帶動經濟模式調整的速度，日本保留發展型政體以及鑲嵌式重商主義關鍵元素的時間更長。因而，日本四十年（1950-1990）的高速成長被超過二十年的緩步、甚至零成長所取代。日本的經濟模式一直牢牢掌握在體制內的掌權者手中，因而始終未能再像昔日一樣，帶來豐厚的報償。若考慮到日本金融自由化的努力，這個現象就更值得注意了。詹妮佛・埃米克斯（Jennifer Amyx）大作的副標題一語道盡日本的處境：「日本的金融危機：制度僵化、無意改變」（*Japan's Financial Crisis: Institutional Rigidity and Reluctant Change*）。[104]

　　政治體制抗拒改變。從1985年簽署可能帶來翻天覆地改變的《廣場協議》之後，局勢的發展就是清楚的例子。日本首相中曾根康弘成立了一個委員會，探討如何因應日圓驟然升值的問題。1986年委員會提出的《前川報告》（*Maekawa Report*），建議日本應該從出口導向和保護國產品，轉向專注於擴大國內消費、大幅放寬管制、日圓升值、對外國企業開放國內市場，並且提高產品滲透率。事實上，日本應該揚棄的是鑲嵌式重商主義。只不過這樣的改變，將是對現有體制無數既得利益者的挑戰。

　　政府和自民黨都沒有採納《前川報告》的建議，反而選擇減緩日圓升值的速度。此外，更降低利率，幫助日本出口商度過難關。但低利率引爆了大量投機性借貸，而它的後果，最常被人提到的，就是日本長達五年的經濟泡沫（1985-1990），以及之後在1990年到1991年再度爆發的二度泡沫化[105]。菁英們都主張，經濟放緩不過是暫時性的，很快就會過去。以往的機制很快就能再度活力四射。但事實證明，這一切都是幻影。有意義的經濟結構調整速度非常緩慢。

　　1990年代，日本確實將一些主要的國營機構，例如日本國有鐵道、日本電信電話公社以及日本專賣公社（專賣項目有菸草與鹽）等改為民營。其他產業，包括航空、能源、金融和退休年金也經歷了不同程度的解禁。然而一直要到1996年11月，日本才大規模解禁金融業。和先於日本之前的英國金融改革一樣，兩者皆稱為「金融大爆炸」。金融改革的目的是要提高日本金融體系的效率、透明度以及全球競爭力。銀行業、保險業和證券業原本嚴格區隔，但「大爆炸」取消了這項限制，當然還有許多別的措施。此舉為以往與外界隔絕的金融寡占業者注入了新的競爭力[106]。與此同時，來自海外的有價證券投資也提高了日本企業中外資持股的比例，和韓國、台灣的情形非常相似。

　　而就如同前文所說的，面對日圓升值，日本企業的因應之道便是增加對海外的投資。到了1995年時，日資企業海外生產的產值（41.2兆日圓）高於日本本島的出口（39.6兆日圓）[107]。然而，外國直接投資日本的金額仍相當低，反映出政體組成元素與鑲嵌式重商主義的僵化。雖然日本在1990年代末開放了資本和金融市場，但日本拒絕了像另兩個發展型政體那種不溫不火的開放措施，因而對匯入的外國直接投資還是設有無數的障

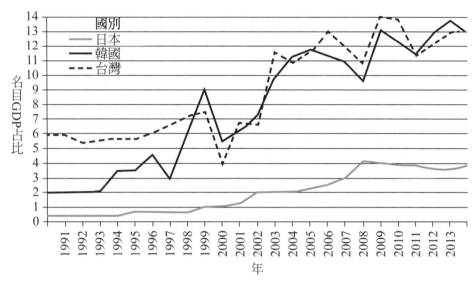

圖4.1　累計外國直接投資（FDI）：日本、韓國、台灣

資料來源：https://en.santandertrade.com.

礙。一直到2014年，外國對日本股市的直接投資還只占GDP的3.7%。當時韓國已有12.8%，在台灣則占13.0%（參見圖4.1）。日本在OECD國家當中，對外國直接投資的接受度始終是倒數的，而三個發展型政體獲得的外國直接投資也都遠低於OECD或20大工業國（G-20）的平均值[108]。

　　關於「出口」要談的最後一個議題：日本和台灣、韓國一樣，最終目的地都改變了。戰後多數時間，日本企業出口的商品有30%到35%都是輸往美國。但隨著區域生產網絡的擴大，加上中國較友善的投資環境，吸引日資企業——就和台灣、韓國企業一樣——大舉投資中國。其結果是，日本對美國出口的占比跌至19%，此數字和輸往中國的比例差不多一樣。

　　相較於日本政策長期搖擺掙扎，韓國和台灣雖然在政治、選舉方面競爭激烈，經濟政策也走得崎嶇，但和昔日發展型的政策模式算是分道揚鑣了。但無論對台灣或是韓國，這顯然是徹底民主化帶給經濟最大的一項好處。自民主化以來，這兩個國家的政府所追求的經濟政策雖然看似兩條平行線，卻朝向同樣的目標前進，雖然民進黨試圖傷害台灣的貨幣正義[109]，而財閥也始終占有韓國GDP的核心部分[110]。新近獲得投票權的新世代成爲政府政策的受益者。而新政策，無論是刻意設計或是巧合，催生了人數更多、更成熟的中產階級和勞動力。此外，韓國和台灣的公共部門也都積極投資人力技術的發展、社會福利改革、教育以及健康保險。這一切努力讓這兩個國家在尖端科技領域更具競爭力。

因此，從1990年代起，台灣和韓國經濟政策的輪廓改變了不少，但這些改變，相較於日本極力維護鑲嵌式重商主義的龐大組合元素，對於國家經濟是更有裨益的。韓國和台灣都經歷過大規模的全球化整合，相較於發展型時期，內部更爲多元。兩國徹底改造了它們的政治經濟，持續保有全球競爭力，每年經濟都出現正成長，中產階級人數也持續增加。而今，這樣的效益都是經濟模式大幅轉型後的產物。

上文的分析清楚指出，三個發展型政體努力脫胎換骨，藉以因應內部與外部的新情勢。政體的關鍵組成元素昔日互相強化的連結力道減弱了。1980年代末期和1990年代初期，這三個國家都經歷過較大規模的改造。以往行得通的辦法，無論是如何匠心獨具或多麼周延，都不再是未來成功的保證。這些國家以往的團結一心與掌控全盤的能力瓦解之際，相對應的鑲嵌式重商主義政策模式也隨之崩解。

然而，與此同時，新的情勢尚不至於讓政權全然垮台，經濟模式也還不至於土崩瓦解。數十年盤根錯節的網絡，牢不可破的權力在握，還有昔日成功的記憶，在在爲抗拒快速變革提供養分，儘管變革看似能帶來光明的前程。烏爾麗克・沙德（Ulrike Schaede）在討論企業相關議題時曾說：「一個組織的關鍵任務、組織形式、組成人員和文化，如果能整合得更爲一致，這個組織就愈成功。」[111]她對企業的觀察，同樣適用於政治體制，以及伴隨而生的經濟布局，特別是各種布局之間存在長期且相互增強的循環時。

雖然在很多面向，以往的做法還是明顯延續下來了，但三個國家面對的都是政體內部連結不再那麼凝聚，也不再唯鑲嵌式重商主義至上了。在這三個國家，一度固若金湯、團結一致的國家機關、緊密凝聚的社經結盟，以及堅定不移的國際支持，全都面臨了重大挑戰。台灣和韓國民主化之後，在強勢總統領導下，由於歷任總統代表的社經結盟各自角力，國家機關的管控和經濟政策也因而大幅擺盪。這兩個國家的結果都是，經濟和金融更大幅自由化，而對於原本已深耕的人力資源開發，著力更深。2004年到2017年間，GDP年增率雖然遠不及1970年到1990年發展型時期的引人矚目，但也成果斐然：韓國為3.4%，台灣則有3.7%。貧富差距，雖然不像以往那麼低，但相較於其他工業化國家，也維持在低點。

　　至於行政部門向來偏弱的日本，其國家機關長期受制於來自社會政治層面、強勢的保守勢力，因而發展型政體的組成元素保留得比較久。日本斷開慣用經濟模式的速度比較慢，取得的經濟成果也沒那麼豐碩。2004年到2017年，除了當中的一年，日本的GDP年增率都低於2%，甚至常是負成長。雖然在任期相當長的安倍晉三領導下，首相官邸更能全力以赴，但安倍承諾的經濟結構性改革碰到了阻礙，連長期在政治體制中擁有莫大影響力的團體也抗拒，並投下反對票。與此同時，日本敞開保護主義溫室的大門，放寬對外投資的資金，愈來愈多資金湧向中國，但卻未能見到外來投資也相呼應地湧入日本。因此，日本迎接外來資金與投資的程度，還是遠遠不如其同為發展型政體的夥伴。

　　這些內部改革的動力將來會如何發展，當然還不清楚。然而，很明確的是，國際經濟局勢和日本、韓國以及台灣國內的政經情勢，在1980年代末期和1990年代都經歷過轉型，而這些變化削弱了昔日驚人的經濟表現。然而，即便它們面對重大改變，這三個國家還是克服困難，創造了高水準的國民生產毛額（gross national product, GNP），更為先進的經濟體系、在政治上更為凝聚、更為穩定。這些都是——即便是在不久之前的1960年代——任何人都預料不到的。不同於馬來西亞、泰國和印尼，在這三國，經濟成長的果實多半留在本地人民的手中。即便當這三個國家的企業都增加了對外投資，參與各式各樣重要的跨國結盟，但些做法也只是讓國家日後在經濟、政治各方面，相較於二十年或三十年前，享有更大的優勢。可確定的是，即使發展型政體已成了歷史上的特例，但它們也圓滿地落實了它們存在的理由。

第五章
中國——是綜合型政體嗎？

　　中國於1970年代末期展開大規模的經濟改革。四十餘年來，從原本的農業經濟體變身為製造業大國。大量農民離開偏遠的內陸，受僱從事第二級和第三級產業。此外，原本仰賴外國直接投資的製造業，也由簡單的組裝和包裝零組件供外銷，多方發展壯大，不僅具備上下游整合與本土創新能力，同時也擁有先進科技。圓領衫和玩具讓位給電腦、消費性電子產品、鋼鐵和汽車。曾經仰賴外國資金的中國，搖身一變成為全球的大金主。中國這個經濟體創造的國內生產毛額（GDP），在這整個過程中飛速成長。

　　從1979年到2018年，中國實質GDP年增率平均為9.5%。中國實質經濟規模每八年便翻1倍。1978年到2016年間，中國GDP在全球的占比從3%上升至15%，成為全球第二大經濟體。中國囊括了全球近三成的經濟成長，也是全球外匯存底最高的國家。人均GDP從1979年的不到200美元上升至2020年的1萬美元，創造了為數可觀的中產階級。世界銀行稱中國的經驗是「史上主要經濟體最快速的持續性擴張」[1]。

　　撇開這些統計數字不談，中國驚人的蛻變即便外行人也能一眼看出：上海晶亮的玻璃帷幕大樓、大城市街頭熙來攘往的時尚達人，還有2008年北京奧運展現的先進科技和組織能力。2011年，國際貨幣組織（IMF）決定授予中國一席副總裁，進一步證明了中國國際地位的提升。就如同國家主席習近平所說的，中國將動用其龐大外匯，透過亞投行（AIIB）、一帶一路和新開發銀行（New Development Bank, NDB）等機制，支持區域與全球大規模興建和改善基礎建設。

　　習近平政權積極推動這項轉型，他的做法和改革開放前的中國領導人大相逕庭。雖然共產黨在1949年接管中國之後，曾如火如荼地致力社會主義式的轉型，但毛澤東主政下的中國即便在三十年之後，仍是世界上最貧窮的國家之一，原因是毛澤東死守列寧政權的兩大支柱：獨裁統治和經濟鎖國。意識形態的派系鬥爭危及了國內的穩定，在外則有蘇聯和美國兵臨城下，虎視眈眈。從1949年到至少1971年，共產黨透過意識形態一言堂和殘暴的手段，迫使人們接受它的論述：共產黨經過漫長的鬥爭，革命成功，因而執政自有其正當性。毛澤東統治時期，思想教條主導經濟；實用主義遠遠落在後頭。

　　貪得無厭的殖民政體、窮兵黷武的軍閥統治、黑社會幫派橫行、對日戰爭後的殘破山河，還有長達數十年的內戰，這一切所遺留下來的，對剛要上台的共產黨領導班子而言，不是藥到病除的仙丹靈藥，而是艱鉅的挑戰。儘管如此，出於政治考量發動的大躍進和文化大革命引發的動盪，為國家經濟模式戴上了枷鎖。中國的一切都可成為外國的笑柄，且直到1970年代初期，都還看不到這個國家最終能有一點經濟動能的徵兆。

　　起初是由華國鋒主導，之後從1978年12月起，在鄧小平的領導下，共產黨擘劃了一系列新政策，完全跳脫窠臼，在中國那鍋由馬克思和毛澤東思想調製而成的粥中，丟進一把資本主義香料調味。這個過程，推出的時候，美其名稱之為「具中國特色的社會主義」。清教徒式的犧牲小我，以及「不斷革命」讓位給了鄧小平之哥頓・蓋柯（Gordon Gekko）*1式的格言：「有錢是光榮的」[2]。鄧小平還有具言簡意賅的大實話：「黑貓白貓，捉到老鼠就是好貓」。其後便是四十年亮眼的經濟快速轉型，其耀眼程度不亞於日本、韓國和台灣的成就。

　　稍微改寫一下馬克・吐溫的名言：「政權不會重演，但就像詩歌押韻一樣，總有時候是雷同的。」就這點而言，從1978年到2020年，多數時候中國的政體是近似於日、韓、台在發展型政體巔峰時期的[3]。當然，它們全都以「迎頭趕上工業化」為目標。強而有力的國家機關和將潛在政治對手邊緣化，這兩點也很相似。然而，除了下述討論的一些重大例外情形，中國政府擁抱的是深度工業化的經濟模式：將資金集中投入特定產業，低

---

*1 譯註：哥頓・蓋柯是1987年電影《華爾街》中男主角的偶像，一個富有且不擇手段的企業掠奪者。

估幣值，提升人力技能，以及追求工業產品出口暢旺，這一切無不讓人聯想到鑲嵌式重商主義。

　　然而，和替代發展型政體相仿的是，有數十年之久，中國無論是在資金或技術方面，都大幅仰賴外國直接投資；中國不斷投入大量的廉價勞動力。有別於發展型政體，但與在本書第三章所分析的掠奪型政體相仿的是，權傾一時且無比凝聚的共產黨，掌控著國家大權最大的操縱桿，一點都不需要擔心有團結一致的獨立社經勢力來加以制衡。此外，這兩種政體中的高官貪腐的情形俯拾皆是。然而，不同於掠奪型政體，中國黨國一體的政體，對於經濟利益進到少數執政者手中並不設限，此外，他還負責監督，確定多數民眾都能受惠。約有6億中國人脫離赤貧的生活；全國貧困人口比率從1981年的85%，到2015年時已降至5%[4]。中國究竟有多大程度複製了其他政體的特性，與其他政體類型又有多大差距，這些是本書第五章所要探討的主要問題[5]。

國家機關

　　中國的黨國機器掌控著所有的權力，而且未曾間斷過。發展型政體或許上下一心，技術能力高強，掌控著國家的組織架構，但沒有一個像中國共產黨一樣，所有的權力一把抓——在毛澤東統治下的中國，這當然是無庸置疑的，但這種情形卻一直延續到習近平主席任內。

　　中國共產黨的結構和其他共產國家相似。它的核心，一方面是共產黨無所不在且融入各項機制，另一方面則是國家的行政機關，也就是以黨治國。弗朗茲・舒爾曼（Franz Schurmann）的分析鞭辟入裡，他指出，所謂「國家」包含官僚體系、軍隊、法律，以及「有系統、正式的工具組織而成的機構，號令由此發出」；至於「政黨」則是「社會意志有組織的表達，落實社會對國家的控制」[6]。原則上，國家機器掌控社會，而作為「社會」代表的「政黨」則負責國家機關的運作。政黨的幹部和細胞，一直到草根階層，透過對大型和重要社會組織，如工廠、學校、醫院、軍事單位以及本地社群，全面且鉅細靡遺的掌控，讓黨國的威權深入每個角落。

「雙重控制」是共產體制的基本組成要素[7]。就如史坦·林根（Stein Ringen）所言：「如果不是決心要控制，雙重控制根本就沒有理由存在。然而，一旦黨國一體，控制就是必然的。」[8]政黨與國家的雙重力量會交織成一個綿密的網絡，主導政治、社會與政策。黨國體制揮舞著各式各樣的制度工具，因而人人都不願挑戰大權在握者[9]。

對於政黨能否有效控制的焦慮感，在蘇聯及其東歐共產衛星國倒台後達到高峰。中國的黨國領導班子將從戈巴契夫那裡學來的教訓內化：戈巴契夫追求政治改革，視之為經濟改革的序曲；對中國領導班子而言，政治改革與經濟改革結合是毒蛇猛獸。蘇聯共產黨失去掌控能力，以及蘇維埃帝國的隕落，都該歸咎於此。同樣令中國共產黨擔憂不已的是，2000年代初期，前蘇聯和巴爾幹地區數個國家爆發的顏色革命[10]。出於防衛性反應，中國的領導班子用盡力氣維繫嚴密的政治監控，即便他們擁抱的經濟模式是以脫離國有財產制、擺脫集體化和終止國家計畫經濟為目標。

中國共產黨的黨綱賦予中央委員會選舉黨最高領導班子的權力，也授予黨法定權力，可以指派政府官員。然而，1949年在軍事上獲得勝利之後，因為革命元老個人事實上都還握有大權，因而正規指揮系統那條線模糊了。革命元老有人即便退休了，或者不在其位了，但對於誰出任黨的高階領導還是有能力操控的。然而，隨著時間過去，加上1980年代鄧小平一席劃時代的談話，黨和中央委員會的權力，透過正式的法規、清楚的指揮系統、以及集體決策機制而制度化了[11]。

許多分析都將中國歷史一分為二：毛澤東時代與後毛澤東時代[12]。這樣的區隔，就經濟或生活條件的角度看來固然成理，然而中國發展的奇蹟有極大部分得歸功於毛澤東時代留下來的歷史遺緒。而其中最為重要的是，毛澤東留給中國一個強大的列寧式黨國體制，以及共產黨的中央集權[13]。

然而，中國共產黨中央集權的程度事實上不如蘇聯[14]。中國人口眾多、地理環境多樣，再加上土地遼闊，這些先天條件都有利於權力下放。2017年時，中國有33個省級單位（22省、五個自治區、四個直轄市和兩個特別行政區），其下設有334個地級單位、2,862個縣級單位、4萬1,034個鄉級單位，以及70萬4,382個村級單位。執政的中國共產黨大權在握，指派官員的權力可下達市長、黨書記等較低的階級，而這些正是發揮地方治理功能的所在。

這一切的核心是一個複雜的黨國體制，主導、落實政策的執行。核心中的核心是對外貿易經濟合作部（Ministry of Foreign Trade and Economic Cooperation, MOFTEC）、國家工商行政總局、國家發展和改革委員會，以及其他數個官僚機構。這些機構合起來作為「智囊團」，主掌改革，以期達到功能分化，而經濟官僚的任用也愈來愈重視任人唯賢[15]。

組織嚴密是黨國能否維持至高無上的必要條件。當然，最初啟動中國改革計畫的總設計師──鄧小平──全然相信，黨得要深深扎根於制度中，才能長久掌權。而就如白魯恂（Lucian Pye）所觀察到的：「毛澤東和許多中國領導人都認為，共產黨最大的力量在於它的意識形態和世界觀……鄧小平卻（認為）維護黨這個組織的認同以及一黨獨大才是重中之重。」[16]國與黨之間的融合互動是必須的，這樣才能確保整個社會能高度配合依政治需要排定的優先事項。

黨國體系之所能掌控一切，乃是受惠於涵蓋面極廣的國家統合式組織網絡。這個網絡深入整個社會，並且能配合政治議程進行動員。這類組織的形式就是由國家創建、國家主導的統合式機構，內部階級嚴明、對外排外且有害公平競爭[17]。1980年代期間，中國共產黨成立了無數這一類的組織。到了1990年代初期，在各級政府內有數以萬計這類組織通過政府核可成立，其中也包括科學與技術發展協會、特定經濟部門專屬的組織和文化團體，此外還有健康、運動、社會福利和公共事務協會[18]。其後，政府又以另一種新型組織來補其不足。這類組織有個不尋常的名稱──政府組織的非政府機關，其目的是將民營企業融入民企協會和工商業聯合會之類的團體。

這些組織的領導都是擁有共產黨籍的官員。他們全都由黨的委員會指派，且接受委員會的指揮。這類統合式的團體雖然容許社會行動者些許政治空間，但也侷限於黨國當局容許的狹小範圍內。至於這類團體主要的功能，與其說是自下而上、集合眾人的利益，不如說是將中央一手控管的政令宣傳和命令向下傳播。

其中最有效的一根棍棒就是資訊一言堂；歐威爾式的權力使得黨國的控制更加鞏固。媒體幾乎清一色是國營的，國家機構牢牢掌控媒體，無論新、舊皆然。平面媒體方面，新華社是黨國體制文宣的傳聲筒；它既龐大又強悍，而且是官方許可的。與此同時，10億民眾可以看電視。有22個頻道的中國中央電視台（China Central Television, CCTV）是該國唯一全國性的電視頻道[19]。和新華社一樣，它碩大無比，節目內容直接受中共中央宣傳部審查，營運方面則由國家廣播電影電視總局監督。全國的地方性電視台必須在晚間7時播出中國中央電視台最重要的新聞聯播，全國約有近5億觀眾會按時收看[20]。

網路普及，但監管也十分嚴格。黨的高幹和政府高官可以自由上網，但多數民眾使用上會有諸多限制，尤其是在搜尋政府認為有問題的資訊時。2010年公布有關互聯網主權的白皮書，許多國際性社群媒體網站自此面臨全面被禁的處境，搜尋引擎必須聽命於政府的限制令，屏蔽政府不想要的連結或網站。模稜兩可的法規，加上近200萬的網軍，方便政府進行打壓，人們也因而常先行自我審查[21]。

對於因政治考量而被視為不受歡迎的資訊，在限制其流通時，同樣立竿見影的方法就是控制新聞記者所能接觸的範圍，另外再配合選擇性地同意或拒絕發採訪證給那些被認為不夠友善的外國記者。保護記者委員會因而宣稱中國「始終是全世界最會拘禁記者的國家」。[22]無國界記者組織的《全球新聞自由指數》，中國的排名幾乎墊底[23]。

因而，黨國體制手握許許多多操縱桿，藉此確保掌控一切，天衣無縫。例如，1975年夏天，雲南省某個偏遠村落的穆斯林拒繳公糧，直到有關當局同意他們的要求，放寬宗教自由。鄧小平派遣軍隊前去鎮壓這項異議運動，結果估計造成1,600人死亡[24]。同樣地，1976年4月5日，周恩來下葬後，大批北京市民齊聚天安門廣場悼念。此舉違反了市民不得聚集在該廣場遊行示威的禁令。人民解放軍、民兵和其他公安部隊暴力驅趕來悼念的人民。同樣地，1999年4月25日，上萬名法輪功——一個提倡冥想、練功的宗教團──學員，在無預警的情況下，出現在共產黨領導班子的宅邸外靜坐冥想，以表抗議。他們宣稱遭到警方的騷擾。三個月後，黨宣布，此次示威活動包圍中央政府周邊。此後，中國共產黨總書記江澤民針對該團體展開了長達數十年計畫性的打壓。

政府鎮壓抗議民眾，最惡名昭彰的例子，當然就是1989年在天安門廣場鎮壓抗議民眾事件。如同1976年周恩來過世後人民的反應，1989年4月15日學生聚集在天安門廣場，紀念去世不久的胡耀邦。很多人認為，胡耀邦是較具有同理心的共產黨領導人[25]。隔月，廣場上聚集的民眾暴增到數萬之多，學生和當地居民紛紛湧入，展現自毛澤東時代以來，未曾見到的公民能動性。

天安門示威事件、東歐共產主義垮台，以及第一次波斯灣戰爭（1989-1992），這三個事件幾乎同時發生，驟然對中國共產黨的領導班子送出更為明確的訊息：中國可能也來到轉捩點上了。政治局的領導集結起來，全力應對。5月20日，政府宣布實施戒嚴。6月3日晚上到4日清晨，人民解放軍湧入，將廣場淨空。有些統計數字指出，死亡人數高達1萬人[26]。透過不屬於黨國政治機器一環的外部表達社會心聲的努力，終究宛如過眼雲煙。

天安門事件過後，中國共產黨打造了一套集體領導模式，有任期限制，而且設定強制退休年齡。這一切設計目的都是要緩解領導班子內部的矛盾，並且制衡一人領導。無論是江澤民總書記（任期1989年到2002年）或是胡錦濤（任期2002年到2012年）都不曾一手掌控所有權力，也不曾變成能約束黨內大佬的領導「核心」。一直要到習近平，集體領導才退場，也才再回到單一強人集權統治的模式[27]。

習近平和鄧小平一樣，都是集黨、政、軍大權於一身的強人。他利用國家主席的職權，讓領導模式倒退回夏偉（Orville Schell）和謝淑麗（Susan L. Shirk）所謂的「一人獨裁、列寧式政黨統治，以及強迫服從意識形態」[28]。法規收緊了，內部審查更加嚴格了，網路警察擴大管控了。到了2019年，政府逐步發展臉部辨識技術，連同社會信用制度，用以監控每個中國國民的行為，並予以評分。習近平還把許多維吾爾族的穆斯林關到集中營裡，目的在於確保做到中國共產黨美其名的「再教育」。

這些措施，以及其他手段的目的，就是降低中國共產黨走上蘇聯和其他東歐國家共產黨命運的機會。這些國家的共產黨都不得不將手中大權的極大部分交出去，和政體的反對者分享。除了在國內設法捍衛黨國體制之外，習近平總書記也將中國的政體描繪成，「如果人們要的是加速國家發展的同時，也能保有獨立性，這將是各個國家和人民所能擁有的全新選擇」[29]。

此外，即便中國黨國機器之強大，單靠國家的力量，也不足以推動成功的經濟模式。另有兩個政體組成元素也扮演關鍵角色：其一，社經創新力的狼性精神；其二，國際環境的支持。這兩項元素與國家機關共融共生，對於政體及訴求轉型的經濟模式能否有效運作至關重要。

社經力量

從1949年建國起，共產黨和它所管控的政府機關就是獨霸中國政體的元素。社經勢力正是最好的寫照。經濟快速成長，社會經濟狀況也隨之改善。然而，對於新興勢力，黨國體制想做的是設法吸收或納入監管，而不是給予它們足夠的自主性，以各種方式成為獨立的制衡力量。

共產黨向來將經濟階級視為政治權力底下，確立權力結構的基石。階級是認定是否具備入黨資格的第一道門檻。農民和工人向來是官方的心頭好，因為黨聲稱執政的合理性乃農工所賦予，而黨的領導班子也口口聲聲說，是為了農工階級整體的利益而努力。共產黨取得政權後，隨即實施殘酷的土地改革。此後，有權有勢的地主就消失了。剷除大地主後，農民更堅定地成為中國共產黨的支持力量，即便私有財產制所賦予的經濟權力，農民一點都沒享受到。

反之，擁有私有財產的個人或企業面對的是國家一波又一波私有資產國有化的浪潮。一直到1970年代末期，中國社會還是缺乏能有意義制衡黨國勢力的獨立社經力量。由上而下的中央集權模式面對的挑戰幾近為零，來自自主社會團體的回饋也極為有限。然而，大躍進加上文化大革命讓這謊言愈發動聽：黨的領導班子始終都是跟隨民眾前進的。

傳統上，中國共產黨宣稱自己代表五類人的權益：工人、農民、知識分子、解放軍成員和政府官員及幹部。共產黨草創之初，基層黨員主要都是出身無產階級的普羅大眾。民營企業主——這事實上是官方對資本家或民間工商界人士委婉的稱呼——是不准入黨的。但隨著經濟環境的變化，這個規定也改變了。

從1979年開始，農戶責任承包制取代了人民公社，成為農村改革的主要工具。這項重大的改革影響所及，並不僅限於農民、小商家和小型工廠。隨著經濟的起飛，具有相當規模的民間企業開始取代以往占主導地位的集體企業。到了1990年代，民間部門、企業家，以及無數的平民百姓在經濟上都已經羽翼飽滿了。然而，為了不讓這些新富階級茁壯，成為危及政體的潛在力量，共產政權於是逐步推動一系列調整，用以箝制新富階級，將他們牢牢控制在懷中。

1992年第14次全國代表大會除了盛讚民營化的成就之外，更確立了「社會主義市場經濟體制」作為經濟改革的目標[30]。1997年，中國共產黨進一步承認，民營企業是中國經濟不可或缺的一環。中國政府超前部署，解除黨籍幹部不准經營民營企業的禁令，從而開啟了政壇菁英利用職位獲取經濟利益之路[31]。最後，在2001年時，總書記江澤民在歡慶共產黨建黨八十週年時，讓馬克思、列寧和毛澤東地下難安。他宣布民營企業家、企業主、個體戶藝術家，以及受僱於外資企業或合資企業的白領專業人士全都歡迎入黨。根據江澤民的說法，這些人將為重建中國的社會主義做出正面的貢獻，因而不應被黨排除在外。他又說，不應該單憑一個人是否擁有地產，就判斷這個人的政治立場是先進還是落後。

在江澤民發表談話後，有超過10萬名「民營企業主」申請入黨。共產黨之後更決定在2002年9月第16次全國代表大會之前再網羅20萬名這樣的企業主入黨。在鼓吹這類原型資本家入黨之際，江澤民的支持者盛讚這個舉措是理論上的一大突破，擺脫了黨包括「階級」這個枷鎖在內，早已枯萎的諸多信條。這項改變促成了許多重量級商界人士加入共產黨，將政治資源和經濟資源掛鉤，彼此互惠，同時也使得國家經濟轉型計畫得以推動[32]。

　　這項安排也讓因經濟改革而致富的新富階級持續仰賴黨的寬容，非但不會阻礙黨持續掌控一切，也不會對執政者提出更嚴峻的挑戰。因此之故，在中國，社會上有錢有勢的個人或團體，多數追求的不是自主性，而是與國家站得愈近愈好。獨立自主就等同於孤立無助。想要追求自身最大利益、擴大影響力的人，無所不用其極地想辦法跟政府搭上線[33]。

　　中國共產黨黨員組成的變化反映了黨如何因時制宜。1978年，中國共產黨有46%的黨員是農民，19%為工人，7%為軍人，白領勞工、專業人士和學生只占26%。到了2013年，農民的占比跌至30%，工人則下降到9%。中國共產黨積極招募入黨的，反而以其所謂的「知識分子」居多，也就是讓受過大學教育者加入它的行列。2002年第16次全國代表大會上，受過大學教育的黨員占全體黨員人數的24%。五年後的第18次全國代表大會上，這個數字上升到40%。到了2013年，中國共產黨有42%的黨員是受過大學教育的。這和1978年的情況簡直不可同日而語。1978年時，上過大學的黨員不到3%[34]。

　　為了積極重建草根組織，甚至打入市場化後新近開拓的社會空間，共產黨也放寬了原本對職場、學校、社區和多數民眾日常生活的嚴格管控[35]。共產黨減少了許多細部控制措施，如此一來，特別是職場，從農業合作社到國營企業，就能逐步根據市場而非政治力去運作。其結果是，多數人不再需要仰賴共產黨給他們工作、住房、食物、衣著、健康保險或教育等生活所需。單靠市場就可以充分滿足人們的這些需求了[36]。

　　國家投注相當多努力，積極提升教育及技術發展的廣度與深度。1949年之前，中國只有20%的兒童上小學，到了1986年，此數字來到了96%。2017年時，中國有2,631所大專院校，每年有700多萬名畢業生，適齡就學者有將近20%在學[37]。三分之一以上的學生主修工程，主修理工的數字更高。而攸關改革的另一個關鍵元素是數以萬計外國留學生的經費支出。海外留學的投資報酬率相當高，它大幅提升了中國大學的品質以及畢業生的技術能力。

　　科技方面的支出也相當驚人。從1992年到2017年，中國的研發費用年均飆升20.3%，到了2017年時，已來到2,570億美元，較1991年增加了123倍。2017年底時，中國有620萬人受僱從事研發工作，研發費用占中國GDP的2.12%[38]。此時，中國發表的科學研究報告占國際期刊約23%[39]。透過這些方式，中國勞動人口的技術層級提高了，許多人有了向上流動的機會，而中國這個經濟體也有了充裕的人才庫。

　　然而這樣的改變並未縮減，反而突顯了所得差距。不同於發展型政體在經濟突飛猛進期間，貧富差距始終並未拉大，中國的所得差距卻是急遽擴大[40]。吉尼指數從1978年的0.3，直線攀升到2016年的0.45。

　　而日益加大的貧富差距主因便是經濟與政治利益的掛鉤，尤其是市場化程度愈深，政治官員就有愈多機會利用權勢去追逐個人的利益。商業界人士希望在監管方面能獲得豁免，也希望國家官員能讓他享有其他競爭優勢。正因為如此，官員肆無忌憚地利用自己的職權落實商界的請願——當然是以商界有望用可靠的方式表達感激之情的請願。

　　軍方指揮官也在轄區能創造經濟租的企業內，取得掌控企業的權益[41]。政壇和官僚體系的貪腐以及濫用職權的現象，隨著市場改革而日益普遍。涉貪的人愈來愈多，也愈來愈高階，濫權的情況愈來愈嚴重[42]。2012年的《紐約時報》針對中國總理溫家寶所做的調查報告顯示，官員貪腐的情形已經滲入政體的最高階層了。報導追蹤溫氏家族昔日貧困的情況，以及溫家寶早年的生活後指出：「總理的親戚當中有些人，包括他的妻子在內，做生意風格十分強勢。他們手上掌控的資產少說價值27億美元。」[43]

　　中國貧富差距逐漸拉大，官員貪瀆日益嚴重，這一切造就了更為活躍且不時出頭抗爭的公民[44]。如同萬明（Ming Wan）所指出的，政經權貴水乳交融，他們在壓制社會「失敗者」的怨氣這件事上有著共同的利益[45]。也正因為如此，民眾抗議事件層出不窮。中國社會科學院估計，2006年一年當中「群體性事件」[*2]超過9萬起。社會學教授孫立平估算，2010年約發生18萬起群眾事件[46]。這類事件從相當低調且無關乎全國的地方性事

---

*2　譯註：台灣稱「群眾事件」。

件，如土地使用糾紛或地方官員請願，到大規模且有礙社會安定的，如新疆、西藏的種族抗議事件等都有。

爲了鎮壓異議事件、減少貪腐並鞏固個人權力，中國共產黨總書記習近平2012年上台後便展開大規模反貪腐行動（這當中，當然絕非偶然地，他的政敵就一併納入了）。2012年到2017年間，中央紀律檢查委員會（Central Commission for Discipline Inspection, CCDI）進行史無前例的大規模掃蕩，對超過150萬名官員進行紀律審查，查處行動從開除黨籍到刑事起訴，乃至下獄入監都有[47]。反貪腐行動成爲習近平執政期間的一項特色，同時也大大地幫助他快速鞏固權力。然而卻沒有任何證據可以證明，打貪肅貪對於解構自肥的貪官、與早已坐擁金山的權貴，兩者間的利益共生關係有何實質助益[48]。不過，習近平的反貪腐行動倒是重新展現了黨國體制的權威，同時也提醒那些只管自己發財的投機分子，無論是政府官員或黨的幹部，甚至民營企業主，即便家財萬貫，也躲不過黨國至高無上的權力。

外部勢力

剛踏上發展之路時，中國面對的外部情況是，某些路斷了，但別的路也因而更吸引人[49]。美國當年曾經給予發展型政體的單邊支持，當然一點也沒提供給中國。1949年，中國就和當時其他共產國家一樣，面對的是一個充滿敵意、美國主導各項制裁的國際環境。到了1979年開放改革時，這些枷鎖都鬆綁了，但中國的領導班子得在國內進行許多調整，以達到國際社會令人望而生畏的要求，並且著手因應全球金融日益強大的影響力。這一點和替代發展型政體的處境差不多。

因此，1949年共產黨接收中國之後，美國聯手西方盟邦試圖將中國孤立於美國打造的多邊經濟系統之外。對於《關稅暨貿易總協定》（GATT）、世界銀行，甚至IMF這些機構的成立，中國共產黨既沒有參與，也沒有興趣加入。此外，中國也未被納入全球航運、通訊和貿易網絡，連企業合資之類的亦無。美國試圖阻擋中國，不讓其接觸到西方的科技、外國援助、貿易、外國直接投資，或是以其他形式參與經濟活動，希望能透過這些抵制行動，迫使它改變政治體制，或讓政體倒台。

美國孤立中國，中國自己也不遑多讓：中國的黨國體制也傾向不跟任何其眼中的「帝國主義勢力」打交道。除了在國內將計畫經濟列為第一要務之外，中國共產黨還擁抱反殖民主義、反帝國主義，並且在外國積極提倡革命運動。面對新近掙脫殖民枷鎖的國家，中國試圖讓自己成為老大、作為它們的典範。比方說，1955年，周恩來就威風凜凜地出席了不結盟運動的前身──萬隆會議。此外，中國和亞洲及歐洲其他共產政權也建立起綿密的政經網絡。有超過二十年的時間，亞太地區呈現兩極對立的態勢，而中國則讓自己牢牢地選邊站。

早在蘇聯和其東歐衛星國解體之前，東亞嚴峻的冷戰氛圍已開始淡化：隨著中國與蘇聯的緊張局勢升高，美國和中國發現彼此基於地緣戰略的考量，應該建立更密切的關係[50]。中美雙方於是悄悄地展開專案合作，且為此開了一連串方便之門。中國取代了中華民國[*3]在聯合國及其附屬機構的席次。1979年，在卡特總統主導下，中美外交關係正常化。其後，1979年2月，鄧小平率領大批人馬展開為期九天的訪美之行。此行的高潮有張家喻戶曉的照片：鄧小平在德州戴著牛仔帽參觀牛仔競技表演。這場公關秀成果斐然，超乎預期，而這也使得許多美國人認定，中國領導班子開始逐步往美國靠攏，從而開啟了這兩個昔日宿敵此後數十年在經濟上日益緊密的互賴關係。

雖然安全上的緊張對峙從未消失，但外部關係改善，為中國內部的經濟發展鋪好了路。直到蘇聯垮台之前，中、美、蘇始終處於力求三方平衡的態勢，彼此在合作與衝突間不斷來回精算，調整擺盪。然而，在經濟方面，美方領導人鼓勵中國內部轉型，如此可為制衡蘇聯添加一項籌碼。由於當時中國的經濟非常低迷，因此美國的決策者一點都不擔心，一旦中國經濟蓬勃發展，短期甚或中期之內會對經濟和安全方面都遙遙領先的美國

[*3]　譯註：原文作「台灣」。

構成威脅。

日本的領導班子也迫不及待改善和中國的關係。1972年，日本首相田中角榮訪問北京，中日雙邊關係自此正常化。同一時間，日本終止了和台灣的官方關係。日本進而提供經濟協助，不但成爲中國最慷慨的金主，對於提倡雙邊經濟互賴更是不遺餘力。尼克森和田中角榮訪華，爲中國改善外部環境踏出了關鍵的第一步。

日本的協助尤其彌足珍貴[51]。兩國在外交正常化，以及簽署《中日和平友好條約》之後，日本成爲中國在資金方面最重要的合作對象。從1979年到2016年初，日本共計提供了3.3164兆日圓的援助貸款，572億日圓的無償資金援助，以及1,817億日圓的技術協力[52]。日本民營企業在中國的投資也同樣可觀。單單2005年到2012年，日本對中國的外國直接投資每年都有50億到150億美元[53]。2007年，日本對外投資海外持股部分，中國和香港加總起來就占了9.1%。占比高過日本的只有美國（31.9%）和荷蘭（11.7%）。

隨著中國經濟開始轉型，全球製程也逐漸模組化，帶動了區域和全球生產網絡不斷擴大。與此同時，國際資金和外資企業則迫不及待地滲入龐大的中國市場。即使美國國內的政商勢力仍大力抗拒外國進口商品引爆的激烈競爭，但自由貿易的原則基本上還是普遍奉行的。中國渴求資金、亟需技術和管理技能，這種情形進一步對決策者形成掣肘——他們的選擇非常有限，不得不在貿易和金融既有的重重限制中去設法解決[54]。但對中國比較有利的是，蘇聯垮台並退出越南之後，中國可以利用低度地緣戰略競爭以及需求較少的局勢，將有限的資源用於擴軍。

中國領導人充分利用現有的全球性國際組織。中國在1980年加入IMF和世界銀行，1986年加入亞洲開發銀行（ADB），2001年加入世界貿易組織（WTO）。中國的元老們認爲，成爲前三個組織的會員的成本很小。中國向IMF借的款非常少，對國內資金的管控卻已夠周延，足以讓中國的金融系統幾近與全球市場絕緣[55]。此外，這類外來投資並不會對中國共產黨的權力構成挑戰，反而更加壯大黨國體制的力量。是否允許或駁回這類外來投資，中國的黨國體制擁有絕對的生殺大權。然而加入WTO代價卻很高，因為它得對國營企業設限，鼓勵外資在中國的土地上競爭，此外，國家補貼和採購政策也必須更加透明。

然而即便中國藉由推動國內經濟轉型，改善對外關係，贏得了外國的好感，但天安門的血腥鎮壓仍引來國際譁然。示威群眾魔咒般的雜音愈來愈響亮，國際媒體的報導也愈來愈密集，這些都讓中國共產黨的領導班子有種山雨欲來的不祥感。血腥鎮壓引發了一連串的經濟制裁，對中國進軍外國市場以及外資和外國技術的流入都構成威脅。原本和樂融融的國際環境180度大轉彎，讓中國領導者看見中國在外國勢力當中尷尬的處境。天安門事件對中日關係的損傷沒那麼嚴重。日本是第一個結束對中國經濟制裁的民主國家，也率先恢復正常的經濟關係。當時中國的領導人對日本這個舉動非常感激。

中國領導班子想方設法，要把天安門事件形塑成正向飛速發展中的一個不幸插曲，而不是黨國獨裁統治下必然的表現。為了因應天安門事件後的制裁，中國對美採取「低調」策略，試圖修復和美國的關係：在外交上盡可能低調，並且嘗試展現中國和平崛起、正向的一面[56]。這項行動準則正是鄧小平諄諄告誡的，中國應該韜光養晦。

中國領導人同時也全面提升國家的外交：與台灣和印度改善關係，並且和越南及韓國關係正常化。此外，它還跟14個存在邊界爭議的鄰國，解決了十幾項以往未能達成協議的問題[57]。另外，中國在1997年到1998年，亞洲金融危機期間所做的一系列經濟決策，因為中國共產黨抗拒了經濟和政治上的誘惑，拒絕放貶人民幣，成功提升了中國共產政權在海外的形象。放貶人民幣將使得人民幣和其他跌跌不休的東亞貨幣出現競貶的態勢[*4]。然而，中國卻穩住其貨幣，因而贏得了亞洲鄰國的感激，感謝中國沒有利用一時的優勢，搶占它們的出口市場。

海外的金融商機很快就戰勝了面對獨裁和人權時道德良心上的遲疑，有利的外部環境也因而再度恢復了。隨著天安門事件的記憶逐漸淡

[*4] 譯註：這句話照原文直譯會不容易懂，因此稍做改寫。

去，中國的自由化改革成效獲得肯定，美國以及其他多金的國家便嘗試將中國納入全球貿易和投資秩序當中。老布希總統在1970年代曾擔任美國駐中國聯絡處主任[*5]。他對這份工作充滿熱忱。天安門事件後，面對與中國斷交的呼籲，他拒絕了。之後，競選期間曾譴責「北京屠夫」的柯林頓總統，當選後卻和中國協商進行一系列結構性改革，從而首次賦予中國永久正常貿易關係（permanent normal trading relations, PNTR）地位。之後，在2001年，美國更力保中國取得WTO的會員資格[58]。

　　中國為了加入WTO，必須大幅調適，付出驚人的代價。就如同馬克・比遜所說的：「這當中的數十年間，不僅國與國在經濟上高度融合成了常態，國際監管架構的影響力也愈來愈大，愈來愈無孔不入。再沒有比中國加入WTO時，各國對它提出各種條件，更明顯的例子了。中國應允『對外界開放』。中國加入時，各國要求它允諾的條款『遠超過當年創始會員國所擬定的』。」[59]特別值得一提的是，WTO提出《與貿易有關之智慧財產權協定》（*Agreement on Trade-Related Aspects of Intellectual Property Rights*, TRIPS）以及《與貿易有關之投資措施協定》（*Agreement on Trade-Related Investment Measures*, TRIMS）兩項要求，讓中國政府，相較於較早入會的會員，面臨更大的難度，更難藉由持續享有科技、貿易和對國內市場的保護而搭上順風車。

　　中國的決策者深信，國內經濟對外開放，最符合中國（以及共產黨）長期的利益[60]。因此，他們張臂迎接新興的金融商機，中國的全球經濟網絡也迅速擴增。此外，敲開WTO的大門就好像取得了操縱桿。中國的國家領導人手持這根操縱桿，勇往直前，國內的結構轉型，面對國營企業、地級政府等的抗拒也能所向披靡。

　　透過這些方式，全球這個大環境提供當時的中國政體及其經濟發展計畫許多強而有力的支持，雖然這類支持會迫使中國的體制和政策做出痛苦的調整。然而，即便許多西方決策者和學術機關都期望，中國富起來了以

[*5] 譯註：原文為envoy（使節、代表），中國官方文件稱「聯絡處主任」。

後，會變得較爲民主，但融入自由開放的全球秩序，並未促成中國在政治上的鬆綁。如果說外來投資和與全球交流最終能改善整體環境，透過提倡法治、透明和資訊的自由流通，最終能在未來促成民主化，那麼短期間內開放的外國市場，外國決策者的包容，便給了共產政權較寬裕的時間和政治空間去追求經濟改革，而無需在政治層面做出開放[61]。然而，誠如以上的分析所清楚顯示的，民主化和限縮黨國獨大並不在中國共產黨的計畫之中。

經濟政策模式

中國政府的經濟轉型策略和發展型政體有著相同的目標，那就是兩者都誇誇其談，矢言要在工業化迎頭趕上。如同蔡欣怡（Kellee S. Tsai）和巴里・諾頓所言：「中國國家資本主義高度干涉的作風，總的來說，當然和格申克龍*6世界的精神不謀而合。在格申克龍的世界中，透過國營金融體系，動用大筆資金，大規模投資現代化基礎建設，可以推升原本貧困的國家，讓它們躋身現代已開發國家的行列。」[62]1979年之後的中國政體和發展型政體有共通之處：它們都強調藉由提升國內產品的全球競爭力，大幅搶占全球出口市場大餅。然而，如果說中國的決策者有意在這些方面追隨發展型政體的腳步，那麼他們所面對的外部環境其實是不那麼有利的。因此，中國的經濟模式想要成功，就得在國家導向和追求個人利益兩者間保持微妙的平衡。很重要且必須注意的是，這個平衡會隨著時間而擺盪——大體來說，會擺向外來投資、對本地的管制，以及私人所有權，但之後又會擺回強化中央集權，以及減低外國的控制。

國內有限的資金來源、管理技能和科學技術，再加上資金流動性急速增強，這一切意味著，無論是否迫於無奈，中國最初的政策模式，都有強烈的誘因要接受外資滲入。國內資金有限，降低了保護國內市場的機會，

---

*6　譯註：Alexander Gerschenkron，俄裔美國經濟史學家，是發展型國家理論的先行者。

取而代之的是轉向擁抱外國資金和技術。中國領導班子傾向透過國家政策，從外部將他們所需要的引進國內。因而，1980年到2005年間，外國固定投資總額占比來到7%，而在經濟發展類似的階段，這個數字在日本只有0.2%（1950-1972），台灣（1960-1985）和韓國（1965-1990）則分別為2.4%和2.6%[63]。國內大規模開放，使得中國在工業化初期，與替代發展型政體以及韓國、台灣和日本，在全球各國紛紛進入、不斷解禁的那個年代，情況非常類似。

雖然接受了外國進口商品，也開放外國直接投資，但中國的黨國統治集團仍試圖避開永久依賴和作為經濟弱勢的風險。但為此，中國只得在僅能取得少數必要資金和技術的重重阻礙，以及永遠依賴、當老二、永不得翻身的雙重困境中，走一條險路。中國的經濟模式是架構在一套包含了國營企業、民營本土企業和本地與外資合資，非常繁複的雜耍戲法之上的。政策的起點是本地企業大舉自由化，以及海外資金的挹注，但之後逐漸轉向減少對外國的倚賴，並增強國家對先進產業與金融業本質和獲利能力的掌控。

在這整個過程中，黨國體制鮮少將其放在國家經濟方向盤上的手鬆開，即便和地方政府官員以及積極尋找自身利益的民間企業主共享駕駛座時，也是如此。中國領土廣大，這使得中央機關的官員、地方幹部以及企業之間進行面對面協商，變得非常複雜。對整個產業或將全國一視同仁，強行實施同一個計畫，既難以達成又缺乏效率。因此，國家領導人更仰賴地方上的試點及糾錯。中國人有句話說「天高皇帝遠」，說的就是這個情形。

1978年鄧小平主導的重大經濟改革，推動的就是這樣的綜合體。中國長久以來的經濟政策走的都是國家計畫經濟、農業集體化，以及國有企業制度。鄧小平在意識形態上定了調，大規模經濟改革就順著他所鋪下的軌道推動。1978年第11屆中央委員會第三次全體會議上，鄧小平發表了一場鏗鏘有力的演說。他主張：「從今天起，我們要從階級鬥爭為綱，轉向以經濟建設為中心。」就如夏偉和魯樂漢（John Delury）所說的：「單憑這一句話，鄧小平就總結、廢除了長達二十年的毛澤東路線。」[64]

　　爲了尋找合適的政策方向，鄧小平大量師法外國的經驗。就如同他年輕時說過的：「唯有『西學』才能救中國」[65]。外國事物當中，影響他最深的當屬海外的經濟學家。他們當中最具影響力的，有些是在社會主義體制下成長的。親身體驗讓他們明瞭，轉型遠離集權計畫經濟是怎麼回事。這些經濟大師包括匈牙利籍的哈佛教授雅諾什‧科爾奈（Janos Kornai）、流亡他國的捷克經濟學家奧塔‧希克（Ota Sik），以及出生於波蘭、任教於牛津大學的弗拉基米爾‧布魯斯（Wlodzimierz Brus）。然而，鄧小平同時也鼓勵大家研究資本主義國家成功的經驗。爲此，他邀請諾貝爾經濟學獎得主詹姆士‧托賓（James Tobin）和彌爾頓‧傅利曼（Milton Friedman）擔任高階顧問。中國領導班子和經濟技術官僚全都從這些外籍人士身上吸收了無數的經驗和知識，即便他們抗拒誘惑，不願單單只是狼吞虎嚥地把任何一道外國處方吞下肚[66]。

　　最重要的借鏡往往就是鄰國轉型成功的案例。鄧小平不時向這些國家來訪的賓客請教有關經濟、科技和產業相關的資訊，希望能對中國有所裨益。因此，中國領導班子發現新加坡的李光耀是他們可以效法的典範；他是如何做到政治上獨裁專制，經濟上順利改革的？[67]鄧小平也研讀日本成功的範例。他曾（顯然是）半開玩笑地問過大來佐武郎是否願意在就任日本外務大臣之後，繼續提供中國諮詢[68]。1994年，中國發表新的產業政策，正式承認中國政府關注日本通產省（Ministry of International Trade and Industry, MITI）*7的產業政策[69]。

　　毛澤東過世後兩年，在1978年12月，黨的新領導班子宣布將致力於現代化，主要著重於四大關鍵領域：工業、農業、科學技術，以及國防──所謂的「四個現代化」。政府官員與可口可樂、波音公司簽訂合約，迎接資本主義的兩大象徵進入中國市場。幾天後，鄧小平帶著隨從展開了美國之旅。新的政策模式早已開始運作了。

　　改革是從農村開始的，從人民公社與生產（大）隊改爲家庭聯產承

*7　譯註：2001年更名爲「經濟產業省」。

包責任制。此舉將較大的權力下放到農村和鄉鎮，意味著原本由上而下的管控方式做了重大的讓步。從1949年到1970年代末期改革之前，農民的生產工作都必須達到嚴格的配額要求，而且收穫的每一粒穀子都得上繳，然後再由國家當局進行分配。中國經濟革命的第一步是廢除農業集體制。此外，國家也對國內特定區域的管制開始鬆綁。

最早的一個例子是回應安徽省農民索回自己農地的要求。這個過程讓農民在收成超過官方要求的配額時，能自己保留下來，並且在公開的市集上販賣。之後，隨著發揮動物本能、追求獲利的農民人數暴增，農作物的收成也大幅躍升。最後，這類多出來的產量超過了國家所訂定的配額，私人可以自由出售的穀物占了總收成的大部分。隨著農作物產量的飆升，即便在意識形態上還存疑的人，也必須承認改革的確帶來了正面的效果。此時，與其昭告天下，不如私下默許[70]。

1982年，人民公社制度正式壽終正寢。家戶成了農業生產的基本單位。而此舉和全面的經濟目標是不謀而合的。市場改革讓更多錢流入農民的口袋，於是農民就買得起更多的工業產品，也繳更多的稅給國家[71]。然而，即便經濟成長和工業化都往前飛奔，農業依舊扮演中國經濟模式一個極為關鍵的角色。一直到2010年，中國還有半數人口居住在農村地區，農民依然占農業地區就業人口的40%[72]。然而，農業改革不僅涉及的層面廣，也包含了大規模的現代化，從而改造中國，成為全球數一數二的穀物、肉類和蔬菜生產者。2010年代末期，中國生產的糧食供應全球22%的人口食用，但可耕地面積僅有7%[73]。

中央政府也允許省級政府開源、存錢。毛澤東三十年的統治，留給中國的經濟模式是北京的黨國體制，始終由上而下，監看著經濟的發展。當地方為了順應當地局勢，所採取的做法與中央推動的政策有許多落差且其影響十分深遠時，由上而下這個元素就煙消雲散了。結果就是政治和經濟機器急遽轉型，快速脫離毛澤東時代的集權模式，即便中國的經濟政策還留有獨裁式的官僚政治機制和監管系統。「中央極權、地方有彈性」同時並存，對國家治理和經濟改革都是不可或缺的一部分[74]。

地方官員得根據中央發下來的清單，按著上面量化的政治或財政收入目標，照表操課，設法達標。只要能達標，地方官員就可以隨心所欲地進行各種實驗。眼見有人成功，其他地方也會起而效仿，但國家承受損失的風險依舊微乎其微。黨在地方上的幹部也會因此搖身成為企業家，或者跟人民合作，收割地方經濟繁榮的部分果實[75]。國家經濟的大餅愈做愈大，個人分到的也跟著變大。經濟繁榮不僅有助於促進國家政局穩定，也強化了中國共產黨統治的正當性和力道。

　　然而國內儲蓄率偏低，國內的資金因而也有限。經濟改革之初，中國的儲蓄率約只占GDP的10%。因此，事實證明，有資金需求時，外國直接投資是最吸引人的選項。為了吸引外來投資，長久以來仰賴國營企業作為工業生產主力的中國政府，放寬外資管制，允許外資進入，並且要求國營企業自負盈虧[76]。此外，政府於1980年頒布新的政策，將中央和地方政府的收支進行劃分，且規定地方政府盈虧自負的條件是，地方政府要能達到五年收入的責任額。

　　而全國的投資有高達三分之一是外資，這讓中國得以接觸新科技。而之所以如此，主要是政府要求投資關鍵產業的外資企業不僅要有本地合夥人，且必須將技術移轉給本地人[77]。外國直接投資主要集中在出口產業，因而進一步推動、落實經濟迎頭趕上的最高目標。官方努力想對來勢洶洶的全球資金和外國直接投資設限，但這和中國對技術和資金穩定輸入的需求始終是相衝突的。結果就是外國資金和外資企業對中國經濟滲透的程度遠高於日、韓和台灣。中國外來投資比例之高，逼近馬來西亞、印尼和泰國。

　　源源不絕的外國直接投資主要來自兩個方面：第一主要是來自工業化國家，它們急於進入龐大的中國市場；第二主要來自台灣和香港，而這通常是華人所發動的。後者主要的目標是利用低廉的土地和勞動力，從事商品的組裝和最後一個階段的製程，之後將成品輸往全球各地。1994年到2002年這段期間，香港是這類製造業最大的投資者（41.9%），台灣排名第二，但遠不及香港，只占7%。日本和美國分占三、四名，分別為9%和8%[78]。

　　1990年代中後期，中國的跨國企業掀起了上市潮。他們募集了數以十億計的資金，雖然伊迪絲‧泰瑞（Edith Terry）認為「這些公司帳目不清，而且幾乎全都是政府主控的」[79]。中國的成長一日千里，而且都是與全球市場連動的。1990年代，中國的出口4倍增長，然而，其中外資企業的出口占46%，進口產品則高達52%[80]。與此同時，長期以來獨霸中國的國營企業，在2000年之前的二十五年間，其工業生產總值的占比從80%重跌到15%[81]。賽門‧浦雷澤（Simon Pritchard）對於蜂擁而至的外來投資做了精闢的分析：「廉價勞力的磁吸效果、強勁的國內需求，再加上支持改革的政府，這些加總起來產生了複利效應：對內投資、供應網絡乃至貿易管道都擴大了。成長本身會產生動能，而北京則收割區域外交的利益。」[82]

為了鼓勵外來投資，1986年4月頒布的《外資企業法》（*Wholly Foreign Owned Enterprise (WFOE) Law*）免除外國投資人必須與中國本地企業合夥人成立合資企業的規定。但不可否認的是，全外資的範圍和自由度還是受國家嚴密監控的。在這個階段，全外資企業的數量還相當有限，然而它在法律上變成了合法的民間組織。此外，《外資企業法》還聲明，全外資的營運和管理活動都不受干涉。

亞洲各國的外國直接投資，無論在件數或規模上，都迅速增加。到了1993年，香港、新加坡、韓國和台灣合計投資中國212億美元，另外日本還投資了13億美元。隔年，上述兩個數字分別增加為249億和20億美元[83]。1994年，國家主席江澤民意氣風發地訪問數個東南亞國家。之後，中國政府也鋪下紅毯，跨步投資東南亞。如同前面所說的，湧入中國的資金多半來自華人，而且往往是透過香港和台灣轉進的。1996年，東協（ASEAN）各國在東亞投資額的五分之一，約312億美元，進入了中國[84]。透過這些方法，中國產業持續升級，但對外國企業和外資的倚賴也日益深重。就和其他逐步工業化的國家一樣，中國的經濟模式使得大量農村的居民湧入都會地區，遠離農業，走向工業。圖5.1顯示中國工業僱傭人口直線上升。第三級產業成長的時間雖然較晚，但也是急速躍升，如圖5.2。

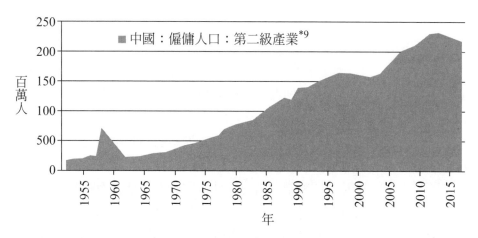

圖5.1　中國工業僱傭人口

資料來源：中國人力資源和社會保障部，http://english.www.gov.cn/state_
　　council/2014/09/09/content_281474986284102.htm。

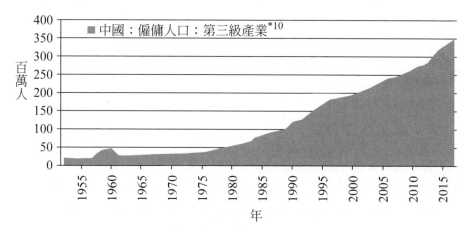

圖5.2　中國第三級產業僱傭人口

資料來源：中國人力資源和社會保障部，http://english.www.gov.cn/state_
　　council/2014/09/09/content_281474986284102.htm。

---

*8　譯註：「第二級產業」（secondary industry）即為「工業」。
*9　譯註：「第三級產業」（tertiary industry）指「服務業」。

　　如同博爾托（Andrea Boltho）和韋伯所指出的，「外國企業利用香港和台灣華人的貿易技巧，以及中國多個沿海省分的廉價勞力和其他設施，大量投資中國。」[85]港台投資人都喜愛中國市場的潛力，也愛它在快速發展的地區處於中心位置，更何況投資中國可望避開進軍其他國家——例如日本——的一些難題。

　　二十一世紀開始的前幾年，中國的經濟模式已經將中國大力推升，成為全球第二大外國直接投資的目的地。對於這類投資，中央政府正式設下的障礙並不多，然而就外來企業而言，地方政府對於地方產業發展的自主權才是最珍貴、最具吸引力的。各地方無不使出渾身解數吸引外資[86]。此外，地方上的政治人物和官僚也會利用職位去從商，帶動倪志偉（Victor Nee）和歐索菲（Sonja Opper）所謂「自下而上的資本主義變革」[*10]的過程[87]。延續整個政治架構，對於這類地方型的企業家，當然與自身權益相關。他們顯然就是這個架構的受益者，而與此同時，中央官員也有效地將市場的誘因注入整個經濟體系。國家和市場同步向前邁進[88]。

　　WTO要求成員國必須大幅開放國內市場，解禁可能影響外國進口的政策。1982年，中國的平均關稅稅率是驚人的56%。林林總總、不顯眼但殺傷力同樣強大的非關稅壁壘（nontariff barriers, NTBs）讓關稅稅率顯得更高不可攀。非關稅壁壘包括明定配額、進口許可證、登記要求、進口替代清單、對貿易權設限、投標要求等。這一切都是偏袒本地製造商，不利於外國競爭者的措施。2001年，中國進入WTO前夕，中國政府大幅調降關稅為原來的四分之一，甚至只有15%[89]。到了2004年初，關稅更下降至11%。此外，大約只有10%左右的海關稅則號碼還適用非關稅障礙，而適用這類限制的進口商品占比，在1980年高達90%，但到1998年已降至11%[90]。需申請許可或配額的出口商品，在1991年時來到高峰，計有235項，到了2000年已減為50項[91]。

　　因而，鄉鎮企業（township and village enterprises, TVEs）就以地方的

[*10] 原文書名為 *Capitalism from Below*（字面意思是：自下而上的資本主義），中譯本書名為《自下而上的變革：中國的市場化轉型》，北京大學出版社出版。

動能爲中心發展起來了。他們多半成立於1984年到1997年之間。中國製造業第一波爆發式成長，就是由這類鄉鎮企業開始的。如同前文所說的，各個地方的政府當局爭相吸引外國投資，而民營企業和國營企業則競相搶奪地方當局提供的新創資金。他們共同的目標是產業升級、多元化，進而引進更多在本地、乃至全球都具有競爭力的製造業。在農業改革以及本地產業──包括鄉鎮企業──蓬勃發展的激勵下，農民離開了土地，成爲企業大量廉價勞動力的來源。這個二合一的過程，謝淑麗稱之爲「討好省級領導」[92]。到了1980年代末期，鄉鎮企業占工業產值的四分之一，爲中國賺進約三分之一的外匯[93]。

　　鄉鎮企業在開啓中國產業現代化的過程中，雖然是一股重要的力量，但他們多數始終規模都很小，資金不足，且都是地方型的小企業。這些企業對於提升中國戰略產業的貢獻非常有限[94]。在這方面，經濟特區（special economic zones, SEZs）的貢獻才是舉足輕重的。經濟特區起初都設在南部沿海地區，與香港、台灣和東南亞華人投資者離得很近。特區內賦稅可以減免，另外還有其他優惠，一切設計就爲了吸引外國直接投資。特區成立的目的是生產商品出口，賺取外匯。就和推動農業升級的過程一樣，經濟特區也是作爲工業生產實驗與轉型的範例[95]。

　　最早一批經濟特區1979年成立於廣東和福建，後來在1984年，延伸到14個沿海城市以及海南島，之後又在1985年，擴大到沿海的三個三角洲。地方上的經濟蓬勃發展，整個國家都能取得珍貴的外國技術和管理知識[96]。1980年代和1990年代期間，決策者允許本地的民營企業和外資企業進入中國多數產業。通行無阻的情況下，民營企業很快擊敗國營企業，成爲中國經濟組成最大的一部分，而且多數從事製造業。至於那些獲得嚴密保護、難以進入的產業，國營企業仍然是舉足輕重[97]。

　　在地化、追求利潤以及務實，這三者合起來就是中國經濟模式的核心。然而，國家的計畫經濟體制並未全然消失，只不過計畫的目標不再是全面涵蓋國家經濟的每一個面向；各式各樣具有市場競爭力的幼苗，在有限的地理區域內逐漸開花。這些與中央計畫相輔相成，而非挑戰由上而下管控的原則。這些原則是不少國家官員和黨的幹部，無論是在政治層面、或意識形態上，都還是深信不疑的[98]。地方上的實驗與國家計畫並行；計畫經濟與更廣泛的市場化並存。這樣的結合使得人們在意識形態上能相容，對於黨國的控制也能接受，當然也就降低政治上激烈反彈的可能性。

民營企業在這個模式中的重要性與日俱增。確實，尼古拉斯‧拉迪（Nicholas Lardy）就指出，在中國，引進市場機制帶來的實際利潤與成長與日俱增，以國營企業爲主的部分則逐漸遞減。最終，企業的未分配盈餘成了投資時最重要的資金來源，其次才是銀行信用貸款。市場競爭力爲中國生產力最佳的企業創造了更多的未分配盈餘，因而這些企業若利用自己的資金，而非國家或外國資金，成長的速度會更快。然而，民營企業主並未選擇獨立於國家機關之外運作，而是透過共產黨黨員和國家機關融爲一體。肯定的是，民營企業在經濟模式中的重要性，並不代表放任經濟自由化或完全民營化占了上風[99]。

主要經濟模式由國家主導方向的成分始終很重，即便在改革時期也是如此。因此，1992年春，鄧小平南巡參訪了一些成功的經濟特區之後，國家在強化這類特區所扮演的角色愈發吃重。1990年代末期，經濟特區的模式更是突飛猛進。朱鎔基試圖矯正當時「一大片亂無章法、毫不相干的省級和地方項目，沒有一個中央神經系統來主導整個過程」[*11, 100]。他帶領一群技術官僚，重建更明確、由國家強力主導的方向。他採用的方法是，將財政和金融體系集中管理，並且爲國家機關進行瘦身，強化力量[101]。

朱鎔基持續努力，提升政府機關的能力和威信[102]。他檢討亞洲金融危機的前因後果後，得到一個結論：受創最重的國家，最大的問題在於他們的金融體系過於脆弱，而且產業投資槓桿過高。這些國家在面對全球金融震盪時未能有效回應，這印證了他的直覺：國家機關必須加速金融改革。唯有如此，當時金融體系體質與受創最重的國家類似的中國，才不會像那些國家那麼脆弱[103]。他的金融改革措施雷厲風行，目標鎖定徹底清理非法行徑，以及防範投機泡沫成形[104]。改革對象也包括人民銀行，原

---

*11 譯註：此處未找到原文，採意譯。

因是當局安插了毫無專業能力的政治權貴擔任要職。如此一來，他們在正規的體制上就有了優勢，既能保有共產黨高度獨裁的組織制度，在國家機關內也依然獨霸一方[105]。

財政和金融體系再度採中央集權則加大了國家掌控的力道。修改稅制也有類似效果，因為它要求所有的地方稅都得先由北京經手，之後再回歸到地方上——不用說也知道，當然要先讓中央政府分一杯羹。中央政府稅收增加了20%，地方當局則忙不迭地找尋各種更直接的投資來源和產業動能。財政政策持續確保國家預算的平衡甚或失衡，刻意避免人們口中的「濫用公共支出」或者甚至是系統性的赤字。貨幣政策和匯率也繼續由國家控管，而不是由市場決定。政府操控匯率以利出口，而非進口。

而為了持續邁向民營化，減少對國有企業的倚賴，國有企業大規模轉型，範圍涵蓋近8萬家企業。1979年至1986年，國有企業都能自主經營，而之後，從1987年到1992年則是授權經理人運作。推動國有改革背後的基本原則就是「抓大放小」[106]：將規模較小、效率較差的國有企業合併，裁除冗員，這樣企業或者效率會提高，變得有競爭力，或者就被淘汰了。在這個過程中，存活下來的企業就不再那麼在乎是否國營，也不那麼仰賴國家的支持了。

規模較小的國有企業在營運時，必須按照市場規則，而非政治邏輯，確實遵守預算，並且嚴守由上而下分層負責。一直要到1997年，也就是啟動改革後近二十年後，才完成大多數國有企業的拋售、併購或關閉[107]。國有企業共計裁掉4,500萬個工作機會，打破了長期以來奉行不渝、保護受僱者的「鐵飯碗」制度（也就是給予員工終生經濟保障）。1978年到1993年間，國有企業產值占比從78%一路降至43%。然而，他們所僱用的員工占比反映出國有企業作為鐵飯碗的特色：僅僅從75%下降至60%左右[108]。

2003年中國加入WTO之後，黨國體制政體成立了新的機構，但這些機構與WTO自由開放的宗旨背道而馳，反而更加嚴密、更有效地控制大型國有企業的管理、補貼的分派、監管的施行，以及投資的核可。有人稱之為「國家資本主義」，有人叫它「科技民族主義」，甚或有人說「中國買下全世界」*12, 109。這種種轉變後，民營企業依然蓬勃發展，但黨國干預卻愈發無孔不入。曾經備受歡迎的外資企業，面對諸多障礙，愈來愈困惑。而產業政策總是專為提升和保護黨國體制所鍾愛的本地競爭者而設，更讓外資企業深受其害110。

起初，中國企業的所有權結構已由產值占大多數的國營或集體企業，轉向約占總產值三分之二的民營企業111。隨著外國直接投資流入許多較小的國營企業和民營企業，規模較大的國營企業合併成規模更大、資本更雄厚，且更具國際競爭力的企業集團，進而成為中國經濟的基石。多數在政治上扮演的角色愈發舉足輕重，在提升中國創新科技的競爭力上扮演的角色更為吃重。他們成了國家的龍頭企業，在穩定宏觀經濟中擔任要角──當經濟成長疲弱時，他們有能力增加投資112。

這些國營企業繼續獨霸「具有重大戰略意義的產業」，被定位為「國家經濟的命脈……國家安全所不可或缺」113。這類產業包括戰備用品、電力與配電設施、石油與化學產品、通訊設備、煤礦、航空業與船運業。這些企業的資產加總起來占國營企業的四分之三，獲利則高達79%114。然而，國營企業在零售、餐飲和旅館方面持有的比例則少之又少。這些大型國營企業一直都無法獲利，因此中國政府的資金有相當一部分──壓根不成比例──持續流入跟不上時代、虧損連連的公司，或是扶不起的農產企業，也有的流入市場導向改革後處於落後的地區115。

大型企業集團成了國家資金主要的去向，也是確保經濟體內，高附加價值的核心產業不至於落入外資手中的必要工具。此外，國家在銀行業和證券市場還是處於獨霸的地位。結果便是，中國的經濟模式日益依附在錯綜複雜的綜合體之上。這個綜合體包含了國有制和某些受控於國家的產業，它和許多其他產業並行運作，但後者不僅市場化盛行，也深為生產與金融網絡全球化所綑綁116。到了2010年代中期，這樣的綜合式運作讓黨國獨霸的政權再度掌控了經濟的重要支柱117。

---

*12 譯註：*China Inc.*（字面意思：中國股份有限公司）為Ted Fishman名著，中文版譯為《中國買下全世界》，好野人出版。

　　2008年至2009年全球金融危機之後，這個趨勢愈發清楚。應20大工業國（G-20）支撐全球市場的要求，中國官員投入大筆資金於中國經濟，作爲該國對於刺激全球成長復甦的貢獻。此舉爲中國贏得了其他國家的掌聲，感謝它對全球公共資源的支持[118]。然而，國內的這類擴張有賴於進一步將國家資金投入政府擇定的關鍵產業旗下的大型國營企業。與此同時，官方對民營化、自由化和市場導向的改革等重視的程度必然減少，而這和全球自由化秩序的氛圍是背道而馳的[119]。

　　總而言之，這個經濟模式將中國從1970年代中期那個封閉的經濟體，推升爲全球第二大貿易國。它在全球出口市場的占比從1980年代初期的2%，急速膨脹，到2017年時已飆漲爲17%。中國早期「招商引資」的政策也非常成功，因而它有同等充沛的資金，開始在1990年代中期，透過海外投資「走出去」[120]。其成爲全球數一數二的投資資金來源。而在微觀的層面，中國有無數公司都成了全球知名的大企業。2018年底時，全球前20大企業當中，有九家是中國企業——阿里巴巴、騰訊、螞蟻金服、百度、小米、滴滴出行、京東、美團以及今日頭條。另11家則是美國企業。不過在二十年前，連一家中國企業都沒有[121]。

　　中國成功轉型有個重要的點，那就是政府如何細心打造其經濟模式。中國政府以延續政權爲目標，並且確保中國企業——無論是公營還是民營的——在爲數眾多的先進科技中，都能保有其中絕大部分，藉此獲取全國GDP成長中較大比例的利益。因此，國家還是一手掌控銀行業和證券市場。黨國體制也同樣投注大量公共資金，投資於次世代科技，從人工智慧到太陽能，乃至電動車都涵括在內。政府對國營企業的大量資金挹注，讓他們在經濟體的關鍵產業中又再度活了過來。正因爲如此，外國企業常常面對愈來愈高的壁壘，未能和本地企業一樣受到公平地對待。就這點而言，2015年兩項全國性的政策——中國製造2025[122]，以及互聯網＋——具有指標性的意義。長期目標是要確保中國擁有的事業體——多數和黨國體制有密切關聯——能在關鍵產業的技術與製造方面搶占龍頭地位，並且在高附加價值產品的全球市場能獨占鰲頭。

　　中國在大舉進行經濟轉型的同時，也已經設法掌握到跨國生產眞正的要素[123]。中國成功的經濟模式已反過來鞏固中國的政權，尤其是它的黨國體制，有時甚至還強化了其獨裁政治箝制的力量[124]。確實，黨國體制已經保留，甚至回收了國家經濟快速成長極大部分的果實。這一切加總起來，不但降低了中國深陷中等收入陷阱的可能性，反而爲它做好了準備，讓它蓄勢待發，持續成長，在全球生產的階梯上，一步步穩穩地攀升。

第六章
結語 —— 各類政體與區域秩序

前面幾章檢視了一系列東亞國家，分析其外部與內部因素相互作用的情形。前三章依政體特徵將其分類，並進行分析。同一種政體類型的國家在國家機關、社經力量和外部勢力三個面向的結構，關鍵處都有著共通點。分析也特別突顯出，每一種政體類型的國家，其經濟政策模式的相似之處。

前幾章分析的重點放在外部力量的配置，如何強化或挑戰內部社會政治的布局。這種分析方式與「反饋的第二意象」相關研究是相符的[1]。換言之，就是分析外部因素對國內政治經濟的影響。前三章未討論到的是，亞太整個區域如何反映當地政體類型不斷變換混搭的現象，以及它們之間的相互作用，如何隨著時間的推移而不斷變化。本書最後一章將翻轉視角，反過頭來分析各類政體和它們的經濟模式如何形塑亞太區域秩序不同的面貌。

本章的核心論點是，區域秩序會隨著不同政體組合的強大式微而同步跌宕起伏[2]。區域秩序可明顯劃分為三個階段，雖然它們之間有所重疊。第一個階段是冷戰時期的兩極對立式區域秩序。它最主要的特徵就是漢賊不兩立的兩大陣營，彼此在安全和經濟上尖銳地正面對峙。此時，第一、二、三和五章所提到的政體和政策都在整合的初始階段。因此，它們主要關注的是內部問題，而相互敵對的超級強權則是形塑區域關係的主要力量。即便有許多國家，尤其是東南亞國家，嘗試在兩極對撞中維持中立，但多數東亞政體國內的組成因素仍然有相當大比例，反映的是這種兩極對立的秩序。

其後，第二階段的秩序成形了。它的特徵是安全上硬碰硬不再是核心主軸，經濟上的互賴程度也加大了。發展型和替代發展型政體，連同逐步改革的中國，經濟實力不斷壯大，從而強化了它們在區域內整體的主導力量。同一時間，即便超級強權的勢力減弱，但金融全球化的影響擴大，帶動了發展型政體的秩序重整。這一點在本書第四章做了分析。金融全球化也形塑了替代發展型政體的特質。此時，掠奪型政體在區域重整所扮演的還只是個邊緣的角色。至於美國在秩序變換的過程中，主要還是站在一個輔助、而非主導的位置。雖然美國號稱新的全球霸主，但美國稱霸亞太地區，充其量只能說「未竟全功」[3]。隨著安全上的對峙退去，許多國家發覺經濟發展上相互依賴才是頭等大事，亞太區域內出現（至少）百年來空前的和平與繁榮。

　　第三階段也是離此刻最近的區域秩序，無可否認地，呈現的是地緣政治與民族主義再起，以及國與國對峙升高的現象。國際間的緊張對峙，特別明顯、但並非絕無僅有的，是美國和中國在經濟和安全上的尖銳對立。然而對於區域內拳頭沒那麼大的國家，堅守第二階段和平繁榮的秩序，專注於區域經濟發展，依然是最高指導原則。這些國家斷斷續續地合作，設法維繫和平繁榮的秩序，也預防區域秩序發展成二十一世紀版的漢賊不兩立，或是「冷戰2.0」。

二極體系：分裂的亞太地區

　　二次大戰結束後，冷戰氛圍逐步和緩，但一直到1989年至1991年蘇聯瓦解之前，東亞地區的秩序始終和美、蘇領頭下，地緣戰略兩極對立的嚴峻氛圍相呼應。兩大巨人各霸一方的情況下，僅有少數東亞政體在出了國境之外，還能發揮一點能動性。國家機關和社經力量在國內彼此間的布局，通常都要在兩大強權之間擇一來結盟。或者，如同多數替代發展型政體一樣，儘量避免跟兩大強權糾葛太深，以免受限。透過這些方式，全球地緣政治的衝突成了形塑區域秩序的關鍵力量。然而，如今回頭看，再清楚不過了：就形塑東亞秩序而言，美國所扮演的角色比蘇聯和中國吃重得多。

　　環繞著安全與經濟、無所不在的二元差異，是區域內數十年資本主義與共產陣營衝突對立的根本原由，而亞太地區則是全球衝突的核心元素[4]。

即便經濟開始蓬勃發展的國家，也還是將重心放在國內事務，但內政的走向往往是透過外部連結來確立的。這一點在發展型政體的鑲嵌式重商主義模式中尤其明顯。三個發展型政體，連同菲律賓的掠奪型政體，以及本書未討論到的南越獨裁政體，它們的生死存亡全都仰賴美國的大力支持，而它們回報予美國的，便是緊緊跟隨其反共政策。北韓、中國，以及北越，乃至其後統一後的越南，則和蘇聯站在同一陣線，以蘇聯馬首是瞻，與美國競爭。在這兩大陣營內，各國國內政治體制的布局都是重中之重，也是各自陣營持續施加影響的結果。

在以美國為首的陣營中，國內政治與社經菁英推動的安全和經濟政策往往是個綜合體，同時反映了他們的政策傾向以及對美國資金、軍火和市場的倚賴。而北韓、中國和其他共產國家的政府則克服彼此間的鴻溝，通力合作，支持各地此起彼落的共產叛亂活動。在國內，他們全力推動計畫經濟、提撥高額軍事預算、施行獨裁統治，且彼此在經濟上形成互賴。兩個集團內的國家紛紛動員自己的資源，打壓內部的挑戰者，將反對陣營的忠誠支持者抹黑成叛國賊。兩個陣營內的國家也都拒絕嘗試跨越意識形態的鴻溝。少有國家單獨走出兩極對立的舒適圈。

安全上你死我活的衝突──最顯著的例子便是韓戰和越戰，鞏固了冷戰的戰線，反映出無比清晰的亞太秩序框架。和至高無上的兩極對立相呼應的是，沿著冷戰前沿，菲律賓、印尼、馬來西亞和泰國境內此起彼落、無數的游擊戰。這些衝突正是形塑當地每個政體的力量。此外，北韓和韓國政府都曾派遣無數軍隊，深入對方，執行暗殺任務。飛彈和迫擊砲出擊的拋物線則周而復始地飛越台灣海峽。兩大集團雖然存在分歧，但集團內的各個政體卻不約而同地對本土的叛亂者──無論是否有憑有據──兇殘地大肆壓迫。

類似兵戎相見的例子是在本書第三章分析過的緬甸軍政府，長達數十年的種族與地域性衝突。為了邊界爭議和國族認同兵戎相見，這在1963年到1966年間，印尼和馬來西亞的對抗中也上演過。另外還有印尼的反蘇卡諾政變，以及法屬印度支那[*1]上長達十年的戰爭。

　　稍稍緩解這種兩極對立區域秩序冷冽氛圍的是多個新近獨立的前殖民地。它們共同努力，周旋於相互競逐拉扯的兩大陣營之間，另闢空間。唯恐超級強權威脅國家主權，它們努力守護國土，向原本各自為政的地區和族群灌輸忠於國家的民族主義思想。例如，東南亞的緬甸、印尼、泰國和柬埔寨，以及其他25個國家都參加了意義深遠的「萬隆會議」（1955年），及其後續機制「不結盟運動」。不結盟運動所要傳達的主要訊息是，維持中立是每個國家固有的權利[5]。類似這樣的努力，雖然對全球影響重大，但對整個區域的秩序卻發揮不了太大作用。這個情況要到1967年東協（ASEAN）成立才改觀。

　　區域內多數政府，其中包括東北亞國家，即便他們跟東協一樣，也努力避開兩極對立的逆流，卻都「接受」——事實上是「助長」——兩極對立的態勢。這正是區域內一切衝突的根源。「安全至上的框架」也反映在經濟互動上，形成一分為二的兩大陣營；區域經濟和安全關係一樣，形成兩個幾近互不往來的經濟結盟[6]。

　　亞太地區兩極對立的現象反映的正是二次大戰之後，由美國一手打造的全球大架構。兩大強權各自專注於相對收益——雙方都認定，對方的「失」就是自己的「得」；對方未能獲利，於自己也是「得」。本書已經詳盡說明了，美國帶頭打造一個綿密的國際組織網絡，藉以建立全球的國際秩序。這套秩序直到此刻大致都還是暢行無阻的。為此，美國將軍事和經濟強權視為親密戰友[7]。為了達到這個目的，美國展開了多邊努力，意圖打造一系列的安全結盟和新自由主義國際組織，希望能透過促進全球貿易、穩定匯率、貨幣兌換，以及對發展中國家進行經濟協助等方式，遏止衝突。查爾斯·麥爾（Charles S. Maier）將這樣的經濟取向歸類為「生產力政治」[8]。1950年，美國發動反共產主義貿易禁運，而共產國家也不遑多讓，以「僅限共產國家成員之間得以經濟往來」作為反制。自此，集

[*1] 譯註：「法屬印度支那」係指法蘭西殖民帝國在東南亞的領土，其轄境大致相當於今日印度支那半島的越南、寮國、柬埔寨，以及中國廣東省湛江市。

團內部各個成員的經濟與國家安全利益更加密不可分。各國主要還是和自己的安全夥伴進行貿易。架在安全鴻溝上的經濟橋梁，不但狹窄、搖搖晃晃，路途還很遙遠[9]。夥伴之間相互承諾絕不與敵人貿易，是很常見的[10]。

　　而三個發展型政體對於美國領導下的國際秩序，有重大的貢獻。基於區域安全而引發的敵對行為，遠超過美國對這三國所做的善行。與此同時，只要這些國家牢牢地以美國的意志為意志，其鑲嵌式重商主義的經濟模式在國內就能獲得認同，在海外也能獲得它們屬意的市場。在美國的支持下，它們得以繼續低估幣值，擴張出口市場，挹注大筆資金進行研發，並且擴大在國內的技術訓練。凡此種種，都是為了提升民間製造的量能[11]。此外，韓戰期間，美國的採購支出正是日本經濟起飛的催化劑。而美國在越南的軍事行動中，類似的採購支出則使三個發展型政體以及雀屏中選的東南亞政體同時受惠[12]。

　　美國發起的國際組織，日本幾乎全數加入，此舉重振了日本的國際聲譽，逐步提升其形象，讓它成為愛好和平、積極合作的國際事務參與者。同樣地，南韓和台灣的保守政體一旦鞏固對社會政治的掌控，並且發揮強勁的經濟動能，它們就會成為分裂的韓國與分裂的中國，比較成功的那一半。三個國家政局穩定，經濟蓬勃發展，這些反饋證明國內社會政治力與美國外交政策相結合是正確的，同時也讓反共的訴求對東亞其他地方更具吸引力。

　　與此同時，不與敵人貿易的經濟成本，因為美國與東南亞開放進口而抵銷了，否則損害當不只如此。對日本尤其是如此。從東南亞取得原物料是一大誘因，促使日本願意將戰爭賠償金付給菲律賓、泰國、印尼、南越和緬甸。此外，日本、韓國和台灣都在美國市場找到了樂於接受它們商品的買家。在出口帶動下，經濟持續成長。來自這三個市場的出口商品都獲得最惠國待遇。而同一時間，美國的決策者對於這三地國內市場偏袒本土企業，採取歧視性貿易措施的做法，則基於安全考量，始終視而不見。即便美國企業和社區因為亞洲商品源源流入而受傷慘重，但對美國政府而言，相較於代表企業或社區不斷出面干預的誘惑，確保盟邦內部穩定、經濟繁榮無疑更為重要。畢竟在地緣政治的豪賭中，國內這點成本壓根未足為道。

　　美國反共產主義、爭取軍事基地的戲碼也在菲律賓上演，只不過結果有天壤之別。美國提供給菲律賓的協助，壯大了國內大地主及其政治盟友的箝制力量，造成了他們掠奪的本質，阻礙了國家全面性的發展[13]。美國支持掠奪成性的馬可仕政權，正是這樣的連結最虛偽的表現。馬可仕在位時，美菲雙邊關係非常緊密，但他一遭罷黜，新興的民主勢力立即終止了軍事基地的租約。這主要是因為先前美國和馬可仕掠奪成性的獨裁政權，有著千絲萬縷的糾葛[14]。

　　因此，二戰結束之初的多數時候，本地政體擁抱兩極對立的國際架構——武裝衝突、冷戰對峙，以及集團之間強調相對收益等——便是形塑亞太區域秩序的力量，即便有了應對兩極對立而生、還在萌芽階段的不結盟運動，反映的仍是東南亞多個國家選擇獨善其身的事實。國家政體和其經濟模式都只是複製這個大架構。即便像發展型政體進行中的產業轉型，也不脫兩極對立的大架構，充其量不過是區域內無關緊要的小插曲。一直要到兩極對立解凍，美國獨霸的力道消退，區域內多個國家因經濟蓬勃發展而變得較有分量，情形才改變。

　　就如前面幾章談到過的，經過下述事件，兩極對立才慢慢擺脫掉漢賊不兩立的嚴峻對峙：尼克森和季辛吉訪問中國（1970-1971）、南北越統一（1975）、「關島主義」（Guam Doctrine）[15]宣布美國將減少駐軍、弭平多處游擊戰衝突，以及中國與其多個鄰國政治經濟關係的轉型與改善。隨著美國的身影逐漸淡去，個別的政體，尤其是東北亞那些國內社會與政情穩定、經濟快速成長的國家，開始在區域秩序方面展現較大的自主性，並且聚焦探索多國同時享有絕對收益的可能性。在此之前，它們當中在兩極對峙的鴻溝邊上，有許多原本是站在對立面的。其結果是，建構起更複雜的關係，且這種關係超越兩極對立的嚴格界線，向外延伸。區域內貿易與投資的擴張尤其有助於促成這類關係。

　　在這個過程中，馬來西亞、印尼、泰國的替代發展型政體不僅成功地壓制了內部的動亂，也成功地團結內部、控制住國內政局。菲律賓的情況也是如此。政體穩固，至少暫時壓制住國、內外的分裂與衝突。二次大戰結束後，這個地區的特徵就是內外衝突不斷。政局穩定爲這兩類政體國家及其經濟模式開啓了較多機會，讓它們得以爲重塑區域關係盡一臂之力。

而它們之所能左右大局，最關鍵的一點在於「國家安全」這個概念的擴大。兩極對立偏好將軍事上的保護與經濟成長混爲一談。但隨著軍事對峙的和緩，兩者牢不可分的關係逐漸淡化，國家安全也需要更細膩的手法。而其中最重要的是，各國發現軍事安全和經濟安全雙軌並行愈來愈容易辦到[16]。當原先的緊箍咒逐漸鬆綁後，許多國家開始證明，少提船堅砲利，多優先考慮經濟發展，這樣的結果可能更有利於推動「硬性安全」。以往相互較勁的兩大集團錙銖必較，強調相對利益，如今轉向力求把餅做大，強調絕對利益，而且即便原本是競爭對手，也可爲了追求絕對利益，擴大經濟層面的合作。

對於三個發展型政體尤其是如此。1980年代，這三個國家的國內生產毛額（GDP）和出口都已經持續成長數十年了，人均收入也快速提升。日本是第一個在經濟方面開花結果的國家。此後韓國、台灣、新加坡、香港和中國依序走向繁榮。此外，也有多個東南亞國家不僅相互學習、模仿，更推出自己的成功模式，朝著經濟轉型邁進。國與國之間的關係，意識形態主導的力道逐漸淡去。

愈來愈多本地政體開始將經濟列爲第一優先。而與此同時，就如同第四章所談到的，經濟上的高度成長往往引發美國的反彈，針對發展型政體尤其如此。隨著美國愈來愈專注於國內事務，以往那些能直搗美國市場的國家，也不再那麼暢行無阻了。與此同時，全球資金力量愈來愈強大，也造成了鑲嵌式重商主義政策模式的解構。然而，隨著國家幣值飆升，企業愈來愈先進，發展型政體也掀起了一波對外直接投資潮，其中有相當大部分流入馬來西亞、印尼、泰國、越南和中國。發展型政體、替代發展型政體和中國紛紛重新調整經濟發展的優先順序，重整區域生產網絡及區域內部的經濟連結網絡。

即便不去粉飾多次的軍事摩擦，使得東亞地區無法形成一個無需憂心戰爭的安全保障共同體，從1980年到2010年這三十年間多數時候，許多國家彼此間的關係仍然是不斷改善的。許多人發出警告，認爲這個地區「較勁時機已經成熟」[17]、「是個火藥庫，戰爭一觸即發」[18]，而且「朝著不幸福的未來邁進」[19]。然而，事實證明這些預言都是空口白話。自從1953年簽署《朝鮮停戰協定》後，東北亞一直努力避免國對國的戰爭。此外，1979年中國軍隊在越南受挫之後，東南亞地區也是一派祥和。因此，東亞各國的政府有了彈性，在經濟、外交上可以嘗試走不同途徑，無需背負壓力，假裝在國內是採行資本主義還是共產主義，也無需日夜擔心外國可能發動軍事挑戰，危及國家存亡。經濟發展主義的種子在東亞各地撒下，使轉型生根，讓昔日意識形態鮮明的國家經濟出現了多元交錯的面貌。

　　1970年代末期至1980年代初期，隨著軍事對峙逐漸淡去，跨國經濟互賴關係蓬勃茁壯，和平與繁榮深化了各國互惠互利的關係。這股新的動能成就了亞太地區的榮景。若要說哪些國家表現最爲傑出，原型以及改造後的發展型政體、替代發展型政體，以及中國政體，由於它們強調彼此互賴的經濟模式，因而在塑造此地獨特的區域秩序中，著力甚深。各國經濟各有所長，因而在區域內形成互賴關係，共同增進財富，以經濟發展爲區域內共同的優先目標。

　　從1980年到2008年將近三十年的時間，爲數眾多的國家，以及整個區域，不僅GDP快速成長，對全球的出口也急速增加。區域內各國在經濟上彼此愈發相互依賴，跨國生產網絡也大量成型。此外，新的區域性國際組織和貿易協定快速增加，左右著國家機關與各國經濟的運作，也益發堅定各國深化彼此互賴的決心，從而打造出新的區域秩序，致力於追求融合、全方位的經濟成長，以及國與國在安全上的相互妥協。除了以下討論的顯著特例之外，區域內的布局與更廣泛的全球貿易和金融體系都能順利接軌。

強化區域和平與繁榮

　　1980年到2010年約莫三十年間，連結深化的現象在亞太地區隨處可見，而且也是人們耳熟能詳的。誠如筆者在其他地方提到過的，兩個相當清晰的過程相互強化，進而塑造了一個更爲緊密、消弭爭端於無形的亞太地區。第一個過程就是區域化。它所涉及的是由下而上、統合式、由社會主導的連結，大體上與國家的官方作爲無關。在東亞各國，它是一股社經力量，乘著全球化的浪潮扶搖直上。發展型政體、替代發展型政體和中國境內無數的社經行動者透過區域生產網絡、強化後的運輸網、跨國通訊、觀光旅遊和非政府組織（NGO）計畫等，跨越邊界、擴大互動，其結果是區域內互動的爆炸式成長：從貿易、外國直接投資、跨國生產鏈、自由貿易區、跨國人民移動，到二軌對話[20]等的蓬勃發展。雖然這樣的連結很難說與官方行動全然無關，但推動的關鍵力量還是來自民間，即便這些民間組織的崛起──照理說──背後的推手也還是當地政府。

　　這個現象在經歷過政體解構的發展型政體──即日本、韓國和台灣──尤其明顯（詳見第四章的分析）。這三個國家原本的經濟模式都經過調整，藉以提升國內市場自由化的程度，並吸收更多外國直接投資。區域內各國經濟各有所長，一波波的外國直接投資善於截長補短，其投資項目正好與替代發展型政體及中國政府的優先順序和政策模式相契合[21]。假以時日，後四個政體的投資人和零組件製造商也開始投注大量資金和產品，參與區域性（以及全球性）的計畫。其結果是供應鏈日趨複雜，投資走廊興起，成長三角成形，以及國界邊上縱橫交錯的出口加工區。

　　然而，其他政體──尤其是緬甸和北韓政府──得到一個結論：保衛政權就必須抗拒對外國在經濟上的相互依賴，遑論區域內的互賴。此外，即便台灣有許多企業爭相赴中國投資，但台灣的決策者卻費盡心思爲兩岸關係降溫，以免台灣的經濟被掏空，進而限制了政治自由，甚或危及台灣實質的自主權。因此，某些政體會採取官方行動，阻止某些情況發生，例如不讓商品或服務在區域內全然自由地流通。此外，就微觀層面而言，區域融合的潮流之下其實存在一股逆流：許多受保護的產業，諸如韓國的電影業、馬來西亞的金融業，乃至東亞多數國家的農業和林業，都抗拒赤裸裸的全球化，對於國家機關受迫鬆綁保護措施、推動市場自由化，也出現了反撲。

　　區域化的過程和這類由下而上的社經勢力連結相互呼應，而推動區

域主義的正是國家機關。他們打造了一個由正式國際組織組合而成的龐大
方陣，用以處理各式各樣跨越國界的問題。這類問題都不是單一國家管
轄範圍內所能處理的，如金融合作、流行病防治，乃至跨國犯罪。馬來
西亞、印尼、泰國和菲律賓政府算是區域主義的先行者。他們成立東協
和多個區域組織，如：亞洲發展銀行、東協區域論壇（ASEAN Regional
Forum, ARF）、東協加三（ASEAN plus Three, APT）、《多邊清邁協
議》（*Chiang Mai Initiative Multilateralization*, CMIM），以及東亞高峰會
（East Asia Summit, EAS）[22]。在這個過程中，美國扮演的不是領頭羊，
而是跟隨者。事實上，亞洲各國政府費了很大的勁，才說服原本意願不高
的柯林頓政府，透過亞太經合會（APEC）及ARF，擁抱區域多邊主義。

　　亞洲金融危機之後，區域主義快速擴張。此外，金融全球化也對無
數國家造成毀滅性的影響。這些國家都轉而擁抱以市場為主、向國際全面
開放的金融體系，但在同時卻沒有強勁有力的監管制度作為避震之用[23]。
就如同第二章所談到的，熱錢毫不受限地流入這些國家，但面對熱錢快速
出走時，這些國家的政府同樣毫無招架之力。金融危機重創各國貨幣和實
體經濟，引發了整個亞洲的集體反應；該集體反應嘗試為區域築起一道防
護，杜絕全球資金的負面效應。其中有13個國家，雖然在危機中受創程度
不一，但卻同時團結在APT的大傘下。它們在《清邁協議》（*Chiang Mai
Initiative*, CMI）以及後續的CMIM中，訂定了一系列基本上不受國際貨幣
組織（IMF）監管的貨幣互換協議[24]。CMIM之所以得以簽訂，韓國、中
國和日本政府同意各退一步，扮演著舉足輕重的角色[25]。

　　約莫同一時間，東亞幾乎每個國家都開始參與雪花般紛飛而至的雙
邊和小型多邊（minilateral）貿易協定。由於CMIM不受IMF監管，因此各
國簽訂自由貿易協定（Free Trade Agreements, FTAs）時，可以繞過像世
界貿易組織（WTO）這類全球性協議、曠日費時的作業程序，達成協議
就容易得多。提倡這類FTAs最積極的，就是經濟模式全然受困於區域生
產網絡中的國家。許多人將這類FTAs視為墊腳石，一方面幫助區域走向
更深度的互賴關係，另一方面，從更廣的角度來說，也符合全球自由化的
走向[26]。

這些國際組織雖然多數缺乏嚴謹的制度規範，但卻有助於各國合作解決問題，以及彼此間的互動往來。隨著區域化以及區域主義的抬頭，愈來愈多社會菁英深信，經濟成長有助於鞏固政權，維護他們特有的經濟模式。發展型政體、替代發展型政體、以及中國政體，雖然各有不同的目的，但都極力倡導並且積極參與這類由政府主導的區域型組織。結果便是，區域整合的網路愈來愈綿密，區域內也愈來愈團結。值得一提的是，美國專注於維護區域內結盟架構的同時，對於這類以亞洲為中心、不斷深化的金融和經濟發展，基本上保持局外人的立場。

在這個過程中，區域內很大一部分的人開始過著中產階級、都會型的生活方式愈來愈普遍。但這也使得因文化、社會、宗教上的差異而產生的自我認同，從原本的涇渭分明變得模糊，從而促進了更多的跨國合作[27]。對此，白石隆（Takashi Shiraishi）做了個很好的總結：「區域經濟一波又一波地發展……孕育了為數可觀的中產階級。他們有許多共通之處：專業生涯、生活方式、穿著打扮、休閒娛樂，乃至他們的抱負與夢想都大同小異。他們是推動混成（hybridization）的引擎……〔也因此〕中產階級是區域市場最主要的消費者。區域市場催生了國家和區域認同的形式，且可能由此推動區域的整合。」[28]

跨國連結增強、經濟模式縱橫交錯，加上整體經濟力提升，在在磨平了區域緊張對峙的利刺與稜角，磨去了一世紀以來西方帝國、日本擴張、內戰、冷戰對峙乃至國內致力於建國時所留下的對立。隨著區域內互動增加，歷史留下的障礙逐漸淡去，「合作雙贏」的願景也普遍為人所接受。因此，1990年，印尼和新加坡與中國關係正常化，韓國也在1992年跟進。中國和14個陸上鄰國解決了邊界爭議[29]。東協的會員國也從六個增加到10個，化解了新成員與六個創始國之間的宿仇。如同第四章提到過的，這當中包括緬甸政權。在這個過程中，緬甸揚棄了昔日孤立主義的取向。

台灣政黨輪替，與中國的敵對也有所軟化了。韓國的政體轉型有助於改善日本與韓國的關係。1998年總統金大中的歷史性訪日，以及2002年韓國、日本共同舉辦世界盃足球賽，加上之後日、韓兩國頻繁的文化交流，都是最佳的例證。同樣地，日本、韓國和中國國家領導一系列的三邊高峰會也緩解了長久以來無數的緊張對立，促進三方在諸如改善污染等許多跨國問題上合作。重要的是，北韓在1994年接受了《朝美核框架協議》，此舉將該國重新帶回國際原子能總署（IAEA）與《核不擴散條約》（NPT）的監控之下，進而降低了區域內對於北韓擴增核武量能的疑慮。即便一向自給自足的緬甸政權也放鬆了獨裁控制，和境內多個團體簽署停火協定，伸臂擁抱同屬東協的鄰國和全球投資人，往來逐漸頻繁。

　　中國政府對於促進區域祥和氣氛，營造雙方互惠互利的氛圍，貢獻良多。中國自此扮演起世界工廠的角色，成為東亞多數國家和美國最大的貿易夥伴。如同第五章所提到的，中國的決策一直傳播這樣的訊息：中國會和平崛起，其經濟模式也會符合現有的全球性及區域性制度的規範[30]。不全然是巧合，中國經濟急速轉型，連同其地緣政治關係的改善、與多個宿敵在經濟上的相互依存，集中全國資源全力投入經濟轉型以及淡化眼前軍事安全上的隱憂，對於這個黨國體制內的許多人而言確實是明智之舉。的確，透過美國有線電視新聞網（CNN）的現場直播，第一次波灣戰爭讓多數中國安全分析專家深信，美國軍武科技之精良遠勝中國。如果發生全球性的戰爭，中國絕非對手。為此，他們在國內更加大聲疾呼，應該全心全意改善國內經濟，同時避免跟美國在海外正面衝突[31]。

　　然而，安全上的緊張對峙，並不會因為經濟互賴和新型區域國際組織的潮流興起，就消失無蹤。這種國與國的合作，最多只能反映邁爾士·卡勒（Miles Kahler）所謂「審慎者的和平」[32]。劍雖未出鞘，卻也不太可能是拿來犁田的。然而，雖然有這些限制，但也不應該模糊掉一個事實，那就是，這個地區多數國家所共同追求的經濟模式，以及遍及整個區域的制度性安排是多麼地一致。正因為如此，它們的追求促成了跨國合作，降低了軍事衝突的誘惑[33]。

　　威廉·奧弗霍爾特（William H. Overholt）很清楚地抓住了這個轉型的要點：「有數百年之久，征服鄰國是通往錢與權的康莊大道。占領鄰人的黃金聖殿，向鄰人轄下的農民課稅，都可以帶來財富。亞洲奇蹟的到來改變了這個古老的事實。而今日，只要改革國內經濟，由此而生的財與權都會歸向成長較快速的一方。反之，現代軍事科技的到來則讓追逐權力的戰爭，即便獲勝，也可能得付出慘痛的代價。」[34]

　　總而言之，許多東亞國家發現，打造、促進和平繁榮的區域秩序，愈來愈符合它們的利益。早期敵我不兩立、零和式的安全對峙，與講究軍事實力的做法式微了。此刻面對的是各國同時轉向兼容共存、把餅做大的經濟模式。其結果是區域內和平穩定、經濟蓬勃發展的耀眼成績[35]。

地緣政治競逐再起

　　區域合作和相互包容面臨至少三大挑戰。2008年至2009年的全球經濟危機之後，挑戰尤其重大。首先是中國政體的質變。其次是多個其他東亞政體本質的改變。第三則是美國與中國和整個區域交往時，搖擺不定，前後矛盾。三者的結合危及了跨國合作，也因而影響了區域的和平與繁榮。相較於十年或二十年前，2020年代初期亞太區域內各國國內的關係愈來愈像一杯毒雞尾酒，裡頭有地緣政治再起、民族主義復甦、國家財富武器化，以及武裝恫嚇的擴散。隨著國際局勢的變化，國內政體的組成元素也急於找尋最有利的方式，試著調整。

　　如同第五章所談到的，隨著爲數眾多的中國企業躋身全球先進企業的行列，中國的黨國領導班子也重整其政策模式，逆轉原本傾向市場化、民營化的做法。龐大的國營企業繼續在國內和全球擴張它們的影響力，而外資企業和海外投資者除了面臨日益嚴苛的障礙，還得面對黨國體系傾全力保護本地企業，以及國家的各種管控行爲。中國的「互聯網＋」和「2025中國製造」事實上是靠國家的力量在後方推動，提升全中國最先進的製程，傾全國之力，讓本地企業在十幾個二十一世紀的關鍵產業中，成爲全球的霸主。與此同時，中國共產黨也加強對黨員、國家機關、乃至一般平民的管控，黨國統治更加獨裁獨斷，更爲世人演繹何謂「政治自由化和經濟發展不必然是連體嬰」。

　　中國政府也動用該國急速增加的外匯，支持較不富裕且求基礎建設若渴的國家，以實現他們投資的雄心壯志。中國的做法是發起亞投行（AIIB）和一帶一路等新的金融機構。這些新的機構提供各國借貸的新

選項，讓它們在世界銀行、亞洲開發銀行（ADB）等美、日主導的機構
之外，有別的選擇。而這當然也絕非偶然。政府官員預言，大規模借貸會
將中國的財富變成一種武器，進而增強中國政府在整個亞洲的影響力[36]。

除此之外，在國家財富迅速累積的同時，中國政府也投注更多資金提
高軍事和準軍事量能，擴張海上勢力範圍，並且挑戰眾多海上鄰國的海權
主張。中國有關安全方面的另一大進展是，主導成立以中亞地區安全保障
為訴求的「上海合作組織」（Shanghai Cooperation Organization, SCO）。批
評者稱這個組織為「反北約」[37]。

像這樣在安全事務上改弦易轍，事實上是和黨國數十年的作風相左
的。之後，由於中國領導班子認定區域動盪以及對區域現況的威脅將不利
於中國政府吸引外國直接投資、科技、零組件進口以及國際上對中國的接
受度，便立刻大幅削減國家投注於人民解放軍的資源比例，對於國家的軍
力也顯然特意輕描淡寫帶過。這種種作為反映的就是鄧小平所倡導的「韜
光養晦」方針。然而，即便軍事費用的絕對金額扶搖直上（圖6.1），但
軍費在政府總支出中的占比仍然年年下降（圖6.2）。

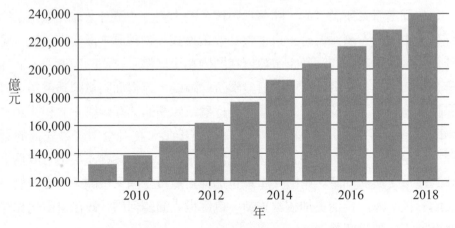

圖6.1　中國年度軍費支出

資料來源：斯德哥爾摩國際和平研究所（SIPRI）資料庫，https://www.sipri.org/
　　　　　sites/default/files/Data%20for%20all%20countries%20from%201988%
　　　　　E2%80%932019%20in%20constant%20%282018%29%20USD.pdf。

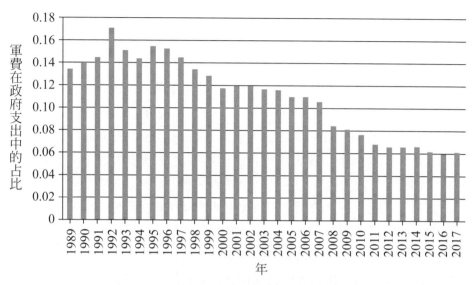

圖6.2　中國軍費支出占政府支出的比例

資料來源：斯德哥爾摩國際和平研究所（SIPRI）資料庫，https://www.sipri.org/
sites/default/files/Data%20for%20all%20countries%20from%201988%
E2%80%932019%20as%20a%20share%20of%20GDP.pdf。

　　戰力提升的同時，中國軍事上的作風也日益強硬。中國以南海爲古
代中國漁場，以及中國自古在該海域活動爲由，對近乎整個南海提出主權
聲索。爲了鞏固對主權的主張，駁斥許多相互矛盾的主權宣示，從2013年
起，中國政府開始將小到僅僅露出水面的岩礁和孤嶼打造成配備軍事設施
的島嶼。《聯合國海洋法公約》（*United Nations Convention for the Law of
the Sea*, UNCLOS）仲裁，認定中國對於南海主權的主張在法律上站不住
腳，但中國拒絕接受。再沒有什麼比這個舉動更具指標性，顯現中國已背
棄早先擁抱和平崛起以及魅力攻勢的做法了。另一個同樣清楚的指標是，
中國外交部部長楊潔篪忽然前所未有地蠻幹。2010年在河內舉行的ARF會
議上，他立場強硬，出言挑釁。竟然有那麼多國家膽敢提及南海的爭議，
楊潔篪盛怒之下怒視新加坡外長，大聲怒吼：「中國是大國，而其他國家
都是一些小國，這是無法改變的事實。」[38]
　　到了2010年代中期，中國共產政權愈發獨裁，一切以國家爲中心，

而且十分霸道。中國原本是自由開放的全球秩序當中的一環，也參與許多區域性組織，並且從中獲得許多利益。然而，近來它的強硬姿態充分展現出這個政體已經準備好要挑戰區域秩序，並且在這個過程中，它還向鄰國下戰書：確保亞太和平繁榮這項承諾，除非是順著中國的意，否則也會打折扣。

而在這個區域態度搖擺不定、肌肉也沒有中國大的美國，不但是幫凶，往往還反而刺激中國，讓它在這個地區更為囂張跋扈。至少從1990年代中期起，美國國內在一系列價值共識議題上，無論是在社會或政治層面，都出現了兩極對立的現象。兩大主要政黨在意識形態上漸行漸遠，但在內政方面卻日漸趨於同質。人口結構和居住模式讓多數美國人的日常生活差異愈來愈大，也因而給他們帶來不同的社會和職場經驗。此外，公共媒體充斥著同溫層，提供各種各樣相互矛盾的論述。也因此，經濟和外交政策也常在兩個極端之間擺盪，至於哪一方勝出，得看這兩個敵對陣營誰控制國家機關，尤其是誰當上總統。

「冷戰期間，美國的政爭僅止於內政，不影響外交」[39]，這麼想的話，絕對是太過簡化了。然而，國會和多數行政機關在亞太相關的外交、經濟政策上，立場多半都是一致的。反而是歷任行政部門，至少從1990年代初期開始，就各吹各的調[40]；這種情形造成了東亞地區的動盪和不確定性。

因此，天安門事件後，老布希總統力排眾議，執意與中國在經濟上往來。然而，在外交上，他的首要之務是處理蘇聯垮台後的種種問題，因而東亞得到的關注就少得多了。他的繼任者，柯林頓總統，雖然在競選期間曾嚴厲指責「北京屠夫」，但上任後卻來個大轉彎，將中國納入東亞多邊地緣經濟交往的大戰略之內。柯林頓政府為中國談條件，促成中國加入WTO，並且熱烈支持APEC和ARF，認為此舉將有助於泛太平洋地區在各方面——尤其是經濟上——的合作。然而，柯林頓政府與亞太地區的交往並不僅限於經濟層面，還包括為嚇阻北韓政權的核武計畫有意進行的大規模轟炸。而就如同第四章所說的，此舉的結果是刺激北韓更努力進行雙邊和區域合作布局，進而促成了1994年的《朝美核框架協議》。北韓暫停煉鈽的核設施,也使得北韓重返NPT,並接受IAEA的檢查。誠然,到了2000年柯林頓執政末期,美國和北韓的外交關係已接近正常化邊緣[41]。

而小布希政府,在堅定、強硬的新保守派核心成員帶動下,有關亞太地區的政策取向多數都和柯林頓時代的做法南轅北轍。小布希政府基本上是對多邊主義存疑的。美國對多個亞太區域性組織不再那麼積極參與,反而較偏好雙邊互動,對自身的軍事實力也更倚重。小布希也廢除了《朝美核框架協議》。此舉不僅終結了與北韓外交關係正常化的可能性,也促使北韓重啓武器等級的核原料生產,及舉行了一連串的核武試射。試射效果顯然不斷提升[42]。

小布希政府和中國的關係雖然一開始衝突頻頻,但雙方很快回歸正向交往,主要是因為中國在全球反恐戰爭上的合作。然而,小布希政府還是放棄了許多長期以來與亞太地區相關的政策。他遠離多邊主義,將外交政策的主軸放在伊拉克和阿富汗戰爭,導致他在國內支持度大跌,人們對他的亞洲政策也不再信任。面對不再那麼投入、那麼勇於任事的美國,許多東亞國家開始未雨綢繆[43]。

然而,美國這三個政府雖然對亞洲事務的重要性以及多邊交往的看法不盡相同,但都樂於見到中國的經濟潛力,以及和平發展的願景,同時也預見中國將逐漸融入既有的全球經濟秩序。各方都同意,中國會轉型成為前副國務卿勞勃・佐利克(Robert Zoelick)口中「負責任的利害關係人」,並且它的作為會持續保持善意,經濟上會持續開放,而此舉將有助於加大中國的貢獻;無論是對全球公共資源,以及現行以美國為首的全球和區域秩序,都是有助益的[44]。

然而,最為重要的或許是全球金融危機發生的時間點,正是在小布希總統任內。這場危機重創美國在全球的威信,也讓人們對新自由經濟和金融市場自由化信心盡失。全球金融危機以及它對美國經濟、乃至美國在全球的威望所造成的重大打擊,給了中國的強硬派證據,相信美國的黃金歲月已經過去,而且就像歷史上所有的全球霸主日落西山時一樣,正在走下坡[45]。中國的決策者有數不盡的證據可以確定,一個連自己都管不好的政府,怎麼可能領導全世界呢?更讓中國的黨國領導班子信心滿滿的是,

2012年中國的GDP超越了長期以來雄踞亞洲經濟霸主地位的日本。

　　而北韓基於保衛政權的需要，事實上已發展成一個核武國家。原本區域內混沌的形勢和岌岌可危的和平繁榮，因而更形複雜。然而如第四章所分析的，日、韓、台原本固若金湯的政體，以及一日千里的經濟政策模式，正逐步解體。2000年至2020年間，台、韓、日政黨輪替，徹底轉換了控制行政部門的力量，而這也意味著這些國家的政體不似以往凝聚，政策連貫性也不如以往。穩定的經濟和外交政策一旦讓位給兩極間擺盪的外交政策以及一輪又一輪的仇外民族主義，這些國家對經濟的掌控度就會降低，與中國相互依賴的程度就更深了。

　　隨著區域內憂心可能被美國拋棄的情緒高漲，地緣政治的對立和安全議題在區域秩序的討論中浮上了檯面。許多國家開始彼此保持距離，而非向各方伸出雙手。恫嚇機制和民族主義下的競逐開始超越相互妥協與合作。地緣政治有無數火藥庫，時而引爆，而這往往都是基於國內政體的需要所驅動的。

　　東海上的主權競賽，一方面是中國與台灣，另一方面則是中國與日本。這樣的競逐之所以升溫，和2010年日本民主黨執政新手無能的外交作為不無關係。東協在面對一連串區域事務時，立場也無法一致。這些議題包括有：南海主權爭議、緬甸政府對羅興亞族的種族清洗、泰國的軍事政變，以及菲律賓總統杜特蒂殘酷的獨裁統治。同一時間伊斯蘭教基本教義派的興起，危及馬來西亞、菲律賓與印尼原本政體的連貫性。而這一切都為東南亞多數地區增添安全上的憂慮。

　　北韓政府在挑戰區域和平與繁榮這件事上，尤其張牙舞爪。北韓深信，核子武器可以確保政體立於不敗之地，任何外來因素都無法改變政體，因而在2020年至少進行了六次核武試射，打造了一個可能存有30顆到50顆核彈的火藥庫。此外，北韓不僅發射了一系列的洲際彈道飛彈（intercontinental ballistic missiles, ICBMs），而且技術一次比一次成熟。而這一切動作的底下是傳統的安全爭議再起。這類行為印證了第三章所提出的論點，顯示北韓政權不僅與當時盛行的區域經濟和國際組織網絡疏離，甚至與這些網絡為敵。如何處置北韓的行徑，區域內意見分歧，甚而引發了聯合國、美國,以及日本等鄰國的強烈制裁。中國則自始至終傾向與北韓在外交和經濟上維持往來。至於韓國,若在任的是進步派的總統,也會與之往來。

而爲區域內的和平繁榮平添紛擾的是,日本和韓國政府開始因爲一觸即發的歷史宿怨,鬥了起來。進步派的韓國總統開始強調南北融合,挑動雙方共同的反日民族情緒,以此作爲團結南北韓的第一步。也因爲如此,日本在執政的保守派政府領導下,強調中國崛起後隱然逼近的威脅,盡可能淡化處理日本戰前殘酷的歷史,並且對進步派的韓國政府毫不掩飾的敵意嗤之以鼻。

中國共產黨也把歷史議題端上檯面;問題有助於提高國內統治的正當性。中國共產黨不僅擴大反日博物館的展出,還鼓動網民發動排外言論,並且煽動中國民粹主義分子抵制韓國和日本的產品。中、日、韓三國曾經光明可期的三邊對話,再三因爲傳出其中某一方有不恰當的行爲而取消或延後高階會議[46]。

簡而言之,特別是在全球金融危機之後,許多國家的政府不再像從前一樣,大力支持區域整體的合作,把國家和區域的經濟發展列爲最高優先,而是選擇了民族主義,著重安全上的主張,且不惜二元對立。凡此種種都可能導致以往深化合作、共同追求和平繁榮的區域秩序出現倒轉。以往樂於透過區域合作和經濟發展互助互利、把大餅做大的各國政府,開始強調外敵對國家主權的威脅,最終可能以零和收場。

歐巴馬總統就在這一片混沌中就職:美國的角色逐漸淡出,聲望逐漸低弱,區域的多邊主義面臨挑戰,金融危機遍及全球。此外,美國與盟邦、朋友的政策脫鉤了。歐巴馬政府試圖重整美國的亞太政策,設法扭轉日益惡化的區域關係,對日漸囂張跋扈的中國加以制衡,並且藉由重新定位,或說將重心轉向東亞,重新確立美國在此一區域的領導地位。這項戰略涉及許多戰術上的作爲。資深官員互訪和多邊參與大量增加[47]。美國和中國成立了雙邊的「中美戰略與經濟對話」,將兩國政府的高階軍事和財政官員聚集在一起,透過常規化的程序,降低對立,促進合作。美國和中國也在許多區域以外的議題上相互合作,例如《巴黎氣候協議》、《伊朗

核協議》以及索馬利亞海盜等。美國同時藉由通過《韓美自由貿易協定》
（KORUS），擴大與東亞的自由貿易協定。之後，更重要的是，以領導
者的角色，一手打造涵蓋12國的《跨太平洋夥伴協定》（*Trans-Pacific Partnership*, TPP）。這是美國有史以來參與過、涵蓋面最廣的區域貿易協
定。

TPP要求亞洲數個政府在政策模式和國家機構兩方面，做出大幅度的
改變。長期以來不肯落實的自由化措施，將取代無數國內的保護政策。而
中、美已採取多項行動，加強合作。為了平衡這股力道，TPP擺明了將中
國排除在外。這顯示美國和其他11個夥伴認為，TPP影響所及不僅是商業
層面，也將影響地緣政治。如果順利施行，它們預期，TPP將在許多面向
對中國政府造成壓力，降低其抗拒平等對待外國高科技企業的力道，同時
對其窮兵黷武和單邊主義加以制衡。TPP隱然顯示，唯有接受前述壓力，
中國才能加入區域性組織，繼續由它與十多個，甚至更多重要鄰居的經濟
往來當中獲得最大的利益[48]。TPP試圖透過這個方式，一方面促進區域內
的合作，另一方面也維繫全球長久以來的自由秩序和美國在區域內的領導
地位。

倘若當初延續歐巴馬政府的政策，是否就能讓區域秩序重回和平繁
榮，讓美國重拾領導地位？這麼問不但毫無意義，也悖離事實。金融海嘯
確實重創美國的威望，也使得人們對新自由主義市場信心盡失。此外，游
資也不可能單單在哪個總統任內就消失無蹤。中國愈來愈囂張，歐巴馬上
任後也沒見其收斂。

然而，即便還存在這樣的可能性，面對川普「美國優先」的民族主
義，也全都被打破了，更何況川普對美國過往政策的核心部分相當輕蔑，
還下重手挑戰和平的亞太秩序[49]。數十年的盟邦不知何去何從，外交官、
高階決策職位虛懸，多邊交往也化為雲煙。白宮不斷推文，在外國擺拍的
照片取代了外交專業；獨裁者成了總統的靈魂伴侶；人權和民主化從白宮
的議程表上消失了；而數十年來嘉惠亞太地區經濟發展的全球自由秩序，
也讓位給貿易戰。

無視所有的經濟證據，也不惜削弱跨國經濟互賴關係，川普總統將

美國與東亞各國的雙邊貿易赤字視為其政權的首要目標。因而,貿易赤字就變成了善惡二元對立的問題:如果美國對某個國家的出口大於進口,那麼美國就「贏了」,反之,美國就是「輸了」。更廣泛地說,WTO所主導的全球貿易體系,連同《北美自由貿易協定》(*North American Free Trade Agreement*, NAFTA)、KORUS以及TPP等多邊貿易協定,總的來說,全都是「占美國的便宜」。盟邦和敵人一樣受到嚴厲指責,因為川普政府要的是「對美國更划算(的一筆生意)」,殺傷力最大的是川普上任沒幾天做出的一項決定:美國退出TPP。之後,他又聲稱:「貿易戰是好事,可以輕鬆取勝。」[50]2018年3月,川普政府以維護國家安全之名,單方面決定對進口鋼鐵和鋁製品課徵關稅。這類變動以不成比例的方式落在許多美國長期盟邦身上。然而,事實證明,這不過是個前奏,後頭還有關稅全面調漲,尤其是針對中國進口商品加稅。

川普政府甚至開始把中國描繪成危及美國存亡的重大威脅。長期以來,五角大廈一直追逐一個大戰略,想方設法防止亞太地區出現「與美國平起平坐的競爭者」[51]。然而,這項戰略是全面性,而非針對特定國家而設。但在2017年的《國家安全戰略》中,卻明指中國不僅是安全上的競爭對手,更是修正主義強權,已然準備好「挑戰美國勢力、影響力和利益,〔並且〕試圖逐步破壞美國的安全與繁榮」[52]。副總統彭斯也以類似的思維,涵蓋更廣的面向、更尖銳地批判中國,明明白白地譴責中國危及美國的生存。為了口徑一致撻伐中國,川普政府的高官,包括總統本人,試圖給世界衛生組織(WHO)所稱的「新冠肺炎」貼上「武漢肺炎」的標籤,並且努力升高對峙,將反中列為2020年總統大選的主要政見。簡而言之,川普政府「整個政府上上下下」全面與中國對抗[53]。

可想而知,美國在亞太地區的軟實力在川普手下全面崩盤,一如當年小布希時代一樣。在多個東亞國家的受訪者當中,五分之三到四分之三的人認為川普心胸狹隘、是個危險人物,而且傲慢無禮。受訪者嚴詞批評川普最具代表性的政策提案。至於是否相信美國總統在全球事務上必會做出正確決定,澳洲受訪者對此信任度下跌55%,日本跌了54%,在韓國卻是令人咋舌地跌了71%[54]。

美國境內高漲的排外情緒，為亞太地區早已沸騰的地緣政治對峙火上加油。也因此，美、中兩國的國際關係專家和決策者愈來愈堅信，唯有透過「權力轉移理論」這面稜鏡，才能精準衡量目前的美中關係[55]。

根據「權力轉移理論」，也就是一般人常說的「修昔底德陷阱」，幾乎每個區域或世界強權開始走下坡時，都會憂心自己的影響力即將逐漸削弱，因而會「陷入」與新興強權軍事對抗的結構性陷阱之中。它會運用自己強大的力量，施壓對方接受新的規則和常態，以此來管理區域與全球的各項互動。一支強權試圖阻止自己的優越地位受損，另一支強權則試圖取得原本應擁有、卻一直被剝奪的領先地位。雙方因而無可避免地走向衝突[56]。

這個理論套用在現今的亞太地區，可將中國視為一個旭日東升般的年輕人，拍著胸脯向垂垂老矣的美國挑戰。而美國，就宛如早已過了黃金歲月的銀背雄猩猩，再也無法像往昔一樣，獨占食物和女人。兩者之間發生軍事衝突和大規模權力移轉勢所難免，只不過是時間問題罷了[57]。

當然，中國的崛起令人震驚，它在亞太地區的影響力也著實非常可觀。二戰之後，甚至在冷戰結束後，美國在經濟、軍事上都曾獨占鰲頭，但如今它已不是這樣的霸權了。全球金融危機，加上中東和中亞的軍事衝突，令美國兵疲馬困，對於認為美國正一步步走向衰敗的人而言，這些都是最明顯的例證。與此同時，國內政治和社會經濟的兩極對立癱瘓了華府在許多議題上，就相關政策達成共識的能力，例如：預算、基礎建設、政府官員的任命確認等，更遑論支持先進科技、氣候變遷科學，或者如何有效應對全球性流行病等。

然而，多數東亞政體仍然非常焦慮，它們努力避免在美國和中國之間選邊站，以免重演二戰結束之初美蘇對抗的歷史。許多東亞國家，它們的軍事及安全政策與美國的政策是密不可分的。即便不是如此，多數國家也仍然希望美國強力參與區域事務。然而，與此同時，東亞國家在經濟上和中國幾乎都有著深度互賴、盤根錯節的關係。美中貿易戰給多數東亞國家的供應鏈留下了傷痕，也重創了區域的繁榮。美、中兩國即便只是小規模的軍事衝突，都會造成非常巨大的傷害[58]。

　　區域內多數國家因而不願在經濟和國家安全當中二擇一。一方面和軍事、經濟上強勢的美國維繫關係，另一方面又和活力十足的中國在經濟上往來，對多數東亞國家而言，這是最低目標；而美、中協力合作會更好。此外，全球自由貿易秩序以及區域供應鏈都得持續，因為為數眾多的東亞國家對此仰賴甚深。正因如此，它們都小心翼翼地避開貿易戰，且設法平衡美國保護主義和單邊主義帶來的影響。

　　因此，即便安全方面對峙節節升高，區域內還是有一些較弱的國家試圖維護、甚至強化整個區域經濟互賴所不可或缺的基礎建設，只希望能保有和平與繁榮。因此，即使川普總統宣布美國退出TPP，其餘的11個會員國仍同心協力，退而求其次，修改協定內容，重申將信守彼此共同議定的貿易與投資關係。這項協議新近更名為《跨太平洋夥伴全面進步協定》（*Comprehensive and Progressive Trans-Pacific Partnership*, CPTPP），並於2018年12月30日生效，且預期還會有其他國家加入[59]。

　　除了CPTPP，許多國家也開始就雙邊或小型多邊形式，分別推動各自的FTAs，其中包括多個東亞國家與歐盟之間的協議。這類協定的涵蓋率持續升高[60]。同樣地，以印尼為首，不少的東南亞國家也已和中國達成優惠FTAs——《區域全面經濟夥伴協定》（*Regional Cooperation and Economic Partnership*, RCEP）。2020年11月15日簽署的RCEP，可說是全球最大的單一區域FTAs。該協定符合自由貿易秩序的程度，恐非中國所樂見。

　　此外，有數個國家已經投注大筆資金，擴增區域性的基礎建設計畫。日本制定了耗資數十億的「互聯互通倡議」（Connectivity Initiative），強調在亞洲全面進行永續基礎建設營造計畫。印度力推《國際南北運輸走廊》（*International North–South Transport Corridor*, INSTC），興建鐵路與港口，以此來強化區域內的整合。韓國推出《新南方政策》，聚焦在發展某幾個東南亞國家的基礎建設。澳洲則與東協簽訂投資協議，制定一系列優質的基礎建設計畫，藉以吸引民間和公共投資[61]。

　　在東亞許多國家境內，當地的行動者也開始微調其與中國的關係，以此來因應美國提高關稅，以及逐漸脫鉤所帶來的雙重挑戰。以日本和中國為例，早先雙方針對釣魚台列嶼的緊張情勢、日本國內的保守派政治，以及中國的小粉紅網民等，在言語上的激烈交鋒，此刻都較為收斂，正常外交上的交流也略微回溫了。兩國領導人都心知肚明，身為全球第二和第三大經濟體，繼續深耕原本已極為深厚的經濟關係，對中、日雙方都有好處。隨著政治關係的改善，日本對中國的外國直接投資在2018年下半年大舉躍升。這是自2005年以來，對外直接投資首次大幅成長[62]。

　　這些行動並無法取代二戰之後，多數時候美國在這個區域內的領導地位。但東亞各國對於加諸於其經濟模式上的挑戰，以及費力地重建供應鏈網絡，都是抗拒的。區域生產網絡和多國組成的國際組織已然自成一套根深蒂固的機制。以往它們帶動了這個區域的成功，也對區域的和平與繁榮做出了貢獻。川普政府的作為並未能全然抹去這些經驗的價值。拜登政府上台時，矢言將導正川普總統任內對這類機制所造成的傷害。拜登能修復到什麼程度，還是未知數，但可預見的是，美國在這個區域的行事方式還會再次出現重大轉折。然而，這個轉折的目的是要將排外風氣降至最低，找回原本共同把餅做大、和平繁榮的區域秩序。

　　中國雖然蠻橫跋扈，但並未摧毀區域內許多國家對維護自由貿易、多邊合作以及持續（即便是有所防範）與中國交往的決心。在亞洲有句大家都熟悉的名言：「中國會一直在這裡；美國要走的話請便。」

　　如果說1991年冷戰結束，開啟了亞太地區經濟整合的黃金時代，那麼新冷戰2.0，區域將再度冰封的威脅顯然是山雨欲來。如果未能加以節制，這無疑會帶來分裂、分崩瓦解、以及零和選擇，使得二次大戰後，兩大貿易集團老死不相往來，共產主義、資本主義壁壘分明的舊事重演。然而整個東亞地區有許多國家，它們都受惠於區域的逐步整合，享受數十年的和平繁榮，它們都想設法阻擋這樣的後果。

　　此刻區域的走向會持續多久？會造成多大的災難？整個亞太地區三十年的和平繁榮誘使人們對於繼之而來的緊張對峙輕描淡寫，視之為令人遺憾但短暫的插曲。認為那不過是從根深蒂固的結構性走向暫時出走──而組成那個結構的是多邊參與、國與國近乎零衝突，是經濟全球化的崛起，是這一些自由世界秩序不可或缺的組成元素。這一切當然是強而有力的誘因，促使多數政體設法維繫這種「把餅做大」的合作方式。然而這樣樂觀的態度首先必須得有個信念，相信現在的局勢是可以扭轉的，而非結構式的。此外，多個國家的作為要能保衛得了為捍衛區域利益所設下的路障，直到美中關係不再如此劍拔弩張。

人的能動性依然在。然而直到寫這段文字的此刻，美中兩國的決策者仍未為妥協做多少努力。他們的作為持續撕裂自由與區域經濟秩序的時間愈長，這些行徑就愈可能毒害亞太地區的秩序。

然而，還是有許多其他國家，在這個區域多少能發揮一些影響力。發展型政體雖然已經解構了，在經濟層面仍然是舉足輕重的。替代發展型政體也還是保有自己的影響力，特別是在東南亞地區，或是透過東協發揮群體之力時。新加坡、香港和越南，還有其他數個表現突出的國家，雖然本書中沒能加以討論，但其也還是有潛力，足以扮演區域的要角。最後，地緣政治關係仍然面臨來自全球金融的壓力，以及何者優先的考驗，但全球金融並不樂見國際衝突的發生。簡而言之，即便美中兩國磨刀相向，在區域的舞台上殺聲震天，但還是有許多國家以及全球性的力量，在亞太地區一幕幕上演的戲碼中，發揮關鍵的影響力。

參考書目

導論

1. Angus Maddison, *The World Economy* (Paris: OECD [Organisation for Economic Cooperation and Development], 2006), 127, https://www.stat.berkeley.edu/~aldous/157/ Papers/world_economy.pdf.

2. World Bank, *The East Asian Miracle: Economic Growth and Economic Policy* (Oxford: Oxford University Press, 1993), 2.

3. A useful summary of these efforts is that of Richard Stubbs, *Rethinking Asia's Economic Miracle* (London: Palgrave MacMillan, 2018), chap. 1.

4. Susan Strange, for instance, argues that the notion of regime "is yet one more woolly concept that is a fertile source of discussion simply because people mean different things when they use it." Susan Strange, "Cave! Hic Dragones: A Critique of Regime Analysis," *International Organization* 36, no. 2 (1982): 479-496.

5. Gosta Esping-Andersen, *The Three Worlds of Welfare Capitalism* (Princeton, NJ: Princeton University Press, 1990).

6. Ruth Berins Collier and David Collier, *Shaping the Political Arena: Critical Junctures, the Labor Movement and Regime Dynamics in Latin America* (Princeton, NJ: Princeton University Press, 1991).

7. James Mahoney, *The Legacies of Liberalism: Path Dependence and Political Regimes in Central America* (Baltimore, MD: Johns Hopkins University Press, 2001).

8. Nathan Jensen and Leonard Wantchekon, "Resource Wealth and Political Regimes in Africa," *Comparative Political Studies* 37, no. 7 (2004): 816-841.

9. Juan J. Linz, "Totalitarian and Authoritarian Regimes," *Handbook of Political Science* 3 (1975): 175-411.

10. T. J. Pempel, ed., *Uncommon Democracies: The One-Party Dominant Regimes* (Ithaca, NY: Cornell University Press, 1990).

11. The literature on this is extensive. An excellent overview of the concept's evolution is found in Stephan Haggard's *Developmental States* (Cambridge: Cambridge University Press, 2018).

12. Atul Kohli, *State-Directed Development: Political Power and Industrialization in the Global Periphery* (Cambridge: Cambridge University Press, 2004); Daron Acemoglu and James A. Robinson, *Economic Origins of Dictatorship and Democracy* (Cambridge: Cambridge University Press, 2005).

13. Linda Weiss, "Developmental States in Transition: Adapting, Dismantling, Innovating, Not 'Normalizing'," *Pacific Review* 13, no. 1 (2000): 23.

14. Ben Fine, introduction to *Beyond the Developmental State: Industrial Policy into the 21st Century*, eds. Ben Fine, Jyoti Saraswati, and Daniela Tavasic (London: Pluto Press, 2013), 1-32.

15. Kohli, *State-Directed Development*.

16. Stephen D. Krasner, *Structural Conflict: The Third World against Global Liberalism* (Berkeley: University of California Press, 1985), 28; Samuel P. Huntington, *Political Order in Changing Societies* (New Haven, CT: Yale University Press, 1968), 2. Both as cited in Joel S. Migdal, *Strong Societies and Weak States: State-Society Relations and State Capabilities in the Third World* (Princeton, NJ: Princeton University Press, 1988), 7.

17. Theda Skocpol, "A Critical Review of Barrington Moore's Social Origins of Dictatorship and Democracy," *Politics and Society* 4, no. 1 (1973): 16.

18. As Haggard phrased it, "the success of the East Asian NICs rested not only on certain discrete *policies* but on the particular political and institutional context that allowed [them] to adopt those policies in the first place." Stephan Haggard, *Pathways from the Periphery: The Politics of Growth in the Newly Industrializing Countries* (Ithaca, NY: Cornell University Press, 1990), 21.

19. Meredith Woo-Cumings, "Introduction: Chalmers Johnson and the Politics of Nationalism and Development," in *The Developmental State*, ed. Meredith Woo-Cumings (Ithaca, NY: Cornell University Press): 19.

20. Peter B. Evans, *Embedded Autonomy: States and Industrial Transformation* (Princeton, NJ: Princeton University Press, 2012), esp. chap. 1.

21. Barrington Moore, *Social Origins of Dictatorship and Democracy: Lord and Peasant in the Making of the Modern World* (Boston: Beacon Press, 1993).

22. Krasner, *Structural Conflict*, 28; Huntington, *Political Order in Changing Societies*, 2. Both as cited in Migdal, *Strong Societies and Weak States*, 7.

23. Stephan Haggard and Robert R. Kaufman, *The Political Economy of Democratic Transitions* (Princeton, NJ: Princeton University Press, 2018), 6. Kohli, *State-Directed Development*,

inter alia.

24. Oran R. Young, "International Regimes: Toward a New Theory of Institutions," *World Politics* 39, no. 1 (1986): 115. See also John Gerard Ruggie, ed., *The Antinomies of Interdependence* (New York: Columbia University Press, 1983).

25. John G. Ruggie, "International Regimes, Transactions, and Change: Embedded Liberalism in the Postwar Economic Order," *International Organization* 36, no. 2 (1982): 379-415.

26. Oran R. Young, ed., *The Effectiveness of International Environmental Regimes: Causal Connections and Behavioral Mechanisms* (Cambridge, MA: MIT Press, 1999).

27. Joseph S. Nye, "Nuclear Learning and US-Soviet Security Regimes," *International Organization* 41, no. 3 (1987): 371-402.

28. Peter J. Katzenstein, ed., *The Culture of National Security: Norms and Identity in World Politics* (New York: Columbia University Press, 1996).

29. Matthew J. S. Windle, et al., "Fishing Occupational Health and Safety: A Comparison of Regulatory Regimes and Safety Outcomes in Six Countries," *Marine Policy* 32, no. 4 (2008): 701-710.

30. Andreas Hasenclever, Peter Mayer, and Volker Rittberger, *Theories of International Regimes*, vol. 55 (Cambridge: Cambridge University Press, 1997).

31. Esping-Andersen, *The Three Worlds of Welfare Capitalism*.

32. Peter J. Katzenstein, *Small States in World Markets: Industrial Policy in Europe* (Ithaca, NY: Cornell University Press, 1985).

33. Sven Steinmo, *Taxation and Democracy: Swedish, British, and American Approaches to Financing the Modern State* (New Haven, CT: Yale University Press, 1993).

34. Peter A. Hall and David Soskice, eds., *Varieties of Capitalism: The Institutional Foundations of Comparative Advantage* (Oxford: Oxford University Press, 2001).

35. Kathleen Thelen, *Varieties of Liberalization and the New Politics of Social Solidarity* (New York: Cambridge University Press, 2014).

36. Robert D. Putnam, "Diplomacy and Domestic Politics: The Logic of Two-Level Games," *International Organization* 42, no. 3 (1988): 427-460. See also Evans Jacobson and Putnam, *Double-Edged Diplomacy: International Bargaining and Domestic Politics* (Berkeley: University of California Press, 1993).

37. Theda Skocpol, "Bringing the State Back In: Current Research," in *Bringing the State Back In*, ed. Peter Evans, Dietrich Rueschemeyer, and Theda Skocpol (Cambridge: Cambridge University Press, 1985), 8.

38. George Tsebelis, *Nested Games: Rational Choice in Comparative Politics* (Berkeley: University of California Press, 1990).

39. See Alexander Gerschenkron, *Bread and Democracy in Germany* (Ithaca, NY: Cornell University Press, 1989), and *Economic Backwardness in Historical Perspective: A Book of Essays* (Cambridge, MA: Belknap Press of Harvard University Press, 1962).

40. Ha-Joon Chang, *Kicking Away the Ladder* (London: Anthem Press, 2002).

41. On bureaucratic authoritarianism, see Fernando H. Cardoso and Enzo Faletto, *Dependency and Development in Latin America* (Berkeley: University of California Press, 1979); David Collier, "Overview of the Bureaucratic-Authoritarian Model," in *The New Authoritarianism in Latin America*, ed. David Collier (Princeton, NJ: Princeton University Press, 1979), 1-4.

42. Examples include Peter Gourevitch, *Politics in Hard Times: Comparative Responses to International Economic Crises* (Ithaca, NY: Cornell University Press, 1986); Peter J. Katzenstein, ed., *Between Power and Plenty* (Madison: University of Wisconsin Press, 1977); Duane Swank, "Globalization, Domestic Politics, and Welfare State Retrenchment in Capitalist Democracies," *Social Policy and Society* 4, no. 2 (2005): 183-195; Stephan Haggard, *The Political Economy of the Asian Financial Crisis* (Washington, D.C.: Peterson Institute, 2000); Miles Kahler and David A. Lake, eds., *Politics in the New Hard Times: The Great Recession in Comparative Perspective* (Ithaca, NY: Cornell University Press, 2013).

43. A rather conspicuous external contribution came from prewar Japanese colonialization that prepared local officials in Korea and Taiwan for postcolonial governance by fostering advanced educational systems, modern civil services, railways, roads, rice mills, smelters, oil refineries, shipyards, and modern cities undreamt of in either country decades earlier. Moreover, following World War II and in accord with US Cold War alliance policies, all three regimes became the beneficiaries of American economic largess in the form of direct foreign aid, military support and purchases, and technology transfer, as well as open markets for their exports. See Bruce Cumings, "The Origins and Development of the Northeast Asian Political Economy: Industrial Sectors, Product Cycles, and Political Consequences," *International Organization* 38, no. 1 (1984): 1-40.

44. Jeffrey A. Winters, "The Determinants of Financial Crisis in Asia," in *The Politics of the Asian Financial Crisis*, ed. T. J. Pempel (Ithaca, NY: Cornell University Press, 1999), 79-97; Gregory W. Noble and John Ravenhill, eds., *The Asian Financial Crisis and the Architecture of Global Finance* (Cambridge: Cambridge University Press, 2000).

45. Wolfgang Streeck, *Buying Time: The Delayed Crisis of Democratic Capitalism* (London:

Verso Books, 2014); Lucio Baccaro and Jonas Pontusson, "Rethinking Comparative Political Economy: The Growth Model Perspective," *Politics and Society* 44, no. 2 (2016): 175-207.

46. John Ravenhill, "Production Networks in Asia," in *The Oxford Handbook of the International Relations of Asia*, eds. Saadia Pekkanen, John Ravenhill, and Rosemary Foot (Oxford: Oxford University Press, 2014), 348-368; Richard Stubbs, *Rethinking Asia's Economic Miracle: The Political Economy of War, Prosperity, and Crisis* (London: Macmillan International Higher Education, 2017); Henry Wai-chung Yeung, *Strategic Coupling: East Asian Industrial Transformation in the New Global Economy* (Ithaca, NY: Cornell University Press, 2016).

47. Haggard, *Pathways from the Periphery*.

48. David Easton, *A Systems Analysis of Political Life* (New York: John Wiley, 1965), 190-221; E. E. Schattschneider, *The Semi-Sovereign People* (New York: Holt, Rinehart and Winston, 1960), 71. In an early treatment of the notion of regime, John G. Ruggie gave the following definition: regimes were "sets of mutual expectations, generally agreed-to rules, regulations and plans, in accordance with which organizational energies and financial commitments are allocated." See John G. Ruggie, "International Responses to Technology: Concepts and Trends," *International Organization* 29 (Summer 1975): 569.

49. See, e.g., Albert Hirschman, *The Strategy of Economic Development* (New Haven, CT: Yale University Press, 1958).

50. T. J. Pempel, introduction to *Uncommon Democracies: The One-Party Dominant Regimes*, ed. T. J. Pempel (Ithaca, NY: Cornell University Press, 1990), 16.

51. These ten cases are far from comprehensive, but most excluded economies closely resemble the patterns of those chosen. Singapore resembles the developmental regimes of Japan, Korea, and Taiwan. The regime in Vietnam since the economic reforms known as Đổi Mới resembles China but with far less regional weight. Laos and Cambodia present further examples of rapacious and nondevelopmental regimes. The largest outlier in my thinking is Hong Kong, which as a city-state is similar to Singapore but which lacked the strong state institutions of the developmental regimes while driven by a far more independent business sector than most other Asian countries and whose external influences remained heavily British colonial until the 1997 turnover.

52. David Waldner, *State Building and Late Development* (Ithaca, NY: Cornell University Press, 1999), 160.

53. Waldner, *State Building and Late Development*, 159. The economic changes made in

Japan, South Korea, and Taiwan also dovetail with Michael Porter's notion that a country's longterm economic success necessitates a high and rising standard of living for its citizens. See Michael E. Porter, *Competitive Advantage of Nations: Creating and Sustaining Superior Performance* (New York: Free Press, 1990).

54. I originally use this term in T. J. Pempel, *Regime Shift: Comparative Dynamics of the Japanese Political Economy* (Ithaca, NY: Cornell University Press, 1998). This definition is also resonant with analyses presented in Investopia by Andrew Bloomenthal, "Mercantilism," 2020. https://www.investopedia.com/terms/m/mercantilism.asp. For an elaboration of its applicability, see Kanishka Jayasuriya, "Embedded Mercantilism and Open Regionalism: The Crisis of a Regional Political Project," *Third World Quarterly* 24, no. 2 (2003): 339-355.

55. This concept first gained credence with Indermit Gill and Homi Kharas, *An East Asian Renaissance: Ideas for Economic Growth* (Washington, DC: World Bank, 2007), https://openknowledge.worldbank.org/handle/10986/6798. See also Richard F. Doner and Ben Ross Schneider, "The Middle-Income Trap: More Politics Than Economics," *World Politics* 68, no. 4 (2016): 608-644, and Veerayooth Kanchoochat and Patarapong Intarakumnerd, "Tigers Trapped: Tracing the Middle-Income Trap through the East and Southeast Asian Experience," *Southeast Asian Experience*. Working Paper 04/2014. Berlin: Berlin Working Papers on Money, Finance, Trade and Development.

56. Evans, *Embedded Autonomy*, 43.

57. Charles Tilly, "War Making and State Making as Organized Crime," in *Bringing the State Back In*, eds. Peter Evans, Dietrich Rueschmeier, and Theda Skocpol (Cambridge: Cambridge University Press, 2005), 169-191.

58. On the predatory state, see inter alia, Peter B. Evans, "Predatory, Developmental, and Other Apparatuses: A Comparative Political Economy Perspective on the Third World State," *Sociological Forum* 4, no. 4 (1989): 561-587; Douglas Marcouiller and Leslie Young, "The Black Hole of Graft: The Predatory State and the Informal Economy," *American Economic Review* 85, no. 3 (1995): 630-646; James A. Robinson, "When Is a State Predatory?" (CESifo Working Paper No. 1k78, 1999).

第一章　發展型政體——日本、韓國與台灣

1. The dates I would assign would be roughly 1955-91 for Japan; 1965-89 for Korea, and 1960-

89 for Taiwan. These represent the high points of regimes that had important antecedents and unquestioned follow-ons. Yet for analytic purposes, these periods were the ones during which the highlighted traits were most conspicuous.

2. Dan Slater, *Ordering Power: Contentious Politics and Authoritarian Leviathans in Southeast Asia* (Cambridge: Cambridge University Press, 2010), 5. See also Richard F. Doner, Bryan K. Ritchie, and Dan Slater, "Systemic Vulnerability and the Origins of Developmental States: Northeast and Southeast Asia in Comparative Perspective," *International Organization* 59, no. 2 (2005): 327-361. They argue that political elites will only build such institutional arrangements when simultaneously staring at three major challenges. These are (1) the credible threat that any deterioration in the living standards of popular sectors could trigger unmanageable mass unrest, (2) the heightened need for foreign exchange and war materiel induced by national insecurity, and (3) the hard budget constraints imposed by a scarcity of easy revenue sources. They label this interactive condition "systemic vulnerability."

3. William Shakespeare, *Henry IV*, Part 1, Act 3, Scene 1, page 3. http://find.gale.com.libproxy. berkeley.edu/ecco/quickSearch.do?now=1606691094529&inPS=true&prodId=ECCO&user GroupName=ucberkeley.

4. See, e.g., Francis Fukuyama, *Political Order and Political Decay: From the Industrial Revolution to the Globalization of Democracy* (New York: Farrar, Straus and Giroux, 2014), 225, 337-338.

5. Linda Weiss, "Developmental States in Transition: Adapting, Dismantling, Innovating, Not 'Normalizing'," *Pacific Review* 13, no. 1 (2000): 23.

6. Bob Jessop, "A Neo-Gramscian Approach to the Regulation of Urban Regimes: Accumulation Strategies, Hegemonic Projects, and Governance," *Reconstructing Urban Regime Theory: Regulating Urban Politics in a Global Economy* 5 (1997): 1-74.

7. On the notion of strong versus weak states, see inter alia, Peter Evans, Dietrich Rueschemeyer, and Theda Skocpol, eds., *Bringing the State Back In* (Cambridge: Cambridge University Press, 2005); Peter J. Katzenstein, ed., *Between Power and Plenty* (Madison: University of Wisconsin Press, 1977); Eun Mee Kim and Ŭn-mi Kim, *Big Business, Strong State: Collusion and Conflict in South Korean Development, 1960-1990* (Albany: SUNY Press, 1997); Joel S. Migdal, *Strong Societies and Weak States: State-Society Relations and State Capabilities in the Third World* (Princeton, NJ: Princeton University Press, 1988).

8. George Akita, *Foundations of Constitutional Government in Modern Japan, 1868-1900* (Cambridge, MA: Harvard University Press, 1967); E. Herbert Norman, *Japan's Emergence*

as a Modern State: Political and Economic Problems of the Meiji Period (Vancouver: Institute of Pacific Relations, 1940).

9. In addition to having strong administrative structures, both Korea and Taiwan emerged from their years under Japanese rule with extensive educational systems, modern civil services, railways, roads, rice mills, smelters, oil refineries, shipyards, and modern cities undreamt of in either country in 1900. Consequently, the two former colonies achieved independence with assets rarely enjoyed by other late developers, assets that, without a doubt, facilitated their postwar economic transformations. See Bruce Cumings, "The Origins and Development of the Northeast Asian Political Economy: Industrial Sectors, Product Cycles, and Political Consequences," *International Organization* 38, no. 1 (1984): 1-40.

10. The term gained its initial credibility in Chalmers Johnson's *MITI and the Japanese Miracle: The Growth of Industrial Policy: 1925-1975* (Stanford, CA: Stanford University Press, 1982). See also Meredith Woo-Cumings, *The Developmental State* (Ithaca, NY: Cornell University Press, 1999). An excellent overview of the concept's evolution is Stephan Haggard's *Developmental States* (Cambridge: Cambridge University Press, 2018).

11. This phrase is Philippe C. Schmitter and Guilermo O'Donnell's, from "Transitions from Authoritarian Rule," in *Transitions from, Authoritarian, Rule: Comparative Perspectives*, eds. Guillermo O'Donnell, Philippe C. Schmitter, and Laurence Whitehead (Baltimore, MD: Johns Hopkins University Press, 1986).

12. Yun-Han Chu, "State Structure and Economic Adjustment in the East Asian Newly Industrializing Countries," *International Organization* 43, no. 4 (1989): 658.

13. See H. H. Gerth and C. Wright Mills, eds., *From Max Weber: Essays in Sociology* (New York: Oxford University Press, 1958), chap. 8, 196-244.

14. See the essays in Takashi Ishida and Ellis Krauss, eds., *Democracy in Japan* (Pittsburgh: University of Pittsburgh Press, 1990), for a generally positive assessment of Japanese democracy. My own view is in T. J. Pempel, "Japanese Democracy: A Comparative Perspective," in *Japan: A New Kind of Superpower?*, eds. Craig Garby and Mary Brown Bullock (Baltimore, MD: Johns Hopkins University Press, 1994).

15. See, for example, Prime Minister Kishi's focus on revising the US-Japan Security Treaty and his and other conservatives' efforts to revise the so-called MacArthur constitution. Not until 1960 and the prime ministership of Ikeda Hayato was economic transformation clearly the government's hegemonic project.

16. See, for example, Richard J. Samuels, *Kishi and Corruption: An Anatomy of the 1955*

System (Washington, D.C.: Japan Policy Research Institute, 2001).

17. This is not to argue that political executives were the principals and bureaucrats their mere agents; most often, political executives and top-level civil servants worked in tandem rather than being in two separate camps. See, for example, Mark Ramseyer and Frances McCall Rosenbluth, *Japan's Political Marketplace* (Cambridge, MA: Harvard University Press, 1993); contrast their analysis with Donald P. Green and Ian Shapiro, *Pathologies of Rational Choice Theory* (New Haven, CT: Yale University Press, 1994).

18. Dan Slater and Joseph Wong, "The Strength to Concede: Ruling Parties and Democratization in Developmental Asia," *Perspectives on Politics* 11, no. 3 (2013): 725.

19. Kim and Kim, *Big Business, Strong State*, 43-44; Jung-en Woo, *Race to the Swift: State and finance in Korean industrialization* (New York: Columbia University, 1991).

20. Etel Solingen, "Pax Asiatica versus Bella Levantina: The Foundations of War and Peace in East Asia and the Middle East," *American Political Science Review* 101, no. 4 (2007): 764. See also Doner, Ritchie, and Slater, "Systemic Vulnerability and the Origins of Developmental States," 327-361.

21. See Carter J. Eckert, *Park Chung-Hee and Modern Korea: The Roots of Militarism, 1866-1945* (Cambridge, MA: Harvard University Press, 2016).

22. James Cotton, "From Authoritarianism to Democracy in South Korea," *Political Studies* 37 (1989): 250.

23. Tun-jen Cheng, "Democratizing the Quasi-Leninist Regime," *World Politics* 41, no. 4 (1989): 471-499. Worth noting in this regard is that Chiang Kai-shek's son and heir to Taiwanese rule, Chiang Ching-kuo, was educated in Moscow and even applied for membership in the Communist Party. See Sung M. Pae, *Testing Democratic Theories in Korea* (Lanham, MD: University Press of America, 1986), 155.

24. Tun-jen Cheng, "Democratizing the Quasi-Leninist Regime in Taiwan," 480.

25. Slater and Wong, "The Strength to Concede," 723.

26. Richard J. Samuels, *Special Duty: A History of the Japanese Intelligence Community* (Ithaca, NY: Cornell University Press, 2019).

27. Tun-Jen Cheng, Stephan Haggard, and David Kang, "Institutions and Growth in Korea and Taiwan: The Bureaucracy," *Journal of Development Studies* 34, no. 6 (1998): 87-111.

28. Stephan Haggard, Byong-kook Kim, and Chung-in Moon, "The Transition to Export-Led Growth in South Korea," *Journal of Asian Studies* 50 (1991): 850-873; David Kang, *Crony Capitalism: Corruption and Development in South Korea and the Philippines* (Cambridge:

Cambridge University Press, 2002), 63-64.

29. Chalmers Johnson, "Tanaka Kakuei, Structural Corruption, and the Advent of Machine Politics in Japan," *Journal of Japanese Studies* 12, no. 1 (1986): 1-28; T. J. Pempel, "Between Pork and Productivity: The Collapse of the Liberal Democratic Party," *Journal of Japanese Studies* 36, no. 2 (2010): 227-254.

30. Inoguchi Takashi and Iwai Tomoaki, *"Zoku Giin" no kenkyû* [A study of the Diet tribesmen] (Tokyo: Nihonkeizaishimbunsha, 1987).

31. Robert Wade, "East Asia's Economic Success: Conflicting Perspectives, Partial Insights, Shaky Evidence," *World Politics* 44, no. 2 (1992): 309.

32. Gerhard Lenski, *Power and Privilege: A Theory of Social Stratification* (New York: McGraw Hill, 1966), 318.

33. Chung-in Moon, "Changing Patterns of Business-Government Relations in South Korea," in *Business and Government in Industrializing Asia*, ed. Andrew MacIntyre (Ithaca, NY: Cornell University Press, 1994), 145.

34. Benedict Anderson, *Imagined Communities* (London: Verso, 1983).

35. This has to be qualified by the fact that Taiwan confronted a stark split between Han Chinese "newcomers" who arrived with the KMT in 1949 and the resident Taiwanese and aboriginal populations.

36. Thomas B. Gold, *State and Society in the Taiwan Miracle* (Armonk, N.Y. ME Sharpe, 1986), 29-30.

37. Shelly Rigger, "Mobilizational Authoritarianism and Political Opposition in Taiwan," in *Political Oppositions in Industrializing Asia*, ed. Garry Rodan (London: Routledge, 1996), 310.

38. Rigger, "Mobilizational Authoritarianism," 60.

39. Michael Donnelly, "Setting the Price of Rice: A Study in Political Decisionmaking," in *Policymaking in Postwar Japan*, ed. T. J. Pempel (Ithaca, NY: Cornell University Press, 1977), 143-200; Patricia L. Maclachlan and Kay Shimizu, "Japanese Farmers in Flux: The Domestic Sources of Agricultural Reform," *Asian Survey* 56, no. 3 (2016): 442-465.

40. Cumings, "Northeast Asian Political Economy," 22-23.

41. Gold, *State and Society in the Taiwan Miracle*, 65-67.

42. Ki Hyuk Pak, "Outcome of Land Reform in the Republic of Korea," *Journal of Farm Economics* 38, no. 4 (1956): 1015.

43. Yong-Ha Shin, "Land Reform in Korea, 1950," *Bulletin of the Population and Development*

Studies Center 5 (1976): 14-31.

44. Atul Kohli, *State-Directed Development: Political Power and Industrialization in the Global Periphery* (Cambridge: Cambridge University Press, 2004), 72.

45. See Jongsung You, *Democracy, Inequality and Corruption: Korea, Taiwan and the Philippines Compared* (Cambridge: Cambridge University Press, 2015).

46. Giuseppe Gabusi, "'The Reports of My Death Have Been Greatly Exaggerated': China and the Developmental State 25 Years after Governing the Market," *Pacific Review* 30, no. 2 (2017): 238. See also Frederic C. Deyo, *The Political Economy of the New Asian Industrialization* (Ithaca, NY: Cornell University Press, 1989); T. J. Pempel and Keiichi Tsunekawa, "Corporatism without Labor? The Japanese Anomaly," in *Trends toward Corporatist Intermediation*, eds. Philippe Schmitter and Gerhard Lehmbruch (Beverley Hills, CA: Sage, 1979), 231-270; David Waldner, *State Building and Late Development* (Ithaca, NY: Cornell University Press, 1999), 138-139.

47. See, for example, Sheldon Garon, *The State and Labor in Modern Japan* (Princeton, NJ: Princeton University Press, 1987), and Andrew Gordon, *The Evolution of Labor Relations in Japan: Heavy Industry, 1853-1955* (Cambridge, MA: Harvard University Press, 1985).

48. Stephan Haggard and Chung-in Moon, "Institutions and Economic Policy: Theory and a Korean Case Study," *World Politics* 42, no. 2 (January 1990): 220.

49. Frederic C. Deyo, "State and Labor: Modes of Political Exclusion in East Asian Development," in *The Political Economy of the New Asian Industrialism*, ed. Frederic Deyo (Ithaca, NY: Cornell University Press, 1987), 184.

50. Chalmers Johnson, "Political Institutions and Economic Performance: The Government and Business Relationship in Japan, South Korea and Taiwan," in *The Political Economy of the New Asian Industrialism*, ed. Frederik C. Deyo (Ithaca, NY: Cornell University Press1987), 150.

51. On Japan, see Pempel and Tsunekawa, "Corporatism without Labor?," especially 283-285. On Taiwanese corporatism, see Jonathan Unger and Anita Chan, "China, Corporatism, and the East Asian Model," *China Journal* 33 (January 1995): 34.

52. Robert Wade, *Governing the Market: Economic theory and the role of government in East Asian industrialization* (Princetnn: Princeton University Press, 2004), 294-295.

53. Unger and Chan, "China, Corporatism, and the East Asian Model," 36; see also Frederic C. Deyo, *Beneath the Miracle: Labor Subordination in the New Asian Industrialism* (Berkeley: University of California Press, 1989), 118.

54. David C. Kang, *Crony Capitalism: Corruption and Development in South Korea and the Philippines* (Cambridge: Cambridge University Press, 2002), 9.

55. Jose Edgardo Campos and Hilton L. Root, *The Key to the Asian Miracle: Making Shared Growth Credible* (Washington, DC: Brookings Institution Press, 2001); Hisahiro Kondoh, "Policy Networks in South Korea and Taiwan during the Democratic Era," *Pacific Review* 15, no. 2 (2002): 225-244; Frank J. Schwartz, *Advice and Consent: The Politics of Consultation in Japan* (Cambridge: Cambridge University Press, 2001).

56. Ritchie, Doner, and Slater, "Systemic Vulnerability and the Origins of Developmental States," 327-361. On the Japanese case, see Ulrike Schaede, "The 'Old Boy' Network and Government Business Relationships in Japan," *Journal of Japanese Studies* 21, no. 2 (1995): 293-317.

57. Richard Samuels, *The Business of the Japanese State: Energy Markets in Comparative and Historical Perspective* (Ithaca: Cornell University Press, 1990), 2.

58. Michael K. Young, "Judicial Review of Administrative Guidelines: Governmentally Encouraged Consensual Dispute Resolution in Japan," *Columbia Law Review* 84, no. 4 (1984): 923-983; Frank K. Upham, *Law and Social Change in Postwar Japan* (Cambridge, MA: Harvard University Press, 2009). See also Gregory W. Noble, *Collective Action in East Asia: How Ruling Parties Shape Industrial Policy* (Ithaca, NY: Cornell University Press, 1998); Frank J. Schwartz, *Advice and Consent: The Politics of Consultation in Japan* (Cambridge: Cambridge University Press, 2001), inter alia.

59. Jung-en Woo, *Race to the Swift*.

60. Gold, *State and Society in the Taiwan Miracle*, 77. Hsin-Huang Michael Hsiao also captures the point by noting that economic forces exchanged political loyalty to the KMT state in return for more open opportunity structures, so that any previous separation of the political and economic forces gave way to their combined powers to accelerate capitalist development. See Hsin-Huang Michael Hsiao, "Emerging Social Movements and the Rise of a Demanding Civil Society in Taiwan," *Australian Journal of Chinese Affairs* 24 (July 1990): 164.

61. Hsiao, "Emerging Social Movements," 5.

62. Migdal, Joel S. Migdal, *State in society: Studying how states and societies transform and constitute one another* (Cambridge, Cambridge University Press, 2001). See also Migdal, *Strong Societies and Weak States*; and Joel Migdal, Atul Kohli, and Vivienne Shue, eds., *State Power and Social Forces: Domination and Transformation in the Third*

World (Cambridge: Cambridge University Press, 1994), especially chap. 1; Linda Weiss, "Government-Business Relations in East Asia: The Changing Basis of State Capacity," *Asian Perspective* 18, no. 2 (1994): 89, 85-118; and Geoffrey R. D. Underhill and Xiaoke Zhang, "The Changing State-Market Condominium in East Asia: Rethinking the Political Underpinnings of Development," *New Political Economy* 10, no. 1 (2005): 1-24. See also Evans, *Embedded Autonomy*.

63. Wade, *Governing the Market*.

64. T. J. Pempel, "The Developmental Regime in a Changing World Economy," in *The Developmental State*, ed. Meredith Woo-Cumings (Ithaca, NY: Cornell University Press, 1999), 170.

65. Richard F. Doner, "Success as Trap? Crises and Challenges in Export-Oriented Southeast Asia," in *Two Crises, Different Outcomes: East Asia and Global Finance*, eds. T. J. Pempel and Keiichi Tsunekawa (Ithaca, NY: Cornell University Press, 2015), 167.

66. G. John Ikenberry, "Liberal Internationalism 3.0: America and the Dilemmas of Liberal World Order," *Perspectives on Politics* 7, no. 1 (March 2009): 79.

67. NSC-68 was a 1950 policy paper that laid the groundwork for the US to confront communism militarily and attempt to roll back its influence globally. It laid the groundwork for US strategy for the bulk of the Cold War period.

68. For Kennan, see X [George Kennan], "The Sources of Soviet Conduct," *Foreign Affairs* 25 (July 1947): 566-582; Campbell Craig and Fredrik Logevall, *America's Cold War: The Politics of Insecurity* (Cambridge, MA: Harvard University Press, 2009), 109.

69. Hugh Patrick and Henry Rosovsky, "Japan's Economic Performance: An Overview," in *Asia's New Giant: How the Japanese Economy Works*, eds. Hugh Patrick and Henry Rosovksy (Washington, DC: Brookings Institution, 1976).

70. Doner, Ritchie, and Slater, "Systemic Vulnerability and the Origins of Developmental States."

71. Walter LeFeber, *America, Russia, and the Cold War, 1945-2006* (New York: McMillan, 2006), chap. 3.

72. This doctrine was congruent with the earlier and influential geostrategic thinking of Alfred Mahan, Halford MacKinder, and Nicholas J. Spykman. On the manifestation of this logic in US foreign policy, see Michael J. Green, *By More Than Providence: Grand Strategy and American Power in the Asia Pacific Since 1783* (New York: Columbia University Press, 2018).

73. Tim Weiner, "CIA Spent Millions to Support Japanese Right in 50's and 60's," *New York Times*, October 9, 1994, https://www.nytimes.com/1994/10/09/world/cia-spent-millions-to-support-japanese-right-in-50-s-and-60-s.html. See also Samuels, *Kishi and Corruption*.

74. Cumings, "Northeast Asian Political Economy," 24.

75. Yutaka Kosai and Yoshitaro Ogino, *The Contemporary Japanese Economy* (Armonk, NY: M. E. Sharpe, 1984); Takafusa Nakamura, *The Postwar Japanese Economy* (Tokyo: University of Tokyo Press, 1981); Richard Stubbs, *Rethinking Asia's Economic Miracle* (London: Palgrave Mac-Millan, 2018), especially chaps. 3, 4, and 5.

76. Cumings, "Northeast Asian Political Economy," 24.

77. Philip Hookon Park, "A Reflection on the East Asian Development Model: Comparison of the South Korean and Taiwanese Experiences," in *The East Asian Development Model: Economic Growth, Institutional Failures and the Aftermath of the Crisis*, ed. Frank-Jurgen Richter (New York: MacMillan, 2000), 145.

78. Meredith Woo-Cumings, introduction to *The Developmental State*, ed. Meredith Woo-Cumings (Ithaca, NY: Cornell University Press, 1999), 19.

79. Richard E. Barrett and Martin King Whyte, "Dependency Theory and Taiwan: Analysis of a Deviant Case," *American Journal of Sociology* 87, no. 5 (1982): 1075.

80. As quoted in Bruce Cumings, *Divided Korea: United Future?* (New York: Foreign Policy Association, 1985), 43.

81. Jung-en Woo, *Race to the Swift*, chap. 5.

82. Terutomo Ozawa, *Japan Economic Journal*, October 10, 1972, as cited in T. J. Pempel, "Japanese Foreign Economic Policy," *International Organization* 31, no. 4 (1977): 761-762.

83. On the Japanese experience see, inter alia, Michael Beckley, Yusaku Horiuchi, and Jennifer M. Miller, "America's Role in the Making of Japan's Economic Miracle," *Journal of East Asian Studies* 18, no. 1 (2018): 1-21.

84. Carter J. Eckert, "Korea's Economic Development in Historical Perspective, 1945-1990," in *Pacific Century: The Emergence of Modern Pacific Asia*, ed. Mark Borthwick (Boulder, CO: Westview Press, 1992), 294.

85. T. J. Pempel, "Trans-Pacific Torii: Japan and the Emerging Asian Regionalism," in *Network Power: Japan in Asia*, eds. Peter J. Katzenstein and Takashi Shiraishi (Ithaca, NY: Cornell University Press, 1997), 47-82.

86. Cumings, "Northeast Asian Political Economy," 33.

87. Details are provided in Pempel, "The Developmental Regime in a Changing World

Economy," 177.

88. Philip Armstrong, Andrew Glyn, and John Harrison, *Capitalism since World War II*, vol. 20 (Oxford: Basil Blackwell, 1991); Robert Gilpin, *Political Economy of International Relations* (Princeton, NJ: Princeton University Press, 1987), chaps. 4 and 5; Robert O. Keohane, "Hegemonic Leadership and U.S. Foreign Economic Policy in the 'Long Decade'," in *America in a Changing World Economy*, eds. William P. Avery and David P. Rapkin (New York: Longman, 1982), chap. 3.

89. Doner, Ritchie, and Slater, "Systemic Vulnerability and the Origins of Developmental States," 328. See also Waldner, *State Building and Late Development*.

90. Nancy Etlinger, "The Roots of Competitive Advantage in California and Japan," *Annals of the Association of American Geographers* 81, no. 3 (1991): 392.

91. Stephen Haggard, *Pathways from the Periphery: The Politics of Growth in the Newly Industrializing Countries* (Ithaca, NY: Cornell University Press, 1990), 12.

92. One might note as exceptions Posco in Korea and China Steel in Taiwan.

93. Ha-Joon Chang, *The Political Economy of Industrial Policy* (New York: St. Martin's Press, 1994).

94. Wade, *Governing the Market*, 98-99ff.

95. Woo-Cumings, introduction to *The Developmental State*, 10.

96. See inter alia, Masahiko Aoki and Hugh T. Patrick, eds., *The Japanese Main Bank System: Its Relevance for Developing and Transforming Economies* (Oxford: Oxford University Press, 1995); Woo, *Race to the Swift*; Peter Drucker, "Economic Realities and Enterprise Strategies," in *Modern Japanese Organization and Decision-Making*, ed. Ezra F. Vogel (Berkeley: University of California Press, 1975), 228-250.

97. Patricia L. Maclachlan, *The People's Post Office: The History and Politics of the Japanese Postal System, 1871-2010* (Cambridge, MA: Harvard University Asia Center, 2011); Gene Park, *Spending without Taxation: FILP and the Politics of Public Finance in Japan* (Stanford, CA: Stanford University Press, 2011).

98. Gold, *State and Society in the Taiwan Miracle*, 108.

99. Wade, *Governing the Market*, 61.

100. World Bank, *The East Asian Economic Miracle* (Oxford: Oxford University Press, 1993), 41.

101. Karl J. Fields, "Not of a Piece: Developmental States, Industrial Policy, and Evolving Patterns of Capitalism in Japan, Korea, and Taiwan," in *East Asian Capitalism: Diversity,*

Continuity and Change, eds. Andrew Walter and Xiaoke Zhang (Oxford: Oxford University Press, 2012), 48.

102. It is possible, however, to contend that common and central to both are trading companies rather than banks.

103. Byung-Sun Choi, "Financial Policy and Big Business in Korea: The Perils of Financial Regulation," in *The Politics of Finance in Developing Countries*, eds. Stephan Haggard, Chung H. Lee, and Sylvia Maxfield (Ithaca, NY: Cornell University Press, 1993), 23-54.

104. See, for example, T. C. Smith, *Political Change and Industrial Development in Japan: Government Enterprise, 1868-1880* (Stanford, CA: Stanford University Press, 1955); Mark Mason, *United States Direct Investment in Japan* (Cambridge, MA: Harvard University Press, 1992); and Dennis J. Encarnation and Mark Mason, "Neither MITI nor America: The Political Economy of Capital Liberalization in Japan," *International Organization* 44, no. 1 (1990): 25-54.

105. Evans, "Class, State, and Dependencein East Asia: lessons for Latin Americanists," in *The political economy of the new Asian industrialism*, ed. Deyo (1987), 206-207.

106. Encarnation and Mason point out, however, that when foreign technologies were desired by Japan's local oligopolists, these latter became important intermediaries between foreign multinationals and the Japanese government. See "Neither MITI nor America."

107. This summary is based in part on Pempel, "Japanese Foreign Economic Policy"; John Zysman, *Governments, Markets, and Growth: Financial Systems and the Politics of Industrial Change* (Ithaca, NY: Cornell University Press, 1983); and Peter Drucker, "Financial Systems: Europe, America, Japan," in *Modern Japanese Organization and Decision-Making*, ed. Ezra Vogel (Berkeley: University of California Press, 1975).

108. This was especially true after the normalization of relations between Japan and Korea in 1965. The settlement resulted in a highly conflictual contest domestically, however. See Haggard, *Pathways from the Periphery*, 197-198.

109. Haggard, 199.

110. Anne Booth, "Is the Taiwan Model of Growth, Human Resources Development, and Equity Sustainable in the Twenty-First Century?," in *Taiwan's Democracy: Economic and Political Challenges*, eds. Robert Ash, John W. Garver, and Penelope B. Prime (London: Routledge, 2011), 105.

111. Stephan Haggard and Tun-jen Cheng, "State and foreign capital in the East Asian NICs," in *The political economy of the new Asian Industrialism*, 115-116.

112. Yano Tsuneta Kinenkai, *Nihon Kokusei Zue [Japan NationalData] 1976* (Tokyo: Yano Hisashiro Kinenkai, 1976), 180-181.

113. Alice Amsden, "Getting Relative Prices Wrong: A Summary," in *Asia's Next Giant: South Korea and late industrialization* (Oxford: Oxford University Press, 1992), chap. 6.

114. Michael Cusamano, "Manufacturing Innovation: Lessons from the Japanese Auto Industry," *Sloan Management Review* 30, no. 1 (1988): 29.

115. Pempel, "Developmental Regime," 148-149.

116. Haggard, "The Newly Industrializing Countries in the International System," 3.

117. See, for example, Simon Kuznets, "Economic Growth and Income Inequality," *American Economic Review* 45, no. 1 (1955): 1-28.

118. See, however, Nakagawa's rather stateless and apolitical argument that Japan is a "super welfare state," which rests on arguments about private citizen and family spending for health and education. Nakagawa Yatsuhiro, "Japan, the Welfare Super-Power," *Journal of Japanese Studies* 5, no. 1 (1979): 5-51.

119. Pempel and Tsunekawa, "Corporatism without Labor?," 231-270. On liberal versus social corporatism, see Peter J. Katzenstein, *Small States in World Markets: Industrial Policy in Europe* (Ithaca, NY: Cornell University Press, 1985).

第二章　替代發展型政體──馬來西亞、印尼和泰國

1. Erik M. Kuhonta, "The Political Economy of Equitable Development in Thailand," *American Asian Review* 21, no. 4 (2003): 70.

2. Data compiled from World Bank, "World Tables," *World Development Indicators*. See https://openknowledge.worldbank.org/bitstream/handle/10986/23969/9781464806834.pdf.

3. On this issue generally, see, for example, Richard F. Doner, *The Politics of Uneven Development: Thailand's Economic Growth in Comparative Perspective* (Cambridge: Cambridge University Press, 2009), chap. 1; David Waldner, *State Building and Late Development* (Ithaca, NY: Cornell University Press, 1999), chap. 7.

4. Dani Rodrik, "Introduction: What Do We Learn from Country Narratives?," in *In Search of Prosperity: Analytic Narratives on Economic Growth*, ed. Dani Rodrik (Princeton, NJ: Princeton University Press, 2003), 17.

5. Steven Levitsky and Lucan A. Way, *Competitive Authoritarianism: Hybrid Regimes after the Cold War* (Cambridge: Cambridge University Press, 2010), 5. It is worth noting that part

of this definition hinges on "civilian" leaders. Indonesia's two presidents and several Thai prime ministers were generals. The Indonesian presidents led heavily civilian governments and held office via regular elections, however. Thai generals normally suspended elections, but they also relied heavily on civilian technocrats, particularly in forming fiscal and economic policy. See, Doner, *The Politics of Uneven Development: Thailand's Economic Growth in Comparative Perspective*; Andrew MacIntyre, "Power, Prosperity and Patrimonialism: Business and Government in Indonesia," in *Business and Government in Industrializing Asia*, ed. Andrew MacIntyre (Ithaca, NY: Cornell University Press, 1994), 244-267.

6. Richard F. Doner, Bryan K. Ritchie, and Dan Slater, "Systemic Vulnerability and the Origins of Developmental States: Northeast and Southeast Asia in Comparative Perspective," *International Organization* 59, no. 2 (2005): 327-361.

7. Transparency International ranks countries on a corruption index. Their 2018 index ranked Indonesia at 38 on a scale of 100 or 80 out of 180 countries in the world. Thailand scored 36 and ranked 99/180. Malaysia received a less corrupt ranking of 47 and 61/180. See https://www.transparency.org.

8. Harold Crouch, "Patrimonialism and Military Rule in Indonesia," *World Politics* 31, no. 4 (1979): 575.

9. Benjamin B. Smith, "Life of the Party: The Origins of Regime Breakdown and Persistence under Single-Party Rule," *World Politics* 57, no. 3 (2005): 435.

10. Smith, "Life of the Party," 436.

11. Steven Schlossstein, *Asia's New Little Dragons: The Dynamic Emergence of Indonesia, Thailand, and Malaysia* (Chicago: Contemporary Books, 1991), 97; Richard Robison, "Indonesia: Tension in State and Regime," in *Southeast Asia in the 1990s: Authoritarianism, Democracy and Capitalism*, eds. Kevin Hewison, Richard Robison, and Garry Rodan (London: Allen & Unwin, 1993), 41.

12. Smith, "Life of the Party," 436.

13. Schlossstein, *Asia's New Little Dragons*, 436.

14. Alasdair Bowie and Daniel Unger, *The Politics of Open Economies: Indonesia, Malaysia, the Philippines, and Thailand* (Cambridge: Cambridge University Press, 1997), 46. See also Robison, "Indonesia: Tension in State and Regime," 45.

15. Andrew MacIntyre, "Political Institutions and the Economic Crisis in Thailand and Indonesia," in *The Politics of the Asian Economic Crisis*, ed. T. J. Pempel (Ithaca,

NY: Cornell University Press, 1999), 155; see also Andrew MacIntyre, "Institutions and Investors: The Politics of the Economic Crisis in Southeast Asia," *International Organization* 55, no. 1 (2001): 81-122.

16. Thomas B. Pepinsky, *Economic Crises and the Breakdown of Authoritarian Regimes: Indonesia and Malaysia in Comparative Perspective* (Cambridge: Cambridge University Press, 2009), 41.

17. Andrew MacIntyre, "Power, Prosperity and Patrimonialism: Business and Government in Indonesia," in *Business and Government in Industrializing Asia*, ed. Andrew MacIntyre (Ithaca, NY: Cornell University Press, 1994), 244.

18. Richard F. Doner, *Driving a Bargain: Automobile Industrialization and Japanese Firms in Southeast Asia* (Cambridge: Cambridge University Press, 1991), 253; Alasdair Bowie, "The Dynamics of Business-Government Relations in Industrializing Malaysia," in *Business and Government in Industrializing Asia*, ed. Andrew MacIntyre (Ithaca, NY: Cornell University Press, 1994), 168-170; Pepinsky, *Economic Crises and the Breakdown of Authoritarian Regimes*; Schlossstein, *Asia's New Little Dragons*; inter alia.

19. I have combined both Malays (50%) and other indigenous natives (usually collectively labeled Bumiputera) (12%).

20. Dan Slater, *Ordering Power: Contentious Politics and Authoritarian Leviathans in Southeast Asia* (Cambridge: Cambridge University Press, 2010), 90.

21. Levitsky and Way, *Competitive Authoritarianism*, 320.

22. MacIntyre, "Institutions and Investors," 92.

23. Harold Crouch, "Malaysia: Neither Authoritarian nor Democratic," in *Southeast Asia in the 1990s: Authoritarianism, Democracy and Capitalism*, eds. Kevin Hewison, Richard Robison, and Gary Rodan (Leonard, Australia: Allen and Unwin, 1993), 133-157.

24. Levitsky and Way, *Competitive Authoritarianism*, 319.

25. Pepinsky, *Economic Crises and the Breakdown of Authoritarian Regimes*, 64.

26. Schlossstein, *Asia's New Little Dragons*, 71, 88.

27. Harold A. Crouch, *Government and Society in Malaysia* (Ithaca, NY: Cornell University Press, 1996).

28. Richard Robison, Garry Rodan, and Kevin Hewison, "Transplanting the Neoliberal State in Southeast Asia," in *Asian States: Beyond the Developmental Perspective*, eds. Richard Boyd and Tak-wing Ngo (London: Routledge, 2005), 181.

29. Slater, *Ordering Power*, 23.

30. Michael T. Rock, "The Last FiftyYears: Development Strategy and Development Performance in Southeast Asia," *Journal of Southeast Asian Economies* 35, no. 1 (2018): 45.

31. MacIntyre, "Political Institutions and the Economic Crisis in Thailand and Indonesia," 147.

32. See Dan King, "Thailand," in *Democracy, Governance and Economic Performance: East and Southeast Asia*, eds. Ian March, Jean Blondel, and Takashi Inoguchi (Tokyo: United Nations Press, 1999), 218.

33. Adam Taylor and Anup Kaphle, "Thailand's Army Just Announced a Coup. Here Are 11 Other Thai Coups since 1932," *Washington Post*, May 22, 2014, https://www.washingtonpost.com/news/worldviews/wp/2014/05/20/thailands-army-says-this-definitely-isnt-a-coup-heres-11-times-it-definitely-was/?utm_term=.1385248fc9d7.

34. Doner, Ritchie, and Slater, "Systemic Vulnerability and the Origins of Developmental States," 350.

35. Richard Stubbs, "War and Economic Development: Export-oriented industrialization in East and Southeast Asia," *Comparative Politics* (1999): 343.

36. Doner, *Politics of Uneven Development*, 101.

37. Slater, *Ordering Power*, 23.

38. David Art, "What Do We Know about Authoritarianism after Ten Years?," *Comparative Politics* 44, no. 3 (2012): 355.

39. MacIntyre, "Power, Prosperity and Patrimonialism," 261.

40. Thinapan Nakata, "Corruption in the Thai Bureaucracy: Who Gets What, How and Why in Its Public Expenditures," *Thai Journal of Development Administration* 18, no. 1 (1978): 102. See also Jon S. T. Quah, "Bureaucratic Corruption in the ASEAN Countries: A Comparative Analysis of Their Anti-Corruption Strategies," *Journal of Southeast Asian Studies* 13, no. 1 (1982): 153-177.

41. Quah, "Bureaucratic Corruption in the ASEAN Countries," 155.

42. Suchit Bunbongkarn, "Thailand: Democracy under Siege," in *Driven by Growth: Political Change in the Asia-Pacific Region*, ed. James W. Morley (Armonk, NY: M. E. Sharpe, 1999), 163; MacIntyre, "Political Institutions and the Economic Crisis," 147.

43. Harold Crouch, "Patrimonialism and Military Rule in Indonesia," *World Politics* 31, no. 4 (1979): 577.

44. Crouch, "Patrimonialism and Military Rule in Indonesia," 581; see also Schlossstein, *Asia's New Little Dragons*, 73. It is also worth noting that the Indonesian military budget provided only about half of the actual amounts needed, with army-run businesses and commercial

activities supplying the remainder.

45. Thomas B. Pepinsky, "Political Business and External Vulnerability in Southeast Asia," in *Two Crises: Different Outcomes; East Asia and Global Finance*, eds. T. J. Pempel and Keiichi Tsunekawa (2015), 140. On the broader point about economic growth and regime support, see Etel Solingen, "Pax Asiatica versus Bella Levantina: The Foundations of War and Peace in East Asia and the Middle East," *American Political Science Review* 101, no. 4 (2007): 757-780.

46. Rock, "Development Strategy and Development Performance in Southeast Asia," 40.

47. Rock, 40-41.

48. John T. Sidel, "Social Origins of Dictatorship and Democracy Revisited: Colonial State and Chinese Immigrant in the Making of Modern Southeast Asia," *Comparative Politics* 40, no. 2 (2008): 127-147.

49. G. William Skinner, "Change and Persistence in Chinese Culture Overseas: A Com parison of Thailand and Java," *Journal of the South Seas Society* 16 (1960): 89, 91, as cited in Sidel, "Social Origins of Dictatorship and Democracy Revisited," 131.

50. Lee Jones, "Explaining the Failure of the ASEAN Economic Community: The Primacy of Domestic Political Economy," *Pacific Review* 29, no. 5 (2016): 653-654.

51. Jeffrey A. Winters, *Power in Motion: Capital Mobility and the Indonesian State* (Ithaca, NY: Cornell University Press, 1996).

52. Meredith Woo-Cumings, "The State, Democracy, and the Reform of the Corporate Sector in Korea," in *The Politics of the Asian Economic Crisis*, ed. T. J. Pempel (Ithaca, Cornell University Press, 1999), 139-140.

53. Rajah Rasiah, "Manufacturing Export Growth in Indonesia, Malaysia, and Thailand," in *Southeast Asian Paper Tigers*, ed. K. S. Jomo (London: Routledge, 2004), 40; MacIntyre, "Power, Prosperity and Patrirmonialism," 253.

54. Stijn Claessens, Simeon Djankov, and Larry H. P. Lang, "The Separation of Ownership and Control in East Asian Corporations," *Journal of Financial Economics* 58, no. 1-2 (2000): 81-112.

55. Rock, "Development Strategy and Development Performance in Southeast Asia," 41.

56. Rasiah, "Export Growth in Indonesia, Malaysia, and Thailand," 63.

57. Schlossstein, *Asia's New Little Dragons*, 163-164.

58. Anne Booth, "Initial Conditions and Miraculous Growth: Why Is Southeast Asia Different from Taiwan and Korea?," in *Southeast Asia's Industrialization: Industrial Policy,*

Capabilities and Sustainability, ed. K. S. Jomo (New York: Palgrave, 2001), 47-48.

59. Sutapa Amornivat, "Firms Struggle for Staff in a Mismatched Society," *Bangkok Post*, November 20, 2013, https://www.bangkokpost.com/opinion/opinion/380712/firms-struggle-for-staff-in-a-mismatched-society, as cited in Richard F. Doner, "Success as Trap? Crises and Challenges in Export-Oriented Southeast Asia," in *Two Crises, Different Outcomes: East Asia and Global Finance*, eds. T. J. Pempel and Keiichi Tsunekawa (Ithaca, NY: Cornell University Press, 2015), 179-181.

60. C. M. Firdausy, *The Social Impact of Economic Crisis on Employment in Indonesia* (Jakarta, Center for Economic and Development Studies, Indonesian Institute of Sciences, 2000), http://www.ismea.org/asialist/firdausy.html.

61. Richard F. Doner and Ben Ross Schneider, "The Middle-Income Trap: More Politics Than Economics," *World Politics* 68, no. 4 (2016): 619.

62. See, for example, Walter Bevins, "What the United States Did in Indonesia," *Atlantic*, October 20, 2017, https://www.theatlantic.com/international/archive/2017/10/the-indonesia-documents-and-the-us-agenda/543534/.

63. Heritage Foundation, "Indonesia and the U.S.," *Backgrounder*, October 12, 1982: 1-2.

64. This included the alliance with Taiwan, that is, the Mutual Defense Treaty between the United States and the Republic of China, operative between 1955 and 1979.

65. John L. S. Girling, *Thailand: Society and Politics* (Ithaca, NY: Cornell University Press, 1981), 235-236.

66. David Elliott, *Thailand: Origins of Military Rule* (London: Zed Press, 1978), 129-133; Richard Doner and Daniel Unger, "The Politics of Finance in Thai Economic Development," in *The Politics of Finance in Developing Countries*, eds. Stephan Haggard, Chung H. Lee, and Sylvia Maxfield (Ithaca, NY: Cornell University Press, 1993), 104.

67. Bowie and Unger, *The Politics of Open Economies*, 6.

68. Akio Watanabe, "Southeast Asia in U.S.-Japanese Relations," in *The United States and Japan in the Postwar World*, eds. Akira Iriye and Warren Cohen (Lexington: University of Kentucky Press, 2015).

69. Mark Beeson, "Developmental States in East Asia: A Comparison of the Japanese and Chinese Experiences," *Asian Perspective* 33, no. 2 (2009): 9.

70. Akio Watanabe, "Southeast Asia in U.S.-Japanese Relations," in *The United States and Japan in the Postwar World*, eds. Akira Iriye and Warren Cohen (Lexington: University of Kentucky Press, 2015).

71. Taizo Miyagi, *Japan's Quest for Stability in Southeast Asia: Navigating the Turning Points in Postwar Asia* (London: Routledge, 2018), 95-96.

72. The Dutch sought to reestablish colonial rule as the war emded and Japanese and Indonesian troops fought several major military battles against Dutch forces. A UN Security Council resolution, and an American threat to cut off Marshall Plan funds to the Netherlands ended Dutch efforts and ensured Indonesian independence.

73. Prime Minister Kishi developed close relations with Sukarno and Japan worked against US efforts to destabilize Indonesia in the late 1950s. Japan also organized a conference to reschedule Indonesian debt in February 1966. See Miyagi, *Japan's Quest for Stability*, 35-36, 94-95.

74. Stubbs, "War and Economic Development," 346.

75. Bowie and Unger, *The Politics of Open Economies*, 39-41.

76. For details, see Sueo Sudo, *The Fukuda Doctrine and ASEAN: New Dimensions in Japanese Foreign Policy* (Singapore: Institute of Southeast Asian Studies, 1992), and Peng Er Lam, ed., *Japan's Relations with Southeast Asia: The Fukuda Doctrine and Beyond* (London: Routledge, 2012).

77. Bowie and Unger, *The Politics of Open Economies*, 63.

78. Kanishka Jayasuriya, "Embedded Mercantilism and Open Regionalism: The Crisis of a Regional Political Project," *Third World Quarterly* 24, no. 2, "Special Issue: Governing the Asia Pacific: Beyond the 'New Regionalism'" (April 2003): 346; see also Richard Stubbs, "The Political Economy of the Asia-Pacific Region," in *Political Economy and the Changing Global Order*, eds. Richard Stubbs and G. B. D. Underhill (London: Macmillan, 1994), 366-377.

79. Rasiah, "Export Growth in Indonesia, Malaysia, and Thailand," 62-63.

80. Wlter Hatch, *Asia's Flying Geese: How Regionalization Shapes Japan* (Ithaca, NY: Cornell University Press, 2010), 86.

81. Rasiah, "Export Growth in Indonesia, Malaysia, and Thailand," 40.

82. P. P. Courtenay, "The Diversification of Malaysian Agriculture, 1950-80: Objectives and Achievements," *Journal of Southeast Asian Studies* 15, no. 1 (1984): 166-181.

83. Schlossstein, *Asia's New Little Dragons*, 230.

84. Crouch, "Malaysia: Neither Authoritarian nor Democratic," 145.

85. The 1932 coup involved a joint civilian-military toppling of the King of Siam and marked Thailand's transformation into a constitutional monarchy as well as the competition between

civilian and military forces for political primacy.

86. Bryan K. Ritchie, "Progress through Setback or Mired in Mediocrity? Crisis and Institutional Change in Southeast Asia," *Journal of East Asian Studies* 5, no. 2 (2005): 285.

87. Rasiah, "Export Growth in Indonesia, Malaysia, and Thailand," 40.

88. Slater, *Ordering Power*, 152.

89. Bowie and Unger, *The Politics of Open Economies*, 77-85.

90. Rasiah, "Export Growth in Indonesia, Malaysia, and Thailand," 36.

91. Fong Chan Onn and Lim Kok Cheong, "Investment Incentives and Trends of Manufacturing Investments in Malaysia," *Developing Economies* 22, no. 4 (1984): 401.

92. Edmund Terence Gomex and Jomo Kwame Sundaram, "Malaysia," in *Democracy, Governance and Economic Performance: East and Southeast Asia*, eds. Ian March, Jean Blondel, and Takashi Inoguchi (Tokyo: United Nations Press, 1999), 248. See also Rasiah, "Export Growth in Indonesia, Malaysia, and Thailand," 36; Doner, Ritchie, and Slater, "Systemic Vulnerability and the Origins of Developmental States," 354; James V. Jesudason, *Ethnicity and the Economy: The State, Chinese Business and Multinationals in Malaysia* (Singapore: Oxford University Press, 1989).

93. Jayasuriya, "Embedded Mercantilism and Open Regionalism."

94. Bowie and Unger, *The Politics of Open Economies*, 79.

95. K. L. Jomo, *Growth and Structural Change in the Malaysian Economy* (London: Macmillan, 1990), 180.

96. Jomo, *Growth and Structural Change*, 186; Gomex and Sundaram, "Malaysia," 249.

97. MacIntyre, "Power, Prosperity and Patrimonialism," 247.

98. MacIntyre, 250.

99. Jayasuriya, "Embedded Mercantilism and Open Regionalism," 348-349.

100. Rasiah, "Export Growth in Indonesia, Malaysia, and Thailand," 34.

101. Doner and Unger, "The Politics of Finance in Thai Economic Development," 107.

102. Doner and Unger, 105.

103. Rasiah, "Export Growth in Indonesia, Malaysia, and Thailand," 28.

104. Bowie and Unger, *The Politics of Open Economies*, 38.

105. Rasiah, "Export Growth in Indonesia, Malaysia, and Thailand," 44.

106. Rasiah, 88.

107. K. S. Jomo, "Introduction: Southeast Asia's Ersatz Miracle," in *Southeast Asian Paper Tigers*, ed. K. S. Jomo (Routledge, 2004), 8.

108. Alasdair Bowie, *Crossing the Industrial Divide: State, Society, and the Politics of Economic Transformation in Malaysia* (New York: Columbia University Press, 1991), 182.

109. Ritchie, "Progress through Setback or Mired in Mediocrity?," 282.

110. MacIntyre, "Power, Prosperity and Patrimonialism," 29.

111. Jones, "Explaining the Failure of the ASEAN Economic Community," 655.

112. Rasiah, "Export Growth in Indonesia, Malaysia, and Thailand," 25.

113. Hatch, *Asia's Flying Geese*, 76. On the broader issue of regional production networks and production, see Mitchell Bernard and John Ravenhill, "Beyond Product Cycles and Flying Geese: Regionalization, Hierarchy, and the Industrialization of East Asia," *World Politics* 47, no. 2 (1995): 171-209.

114. Gomex and Sundaram, "Malaysia," 246.

115. Doner, *Politics of Uneven Development*, 9.

116. Jayasuriya, "Embedded Mercantilism and Open Regionalism," 346.

117. Pepinsky, "Political Business and External Vulnerability in Southeast Asia," 140-141.

118. Pepinsky, 339-355.

119. Rasiah, "Export Growth in Indonesia, Malaysia, and Thailand," 61.

120. Doner, Ritchie, and Slater, "Systemic Vulnerability and the Origins of Developmental States," 351. See also Doner and Schneider, "The Middle-Income Trap," 608-644; Doner, "Success as Trap?," 179-181; Erik Kuhonta, *The Institutional Imperative: The Politics of Equitable Development in Southeast Asia* (Stanford, CA: Stanford University Press, 2011).

第三章　掠奪型政體——掠奪爲先，繁榮次之

1. This quote has been attributed to a number of individuals, among them entertainer Sophie Tucker (see https://www.greatest-quotations.com/search/search.html), and writer Beatrice Kaufman (see https://quoteinvestigator.com/2017/07/01/poor-rich/).

2. See, for example, Paul Pierson, "Increasing Returns, Path Dependence, and the Study of Politics," *American Political Science Review* 34, no. 2 (July 2000): 251-267. Paul Pierson, *Politics in Time: History, Institutions, and Social Analysis* (Princeton: Princeton University Press, 2011). Sven Steinmo, *The Evolution of Modern States: Sweden, Japan, and the United States* (Cambridge, Cambridge University Press, 2010); Wolfgang Streeck and Kathleen Ann Thelen, eds., *Beyond Continuity: Institutional Change in Advanced Political*

*Economie*s (Oxford: Oxford University Press, 2005); Kathleen Ann Thelen, *How Institutions Evolve: The Political Economy of Skills in Germany, Britain, the United States, and Japan* (Cambridge: Cambridge University Press, 2004), inter alia.

3. The original quote is the opening sentence in Tolstoy's, *Anna Karenina*; see Leo Tolstoy, *Anna Karenina*, translated by Constance Garnett, with an introd, by Henri Troyat (New York: Modern Library, 1950), 1.

4. Notably, South Korea sent many of its own civil servants to the Philippines for training until the 1960s. See Richard F. Doner, Bryan K. Ritchie, and Dan Slater, "Systemic Vulnerability and the Origins of Developmental States: Northeast and Southeast Asia in Comparative Perspective," *International Organization* 59, no. 2 (2005): 336, and Ha-Joon Chang, "The East Asian Model of Economic Policy," in *Models of Capitalism: Lessons for Latin America*, ed. Evelyne Huber (University Park: Pennsylvania State University Press, 2002), 197-236.

5. Michael Pinches, "The Philippines: The Regional Exception," *Pacific Review* 5, no. 4 (1992): 390-401; Stephen Rosskamm Shalom, *The United States and the Philippines: A Study of Neocolonialism* (Philadelphia: Institute for the Study of Human Issues, 1981). That changed when ASEAN expanded to included Cambodia, Laos, Vietnam, and Myanmar, since at least three of those four were less prosperous than the Philippines.

6. Paul Hutchcroft, *Booty Capitalism: The Politics of Banking in the Philippines* (Ithaca, NY: Cornell University Press, 1998).

7. *From Max Weber: Essays in Sociology*. Translated, edited, and with an introduction by H. H. Gerth and C. Wright Mills. "Politics as a Vocation," (New York: Free Press,1946), 124-125.

8. See Benedict Anderson, *Cacique Democracy in the Philippines: Origins and Dreams* (Routledge, 2010). See also Eva-Lotta Hedman and John Sidel, *Philippine Politics and Society in theTwentieth Century: Colonial Legacies, Post-Colonial Trajectories* (Abingdon, Oxfordshire: Routledge, 2005); John Thayer Sidel, *Capital, Coercion, and Crime: Bossism in the Philippines* (Stanford, CA: Stanford University Press, 1999).

9. David Kang, *Crony Capitalism: Corruption and Development in South Korea and the Philippines* (Cambridge: Cambridge University Press, 2002), 77.

10. Shalom, *The United States and the Philippines*, 9.

11. Chester L. Hunt, "Philippine Values and Martial Law," *Journal of Southeast Asian Studies* 11, no. 1 (1980): 110.

12. Anderson, *Cacique Democracy in the Philippines*, 20.

13. Gary Hawes, *The Philippine State and the Marcos Regime: The Politics of Export* (Ithaca,

NY: Cornell University Press, 1987), 32.

14. Paul Hutchcroft, "Reflections on a Reverse Image: South Korea under Park Chung Hee and the Philippines under Ferdinand Marcos," in *The Park Chung Hee Era: The Transformation of South Korea*, eds. Kim Pyŏng-guk, Byung-Kook Kim, and Ezra F. Vogel (Cambridge, MA: Harvard University Press, 2011), 543. See also Nathan Gilbert Quimpo, "The Philippines: Predatory Regime, Growing Authoritarian Features," *Pacific Review* 22, no. 3 (2009): 340.

15. Benjamin B. Smith, "Life of the Party: The Origins of Regime Breakdown and Persistence under Single-Party Rule," *World Politics* 57, no. 3 (2005): 446-447.

16. Walter Hatch and Kozo Yamamura, *Asia in Japan's Embrace: Building a Regional Production Alliance* (Cambridge: Cambridge University Press, 1996), 137.

17. See, for example, Jong-sung You, *Democracy, Inequality, and Corruption: Korea, Taiwan and the Philippines Compared* (Cambridge: Cambridge University Press, 2015).

18. Peter Evans, "Class, State, and Dependence in East Asia: Lessons for Latin Americanists," in *The Political Economy of the New Asian Industrialism*, ed. Frederic C. Deyo (Ithaca, NY: Cornell University Press, 1987), 214-215.

19. Thomas C. Nowak and Kay A. Snyder, "Clientelist Politics in the Philippines: Integration or Instability?," *American Political Science Review* 68, no. 3 (1974): 1147-1170.

20. Nowak and Snyder, "Clientelist Politics in the Philippines," 1147-1170.

21. Amy Chua, *World on Fire: How Exporting Free Market Democracy Breeds Ethnic Hatred and Global Instability* (New York: Doubleday, 2003).

22. Paul Hutchcroft, "Neither Dynamo nor Domino: Reforms and Crises in the Philippine Political Economy," in *The Politics of the Asian Economic Crisis*, ed. T. J. Pempel (Ithaca, NY: Cornell University Press, 1999), 179.

23. Jonah P. Estadillo, "Income Inequality in the Philippines, 1961-1991," *Developing Economies* 35, no. 1 (2009): 69-70.

24. Shalom, *The United States and the Philippines*, 40.

25. World Bank, "Philippines Leads Peers with 7.3% GDP Growth but Slowdown Expected for 2008," news release, April 1, 2008, as cited in Quimpo, "The Philippines," 336.

26. Amando Doronila, "The Transformation of Patron-Client Relations and Its Political Consequences in Postwar Philippines," *Journal of Southeast Asian Studies* 16, no. 1 (1985): 105-106.

27. S. P. Go, "Towards the 21st Century: Whither Philippine Labor Migration," in *Filipino*

Workers on the Move: Trend, Dilemmas and Policy Options, ed. B. V. Carino (Manila: PMRN, 1998), 9-44. See also James A. Tyner, "The Global Context of Gendered Labor Migration from the Philippines to the United States," *American Behavioral Scientist* 42, no. 4 (1999): 671-689.

28. Hedman and Sidel, *Philippine Politics and Society in the Twentieth Century*, 125.

29. Jose P. Magno Jr. and A. James Gregor, "Insurgency and Counterinsurgency in the Philippines," *Asian Survey* 26, no. 5 (1986): 501-517.

30. Magno and Gregor, "Insurgency and Counterinsurgency," 506. See also Sheila S. Coronel, "The Philippines in 2006: Democracy and Its Discontents," *Asian Survey* 47, no. 1 (2007): 175-182.

31. Quimpo, "The Philippines," 340.

32. John T. Sidel, "Social Origins of Dictatorship and Democracy Revisited: Colonial State and Chinese Immigrants in the Making of Modern Southeast Asia," *Comparative Politics* 40, no. 2 (2008): 136.

33. Pinches, "The Philippines: The Regional Exception," 395.

34. Paul Hutchcroft, "Reflections on a Reverse Image," 543. See also Garry Rodan, "Inequality and Political Representation in the Philippines and Singapore," *Journal of Contemporary Asia* 51, no. 4, https://doi.org/10.1080/00472336.2019.1607531.

35. Heritage Foundation, *The Key Role of U.S. Bases in the Philippines*, January 10, 1984, https://www.heritage.org/report/the-key-role-us-bases-the-philippines.

36. Michael J. Green, *By More Than Providence: Grand Strategy and American Power in the Asia Pacific since 1783* (New York: Columbia University Press, 2018), 281, 283.

37. Eleanor Albert, *The U.S.-Philippine Defense Alliance* (Washington, DC: Council on Foreign Relations, 2016), https://www.cfr.org/backgrounder/us-philippines-defense-alliance.

38. Data as reported in Kang, *Crony Capitalism*, 43.

39. US Occupation authorities in Japan and South Korea also supported indigenous pro-US elites, but in those countries US businesses had very few prewar investments to protect, while domestic political and business elites lacked the natural resource base to tempt them toward profitability at the expense of development.

40. Roger Dingman, "The Diplomacy of Dependency: The Philippines and Peacemaking with Japan, 1945-52," *Journal of Southeast Asian Studies* 17, no. 2 (1986): 309.

41. Kang, *Crony Capitalism*, 31.

42. Hutchcroft, "Reflections on a Reverse Image," 548.

43. Tetsuo Ito, "Japan's Settlement of the Post-World War II Reparations and Claims," *Japanese Annals of International Law* 37 (1994): 52-53.

44. Kozo Kato, ed., *Asian Regionalism* (Ithaca, NY: Cornell East Asia Series, 1999), 4.

45. My usage is compatible with that of Peter B. Evans, "Predatory, Developmental, and Other Apparatuses: A Comparative Political Economy Perspective on the Third World State," *Sociological Forum* 4, no. 4 (1989): 561-587. For its application to the Philippines, see Quimpo, "The Philippines," 340.

46. Hazel M. McFerson, ed., *Mixed Blessing: The Impact of the American Colonial Experience on Politics and Society in the Philippines* (Westport, CT: Greenwood, 2002), 227. See also Doronila, "The Transformation of Patron-Client Relations."

47. Hutchcroft, "Reflections on a Reverse Image," 564.

48. Hutchcroft, 567.

49. James K. Boyce, *The Philippines: The Political Economy of Growth and Impoverishment in the Marcos Era* (Honolulu: University of Hawaii Press, 1993), 259.

50. Pinches, "The Philippines: The Regional Exception," 393.

51. Rodan, "Inequality and Political Representation," 7.

52. Rodan, 394.

53. "The Philippines' Economy: The Jeepney Economy Revs Up," *The Economist*, August 16, 2007, https://www.economist.com/asia/2007/08/16/the-jeepney-economy-revs-up.

54. Quimpo, "The Philippines," 3.

55. See https://www.transparency.org/country/PHL.

56. For examples, see Armin Rosen, "The Long History of (Wrongly) Predicting North Korea's Collapse," *Atlantic*, August 6, 2012, https://www.theatlantic.com/international/archive/2012/08/the-long-history-of-wrongly-predicting-north-koreas-collapse/260769/; Nicholas Eberstadt, "The Coming Collapse of North Korea," *Wall Street Journal*, June 25, 1990: A18; Bruce Cumings, *North Korea: Another Country* (New York: New Press, 2004), 199; Daniel Byman and Jennifer Lind, "Pyongyang's Survival Strategy: Tools of Authoritarian Control in North Korea," *International Security* 35, no. 1 (2010): 44-74; Nicholas Eberstadt, *The End of North Korea* (Washington, D.C.: American Enterprise Institute, 1999); Michael Krantz, "The White House Is Preparing for the Possibility of North Korea Collapsing on Its Own," *Business Insider*, December 13, 2017, https://www.businessinsider.com/white-house-what-if-north-korea-collapses-tillerson-2017-12; Tom Embury-Dennis, "North Korea Could Collapse within a Year, Says Former Pyongyang

Official," *Independent*, October 17, 2017, https://www.independent.co.uk/news/world/asia/north-korea-collapse-economy-pyongyang-kim-jong-un-industry-sanctions-china-a8005001.html; and Art Moore, "Kim Jong Out? Some See Signs of Collapse," WND, December 21, 2017, https://www.wnd.com/2017/12/kim-jong-out-some-see-signs-of-collapse/.

57. Patrick McEachern, *Inside the Red Box: North Korea's Post-Totalitarian Politics* (New York: Columbia University Press, 2010), 31; Kongdan Oh and Ralph C. Hassig, *North Korea through the Looking Glass* (Washington, DC: Brookings Institution Press, 2004), 1.

58. Byman and Lind, "Pyongyang's Survival Strategy," 60.

59. Jonathan T. Chow and Leif-Eric Easley, "Renegotiating Pariah State Partnerships: Why Myanmar and North Korea Respond Differently to Chinese Influence," *Contemporary Security Policy* 40, no. 4 (2019): 502-525.

60. Andrei Lankov, "Pyongyang: Rules of Engagement," *Pacific Review* 16, no. 4 (2003): 616. For extended and detailed discussion of some of the personalities involved in Kim Ilsung's closest circle, see also Bruce Cumings, *North Korea: Another Country* (New York: New Press, 2004), 169.

61. Andrei Lankov, "Staying Alive: Why North Korea Will Not Change," *Foreign Affairs* 87, no. 2 (2008): 9.

62. Hanhee Lee, "Analyzing the Political Survival Prospects of Kim Jong-un's North Korean Regime through the Framework of Selectorate Theory," *Japanese Journal of Political Science* 19, no. 3 (2018): 483.

63. Lee, "Kim Jong-un's North Korean Regime," 477-479; McEachern, *Inside the Red Box*.

64. Byman and Lind, "Pyongyang's Survival Strategy," 45.

65. Johannes Gerschewski, "The Three Pillars of Stability: Legitimation, Repression, and Co-Optation in Autocratic Regimes," *Democratization* 20, no. 1 (2013): 27. See also Stephen Haggard and Marcus Noland, *Witness to Transformation: Refugee Insights into North Korea* (Washington, DC: Peterson Institute for International Economics, 2011), 81-100.

66. Byman and Lind, "Pyongyang's Survival Strategy," 68.

67. K. J. Kwon and Ben Westcott, "Kim Jong Un Has Executed over 300 People since Coming to Power," CNN, December 29, 2016, https://www.cnn.com/2016/12/29/asia/kim-jong-un-executions/index.html.

68. Byman and Lind, "Pyongyang's Survival Strategy," 68.

69. Cumings, *North Korea: Another Country*, 131.

70. *Korea (Democratic People's Republic of)'s Constitution of 1972 with Amendments through*

1998, https://www.constituteproject.org/constitution/Peoples_Republic_of_Korea_1998.pdf.

71. Phil Robertson, "North Korea's Caste System: The Trouble with Songbun," *Foreign Affairs*, June 30, 2016, https://www.foreignaffairs.com/articles/north-korea/2016-06-30/north-koreas-caste-system. See also Oh and Hassig, *North Korea through the Looking Glass*, 133-134.

72. Timothy W. Martin and Warangkana Chomchuen, "North Koreans Get Smartphones, and the Regime Keeps Tabs," *Wall Street Journal*, October 30, 2018.

73. David Everand, *Only Beautiful, Please: A British Diplomat in North Korea* (Stanford, CA: Asia-Pacific Research Center, Stanford University, 2012), 53.

74. Andrei Lankov, "The Natural Death of North Korean Stalinism," *Asia Policy* 1 (2006): 100.

75. Everand, *Only Beautiful, Please*, 80.

76. Charles K. Armstrong, *The North Korean Revolution, 1945-1950* (Ithaca, NY: Cornell University Press, 2004), 213. See also Bruce Cumings, "Corporatism in North Korea," *Journal of Korean Studies* 4, no. 1 (1982): 269-294, and Helen-Louise Hunter, *Kim Il-song's North Korea* (Westport, CT: Greenwood, 1999).

77. Lankov, "Natural Death of North Korean Stalinism," 99.

78. Lankov, 110.

79. See James Jones, producer, *Frontline*, season 2014, episode 6, "The Secret State of North Korea," aired January 14, 2014, http://www.pbs.org/wgbh/pages/frontline/secret-state-of-north-korea.

80. Kang Chol-hwan and Pierre Rigoulot, *Aquariums of Pyongyang: Ten Years in the North Korean Gulag*, trans. Yair Reiner (New York: Basic Books, 2005); Blaine Harden, *Escape from Camp 14* (London: Penguin, 2012).

81. Arms Control Association, "Chronology of U.S.-North Korean Nuclear and Missile Diplomacy," https://www.armscontrol.org/factsheets/dprkchron.

82. Charles L. Pritchard, *Failed Diplomacy: The Tragic Story of How North Korea Got the Bomb* (Washington, DC: Brookings Institution, 2007), 1-2.

83. The United States had discovered proof that the DPRKwas producing highly enriched uranium (HEU) that, along with the banned plutonium, could produce nuclear weapons material. The Agreed Framework had, however, been limited to a freeze on plutonium and US technical worries about HEU were deemed by Clinton administration officials as too far from delivery to be beyond subsequent negotiations to close them down. The Bush administration took an alternative view, claiming that the DPRK had violated both the spirit

and letter of the Agreed Framework. See T. J. Pempel, "How Bush Bungled Asia: Militarism, Economic Indifference, and Unilateralism Have Weakened the United States across Asia," *Pacific Review* 21, no. 5 (2008): 547-581.

84. Mike Chinoy, *Meltdown: The Inside Story of the North Korean Nuclear Crisis* (New York: St. Martin's Press, 2010); James A. Kelly, "George W. Bush and East Asia: An Assessment," in *George W. Bush and East Asia: A First Term Assessment*, eds. R. M. Hathaway and W. Lee (Washington, DC: Wilson Center, 2005), 14-30; Pempel, "How Bush Bungled Asia," 547-581; Pritchard, *Failed Diplomacy*.

85. To this end, China, along with Russia, backed several United Resolutions introducing sanctions against the North following such tests. See, for example, "North Korea: UN Imposes Fresh Sanctions over Missile Tests," BBC News, December 29, 2017, https://www.bbc.com/news/world-asia-42459670; Carol Morello, Michelle Ya Hee Lee, and Emily Rauhala, "UN Agrees to Toughest Ever Sanctions against North Korea," *Washington Post*, September 11, 2017, https://www.washingtonpost.com/world/in-the-push-for-oil-embargo-on-north-korea-china-is-reluctant-to-sign-off/2017/09/11/3a5b56fe-96e5-11e7-a527-3573bd073e02_story.html?utm_term=.e41fed63ba80.

86. McEachern, *Inside the Red Box*, 14-15.

87. Bruce Cumings, "The Origins and Development of the Northeast Asian Political Economy: Industrial Sectors, Product Cycles, and Political Consequences," *International Organization* 38, no. 1 (1984): 1-40.

88. Lee, "KimJong-un's North Korean Regime," 483.

89. Lankov, "The Natural Death of North Korean Stalinism," 110.

90. Robert L. Carlin and Joel S. Wit, "The Way Things Were," *Adelphi Papers* 46, no. 382 (2006): 22.

91. Carlin and Wit, "The Way Things Were," 21-25.

92. Lankov, "Why North Korea Will Not Change," 9.

93. Carlin and Wit, "The Way Things Were," 21-25.

94. McEachern, *Inside the Red Box*, 5.

95. Lankov, "The Natural Death of North Korean Stalinism," 110.

96. Lankov, 111.

97. McEachern, *Inside the Red Box*, 5-6.

98. Choe Sang-hun, "Economic Measures by North Korea Prompt New Hardships and Unrest," *New York Times*, February 3, 2010: A4.

99. Andrei Lankov, *The Resurgence of a Market Economy in North Korea*, Carnegie Moscow Center, January 2016, https://carnegieendowment.org/files/CP_Lankov_Eng_web_final.pdf.

100. Lankov, *Resurgence of a Market Economy in North Korea*.

101. A good analysis of the 2013 and 2014 New Year's speeches and the increased emphasis on economic development is found in https://www.38north.org/2014/01/rfrank010214/.

102. Ruediger Fran, "North Korea's Economic Policy in 2018 and Beyond: Reforms Inevitable, Delays Possible," *38 North*, August 8, 2018, https://www.38north.org/2018/08/rfrank080818/.

103. Ruediger Frank, "North Korea's Economic Policy in 2018 and Beyond: Reforms Inevitable, Delays Possible," *38 North*, August 8, 2018, https://www.38north.org/2018/08/rfrank080818/.

104. I use Myanmar rather than the earlier name "Burma" because Myanmar is the name used legally by the country's government and by the regional and global organizations of which it is a member. "Burma" has loaded political connotations, particularly in its resonance with the Burmese ethnic group that has long enjoyed majority status and political control. For historical references or in direct quotes, I honor that usage.

105. Mary Patricia Callahan, *Making Enemies: War and State Building in Burma* (Ithaca, NY: Cornell University Press, 2005), 2-3.

106. Callahan, *War and State Building in Burma*, 18.

107. Roger Lee Huang, "Re-thinking Myanmar's Political Regime: Military Rule in Myanmar and Implications for Current Reforms," *Contemporary Politics* 19, no. 3 (2013): 251.

108. Huang, "Re-thinking Myanmar's Political Regime," 249.

109. Jason Brownlee, *Authoritarianism in an Age of Democratization* (New York: Cambridge University Press, 2007), 29. See also Kyaw Yin Hlaing, "Setting the Rules for Survival: Why the Burmese Military Regime Survives in an Age of Democratization," *The Pacific Review* 22, no. 3 (2009): 271-291.

110. Andrew Seith, "Myanmar's Coercive Apparatus: The Long Road to Reform," in *Myanmar: Dynamics of an Evolving Polity*, ed. David Steinberg (Boulder, CO: Lynne Rienner, 2015), 13.

111. Nick Cheesman, "Myanmar and the Promise of the Political," in *Conflict in Myanmar: War, Politics, Religion*, eds. Nick Cheesman and Nicholas Farrelly (Singapore: ISEAS, 2015), 355. See also Sean Turnell, "Myanmar's Fifty-Year Authoritarian Trap," *Journal of International Affairs* 65, no. 1 (2011): 79-92.

112. On the 1974 constitution, see Robert H. Taylor, "Burma's National Unity Problem and the 1974 Constitution," *Contemporary Southeast Asia* 1, no. 3 (1979): 232-248.

113. Kyaw Yin Hlaing, "Reconsidering the Failure of the Burma Socialist Programme Party Government to Eradicate Internal Economic Impediments," *South East Asia Research* 11, no. 1 (2003): 6.

114. Robert Taylor, *The State in Myanmar* (Honolulu: University of Hawaii Press, 2009), 319.

115. David Steinberg, "The Persistence of Military Dominance," in *Myanmar: Dynamics of an Evolving Polity*, ed. David Steinberg (Boulder, CO: Lynne Rienner, 2015), 44; Huang, "Rethinking Myanmar's Political Regime," 252; Yoshihiro Nakanishi, *Strong Soldiers, Failed Revolution: The State and the Military in Burma, 1962-8* (Singapore: National University of Singapore Press, 2014), 112. See also Steinberg, "Persistence of Military Dominance," and Callahan, *War and State Building in Burma*.

116. Kipgin Nehginpao, *Myanmar: A Political History* (Oxford: Oxford University Press, 2016), 11.

117. Hlaing, "Setting the Rules for Survival," 271-291.

118. A. Burke, N. Williams, P. Barron, K. Joliffe, and T. Carr. "The Contested Areas of Myanmar: Subnational Conflict, Aid, and Development," Asia Foundation, 2019.

119. Konosuke Odaka, "A New Light to Shine? Historical Legacies and Prospects for Myanmar's Economy," in *The Myanmar Economy: Its Past, Present and Prospect*, ed. Konosuke Odaka (Tokyo: Springer, 2016), 15.

120. David I. Steinberg, ed., *Myanmar: The Dynamics of an Evolving Polity* (Boulder: CO: Lynne Rienner, 2015), 6-7.

121. Michael Green and Derek Mitchell, "Asia's Forgotten Crisis: A New Approach to Burma," *Foreign Affairs* 86, no. 6 (2007): 149.

122. Kevin Woods, "Ceasefire Capitalism: Military Private Partnerships, Resource Concessions, and Military Style Building in the Burma-China Borderland," *Journal of Peasant Studies* 38, no. 4 (2011): 747-770.

123. Mary P. Callahan, *Political Authority in Burma's Ethnic Minority States: Devolution, Occupation and Coexistence* (Washington, DC: East-West Center, 2007). Huang, "Re-thinking Myanmar's Political Regime," 255-257.

124. Huang, "Re-thinking Myanmar's Political Regime," 257.

125. Bart Gaens, Political change in Myanmar: Filtering the murky waters of "disciplined democracy," FIIA Working Paper, #78 (February 2013): 9-14, https://www.fiia.fi/wp-

content/uploads/2017/01/wp78.pdf.

126. The Asia Foundation, *The Contested Areas of Myanmar*, 16.

127. "Myanmar's Constitutional Convention: A Charter for Thugocracy," *The Economist*, September 6, 2007, https://www.economist.com/asia/2007/09/06/a-charter-for-thugocracy. See also Nicholas Farrelly, "Myanmar's Conflicted Politics," in *Cornflict in Myanmar: War, Politics, Religion*, eds. Nick Cheesman and Nicholas Farrelly (Singapore: ISEAS-Yusof Ishak Institute, 2016), 3-24.

128. Seith, "Myanmar's Coercive Apparatus," 14.

129. Steinberg, "Contemporary Myanmar," 6-7. The military's vicious ethnic cleansing campaign against the Muslim Rohingya in Rahkine state soon put the lie to any notion of true religious tolerance.

130. Huang, "Re-thinking Myanmar's Political Regime," 248.

131. Zoltan Barany, "Where Myanmar Went Wrong: From Democratic Awakening to Ethnic Cleansing," *Foreign Affairs*, May/June 2018, https://www.foreignaffairs.com/articles/burma-myanmar/2018-04-16/where-myanmar-went-wrong.

132. The Rakhine state is home to a substantial minority of Muslim Rohingya. Although many residents trace their ancestry to the early nineteenth century, they are technically stateless as the result of a 1982 citizen law, limiting citizenship to membership in one of the national races, namely, those the state considers to have settled in Myanmar prior to 1824, the date of first occupation by the British. The British subsequently moved a large number of Muslims from what is now Bangladesh to work in Burma.

133. Odaka, "A New Light to Shine?," 15.

134. Farrelly, "Myanmar's Conflicted Politics," 14.

135. Turnell, "Myanmar's Fifty-Year Authoritarian Trap," 85.

136. David I. Steinberg, "International Rivalries in Burma: The Rise of Economic Competition," *Asian Survey* 30, no. 6 (1990): 588.

137. Farrelly, "Myanmar's Conflicted Politics," 10-11.

138. Steinberg, "International Rivalries in Burma," 589.

139. Odaka, "A New Light to Shine?," 16.

140. Steinberg, "International Rivalries in Burma," 589. On the broader issue of Japanese reparations and overseas development assistance, see Robert M. Orr, *The Emergence of Japan's Foreign Aid Power* (New York: Columbia University Press, 1990), and Alan Rix, *Japan's Foreign Aid Challenge* (London: Routledge, 2010).

141. See the 2011 movie *The Lady*. Directed by Luc Besson. Paris: EuropaCorp, 2011.

142. Steinberg, "International Rivalries in Burma," 589.

143. Steinberg, 594.

144. See, for example, Thant Myint-U, *Where China Meets India: Burma and the New Crossroads of Asia* (New York: Farrar, Strauss and Giroux, 2011), 180-201, and Farrelly, "Myanmar's Conflicted Politics," 10.

145. Min Zin, "China-Burma Relations: China's Risk, Burma's Dilemma," in *Burma or Myanmar? The Struggle for National Identity*, ed. Lowell Dittmer (Singapore: World Scientific, 2010). See also Turnell, "Myanmar's Fifty-Year Authoritarian Trap," 87.

146. Andrze Bolesta, "Myanmar-China Peculiar Relationship: Trade, Investment and the Model of Development," *Journal of International Studies* 11, no. 2 (2018): 25.

147. Chico Harlan, "WikiLeaks Suggests N. Korean, Burmese Nuclear Cooperation," https://www.washingtonpost.com/newssearch/?query=WikiLeaks%20suggests%20N.%20Korean,%20Burmese%20nuclear%20cooperation%20&sort=Relevance&datefilter=All%20Since%202005; Green and Mitchell, "Asia's Forgotten Crisis," 147-158.

148. Alice D. Ba, *(Re) negotiating East and Southeast Asia: Region, Regionalism, and the Association of Southeast Asian Nations* (Stanford, CA: Stanford University Press, 2009), 117.

149. Green and Mitchell, "Asia's Forgotten Crisis," 149.

150. Ba, *(Re) negotiating East and Southeast Asia*, 125.

151. Donald K. Emmerson, "ASEAN's 'Black Swans'," *Journal of Democracy* 19, no. 3 (2008): 70-84.

152. For details, see Kurt Campbell and Brian Andrews, "Explaining the US 'Pivot' to Asia" (London: Chatham House, 2013), 6-8, https://kritisches-netzwerk.de/sites/default/files/explaining_the_us_pivot_to_asia_-_kurt_campbell_and_brian_andrews_-_the_asia_group_-_august_2013_-_9 pages_0.pdf, and Robert Sutter, "The Obama Administration and US Policy in Asia," *Contemporary Southeast Asia: A Journal of International and Strategic Affairs* 31, no. 2 (2009): 189-216, inter alia.

153. Jonathan T. Chow and Leif-Eric Easley, "No Hope without Change: Myanmar's Reforms and Lessons for North Korea," Asian Institute for Policy Studies, *Issue Brief*, no. 36 (November 30, 2012): 8-9.

154. See https://data.worldbank.org/country/myanmar.

155. Toshihiro Kudo and Konosuke Odaka, "Post-colonial Industrialization in Myanmar," in

The Myanmar Economy: Its Past, Present, and Prospects, ed. Konosuke Odaka (New York: Springer, 2016), 156.

156. See, for example, http://www.heritage.org/index/country/Burma.

157. See https://www.transparency.org.

158. Hal Hill and Sisira Jayasuriya, *An Inward-Looking Economy in Transition: Economic Development in Burma since the 1960s* (Singapore: Institute of Southeast Asian Studies 1986), 1.

159. Kudo and Odaka, "Post-colonial Industrialization in Myanmar," 156.

160. Kudo and Odaka, 157.

161. Kudo and Odaka, 171.

162. Hlaing, "Reconsidering the Failure of the Burma Socialist Programme Party Government," 24.

163. This involved the Foreign Investment Law (1988), the Myanmar Citizen Investment Law (1994), and the Myanmar Industry Development Council (1995). See Steinberg, "International Rivalries in Burma," 587-588, and Fumiharu Mieno and Koji Kubo, "Growth Structure and Macroeconomy under Twenty Years of Junta Regime in Myanmar," in *The Myanmar Economy: Its Past, Present, and Prospects*, ed. Konosuke Odaka (New York: Springer, 2016), 55.

164. Mieno and Kubo, "Macroeconomy under TwentyYears of Junta Regime in Myanmar," 52.

165. Mieno and Kubo, 55-58.

166. Steinberg, "International Rivalries in Burma," 591.

167. Sean Turnell, "The Rape of Burma: Where Did the Wealth Go?," *Japan Times*, May 2, 2008, https://www.japantimes.co.jp/opinion/2008/05/02/commentary/world-commentary/the-rape-of-burma-where-did-the-wealth-go/.

第四章　發展型政體的改造

1. This logic finds resonance in a number of works stressing the importance of path dependency. See, for example, James Mahoney, *The Legacies of Liberalism: Path Dependence and Political Regimes in Central America* (Baltimore, MD: Johns Hopkins Press, 2001); Paul Pierson, *Politics in Time: History, Institutions, and Social Analysis* (Princeton, NJ: Princeton University Press, 2011); Wolfgang Streeck and Kathleen Thelen, "Introduction: Institutional Change in Advanced Political Economies," in *Beyond*

Continuity: Institutional Change in Advanced Political Economies, eds. Wolfgang Streeck and Kathleen Thelen (Oxford: Oxford University Press, 2005); Linda Weiss, "Developmental States in Transition: Adapting, Dismantling, Innovating, Not 'Normalizing'," *Pacific Review* 13, no. 1 (2000): 21-55; Steven K. Vogel, *Freer Markets; More Rules: Regulatory Reform in Advanced Industrial Countries* (Ithaca, NY: Cornell University Press, 1996).

2. For a US example of policymakers' difficulties in adjusting to new conditions, see Walter Russell Mead, "The Big Shift: How American Democracy Fails Its Way to Success," *Foreign Affairs*, May/June 2018, https://www.foreignaffairs.com/articles/united-states/2018-04-16/big-shift.

3. For theoretically rich analyses of different responses to similar challenges, see David R. Cameron, "The Expansion of the Public Economy: A Comparative Analysis," *American Political Science Review* 72, no. 4 (1978): 1243-1261; Peter Gourevitch, *Politics in Hard Times: Comparative Responses to International Economic Crises* (Ithaca, NY: Cornell University Press, 1986); Peter J. Katzenstein, ed., *Between Power and Plenty* (Madison: University of Wisconsin Press, 1977); James Mahoney, *The Legacies of Liberalism: Path Dependence and Political Regimes in Central America* (Baltimore, MD: Johns Hopkins University Press, 2001); Beth A. Simmons, *Who Adjusts? Domestic Sources of Foreign Economic Policy during the Interwar Years* (Princeton, NJ: Princeton University Press, 1997).

4. Dan Slater and Joseph Wong, "The Strength to Concede: Ruling Parties and Democratization in Developmental Asia," *Perspectives on Politics* 11, no. 3 (2013): 717-733.

5. This analysis parts company with those focused on continuities in "developmental states," such as Ben Fine's "The Developmental State Is Dead—Long Live Social Capital?," *Development and Change* 30, no. 1 (1999): 1-19, Weiss's "Developmental States in Transition," 21-55, and Stephan Haggard's "The Developmental State Is Dead: Long Live the Developmental State," in *Comparative Historical Analysis in Contemporary Political Science* (2015), 39-66. It is more congruent with that of Joseph Wong, "The Adaptive Developmental State in East Asia," *Journal of East Asian Studies* 4, no. 3 (2004): 345-362.

6. When the United States finalized diplomatic ties with the PRC in 1979, the US Congress passed the Taiwan Relations Act to ensure that the United States would provide military equipment to Taiwan and would not engage in negotiations with the PRC at Taiwan's expense or seek to impede Taiwan's continuance as an autonomous political and economic entity. Steven M. Goldstein and Randall Schriver. "An Ucertain Relationship: The United

States, Taiwan and the Taiwan Relations Act," *China Quraterly* 165 (2001): 147-172.

7. T. J. Pempel, ed., *The Economic-Security Nexus in Northeast Asia* (Abingdon, Oxfordshire: Routledge, 2013).

8. Michael Yahuda, *The International Politics of the Asia-Pacific*, 3rd ed. (London: Routledge, 2004), chaps. 3 and 4.

9. I. M. Destler, *American Trade Politics* (New York: Columbia University Press, 2005); Stanley D. Nollen and Dennis P. Quinn, "Free Trade, Fair Trade, Strategic Trade, and Protectionism in the U.S. Congress, 1987-88," *International Organization* 48, no. 3 (1994): 491-525; Kenneth Flamm, *Mismanaged Trade: Strategic Policy and the Semiconductor Industry* (Washington, DC: Brookings Institution, 1996).

10. See for example, Steven Berry, James Levinsohn, and Ariel Pakes, "Voluntary Export Restraints on Automobiles: Evaluating a trade policy," *American Economic Review* 89, no. 3 (1999): 400-430.

11. For example, the Clinton administration invoked provisions of Super 301 in 1997 to secure an opening of the Korean market, and particularly access for US automakers, by listing its auto market as Priority Foreign Country Practice. R. W. Stevenson, "U. S. Starts Trade Sanction Process against Koreans and 4 Others," *New York Times*, October 2, 1997: D-1. On beef and oranges in Japan, see Kusano Atsushi, *Nichi-Bei: Massatsu no kôzô* [U.S.-Japan: The structure of friction] (Tokyo: PHP, 1984). See also Laura D'Andrea Tyson, *Who's Bashing Whom? Trade Conflict in High, Technology Industries* (Washington, DC: Institute for International Economics, 1992).

12. See, for example, Flamm, *Mismanaged Trade*; Douglas Irwin, "The U.S.-Japan Semiconductor Trade Conflict," in *The Political Economy of Trade Protection*, ed. Anne O. Krueger (Chicago: University of Chicago Press, 1996), 5-14; Tyson, *Who's Bashing Whom?*

13. For an extensive treatment of this influence, see Quinn Slobodian, *Globalization: The End of Empire and the Birth of Neoliberalism* (Cambridge, MA: Harvard University Press, 2018).

14. Robert Solomon and David Solomon, *Money on the Move: The Revolution in International Finance since 1980* (Princeton, NJ: Princeton University Press, 1999), 108-137.

15. Philip Cerny, "The Dynamics of Financial Globalization: Technology, Market Structure, and Policy Response," *Policy Sciences* 27 (1994): 319-320.

16. William Grieder, *One World, Ready or Not: The Manic Logic of Global Capitalism* (New York: Simon and Schuster, 1997), 227. See also G. R. Krippner; *Capitalizing on Crisis* (Cambridge, MA: Harvard University Press, 2011).

17. See, for example, Barry Eichengreen, *Globalizing Capital: A History of the International Monetary System* (Princeton, NJ: Princeton University Press, 2008); Joseph E. Stiglitz, *Globalization and Its Discontents* (London: Penguin, 2002).

18. On the subject see, inter alia, John Ravenhill, "Production Networks in Asia," in *The Oxford Handbook of the International Relations of Asia*, eds. Saadia Pekkanen, John Ravenhill, and Rosemary Foot (Oxford: Oxford University Press, 2014), 348-368; Richard Stubbs, *Rethinking Asia's Economic Miracle: The Political Economy of War, Prosperity, and Crisis* (New York: Macmillan International Higher Education, 2017); Henry Wai-chung Yeung, *Strategic Coupling: East Asian Industrial Transformation in the New Global Economy* (Ithaca, NY: Cornell University Press, 2016), 7.

19. Sven W. Arndt and Henryk Kierzkowski, *Fragmentation: New Production Patterns in the World Economy* (Oxford: Oxford University Press, 2001); Gary Hamilton and Kao Cheng-Shu, *Making Money: How Taiwanese Industrialists Embraced the Global Economy* (Stanford, CA: Stanford University Press, 2017); John Ravenhill, "Production Networks in Asia," 348-368; Stubbs, *Rethinking Asia's Economic Miracle*; Dennis Tachiki, "Between Foreign Direct Investment and Regionalism: The Role of Japanese Production Networks," in *Remapping East Asia: The Construction of a Region*, ed. T. J. Pempel (Ithaca, NY: Cornell University Press, 2005), 149-169; Yeung, *Strategic Coupling*; inter alia.

20. Etel Solingen, "Domestic Coalitions, Internationalization, and War: Then and Now," *International Security* 39, no. 1 (2014): 46.

21. Xiangming Chen, "Taiwan Investments in China and Southeast Asia: 'Go West, but also Go South'," *Asian Survey* 36, no. 5 (1996): 449.

22. Chen, "Taiwan Investments in China and Southeast Asia," 451.

23. Gary G. Hamilton, ed., *Asian Business Networks*, vol. 64 (Berlin: Walter de Gruyter, 2011).

24. Barry Naughton, *The China Circle: Economics and Technology in the PRC, Taiwan, and Hong Kong* (Washington, DC: Brookings Institution, 1997); see also Peter J. Katzenstein and Takashi Shiraishi, *Network Power* (Ithaca, NY: Cornell University Press, 1997).

25. June-Dong Kim and In-Soo Kang, "Outward FIX and Exports: The Case of South Korea and Japan," *Journal of Asian Economics* 8, no. 1 (1996): 42.

26. Seungjin Kim, "Effects of Outward Foreign Direct Investment on Home Country Performance Evidence from Korea," in *The Role of Foreign Direct Investment in East Asian Economic Development*, eds. Takatoshi Ito and Anne O. Krueger (Chicago: University of Chicago Press, 2000), 296.

27. David D. Hale, "Dodging the Bullet—This Time," *Brookings Review* 16 (1998): 22-25; T. J. Pempel, "Soft Balancing, Hedging, and Institutional Darwinism: The Economic-Security Nexus and East Asian Regionalism," *Journal of East Asian Studies* 10, no. 2 (2010): 216.

28. Willem Thorbecke and Nimesh Salike, "Foreign Direct Investment in East Asia," RIETI Policy Discussion Paper Series 13-P-003: 11, 28, https://www.rieti.go.jp/jp/publications/pdp/13p003.pdf.

29. Thomas Kalinowski and Hyekyung Cho, "The Political Economy of Financial Liberalization in South Korea: State, Big Business, and Foreign Investors," *Asian Survey* 49, no. 2 (2009): 236; see also Yoshimichi Sato and Jun Imai, eds., *Japan's New Inequality: Intersection of Employment Reforms and Welfare Arrangements* (Melbourne: Trans Pacific Press, 2011).

30. T. J. Pempel, *Japan: The Dilemmas of Success* (New York: Foreign Policy Association, 1986).

31. Yasusuke Murakami, "The Age of New Middle Mass Politics: The Case of Japan," *Journal of Japanese Studies* 8, no. 1 (1982): 29-72; see also William W. Kelly, "Rationalization and Nostalgia: Cultural Dynamics of New Middle-Class Japan," *American Ethnologist* 13, no. 4 (1986): 603-618.

32. Robert Wade, *Governing the Market: Economic Theory and the role of Government in East Asian Industrialization* (Princeton: Princeton University Press, 2004), 44-45.

33. Hagan Koo, "From Farm to Factory: Proletarianization in Korea," *American Sociological Review* 56, no. 5 (October 1990): 672.

34. OECD, data bank, https://data.oecd.org/.

35. See "GDP per Capita, Countries Compared," *NationMaster*, http://www.nationmaster.com/graph/eco_gdp_percap-economy-gdp-per-capita&date=1962; World Economic Databses, International Monetary Fund, https://www.imf.org/external/pubs/ft/weo/2018/01/weodata/weorept.aspx?sy=1980&ey=2023&scsm=1&ssd=1&sort=country&ds=.&br=1&c=186&s=NGDP_RPCH%2CPPPGDP%2CPPPPC%2CPCPIPCH%2CLUR%2CGGXWDG_NGDP&grp=0&a=&pr.x=17&pr.y=7.

36. See World Economic Databses, International Monetary Fund, https://www.imf.org/external/pubs/ft/weo/2018/01/weodata/weorept.aspx?sy=1980&ey=2023&scsm=1&ssd=1&sort=country&ds=.&br=1&c=528&s=NGDP_RPCH%2CPPPGDP%2CPPPPC%2CPCPIPCH%2CLUR%2CGGXWDG_NGDP&grp=0&a=&pr.x=42&pr.y=9.

37. Hung-mao Tien, "Transformation of an Authoritarian Party State," in *Political Change in Taiwan*, eds. Tun-jen Cheng and Stephan Haggard (Boulder, CO: Lynne Rienner, 1992), 38.

38. *Taiwan Statistic Data Book* (2008), table 14-5a, https://ws.ndc.gov.tw/Download.ashx?u=Lz AwMS9hZG1pbmlzdHJhdG9yLzExL3JlbGGZpbGUvNTgxNy83MDc2LzAwMTA2ODVfM S5wZGY%3d&n=MjAwOGRhdGFib29rLnBkZg%3d%3d&icon=..pdf.

39. Wade, *Governing the Market*, 44-45.

40. Shelly Rigger, "Mobilizational Authoritarianism and Political Opposition in Taiwan," in *Political Oppositions in Industrializing Asia*, ed. Garry Rodan (London: Routledge, 1996), 309.

41. On such changes in values, see Ronald Inglehart, *Modernization and Postmodernization: Cultural, Economic, and Political Change in 43 Societies* (Princeton, NJ: Princeton University Press, 1997).

42. Tun-jen Cheng and Stephan Haggard, "Regime Transformation in Taiwan: Theoretical and Comparative Perspectives," in *Political Change in Taiwan*, eds. Tun-jen Cheng and Stephan Haggard (Boulder, CO: Lynne Rienner, 1992), 1-29.

43. Dan Slater, *Ordering Power: Contentious Politics and Authoritarian Leviathans in Southeast Asia* (Cambridge: Cambridge University Press, 2010).

44. Hsin-huang Michael Hsiao, "The Labor Movement in Taiwan: A Retrospective and Prospective Look," in *Taiwan: Beyond the Economic Miracle*, eds. Denis Fred Simon and Michael Y. M. Lao (Armonk, NY: M. E. Sharpe, 1993), 154.

45. Hsin-Huang Michael Hsiao, "Emerging Social Movements and the Rise of a Demanding Civil Society in Taiwan," *Australian Journal of Chinese Affairs* 24 (July 1990): 165-166.

46. Slater and Wong, "The Strength to Concede," 724.

47. Slater and Wong, 717-733.

48. Tun-jen Cheng, "Democratizing the Quasi-Leninist Regime," *World Politics* 41, no. 4 (1989): 482.

49. Slater and Wong, "The Strength to Concede," 725.

50. Koo, "From Farm to Factory," 678.

51. Seongyi Yun, "Democratization in South Korea: Social Movements and their Political Opportunity Structures," *Asian Perspective* 21, no. 3 (Winter 1997): 145-171; Su-Hoon Lee, "Transitional Politics of Korea, 1987-1992: Activation of Civil Society," *Pacific Affairs* 68, no. 3 (Autumn 1993): 351-367.

52. The experience of the 1968 Olympics in Mexico provided a stark warning of how badly protests and police crackdowns meshed with positive national image enhancement. In a military crackdown on student protests in the city of Tiatellolco and the National

Autonomous University of Mexico, hundreds of students and civilians died and thousands were arrested. Although the games went forward, they left the government with a symbolic black eye.

53. T. J. Pempel, "Between Pork and Productivity: The Collapse of the Liberal Democratic Party," *Journal of Japanese Studies* 36, no. 2 (Summer 2010): 227-254; see also Kent E. Calder, *Crisis and Compensation: Public Policy and Political Stability in Japan, 1949-1986* (Princeton, NJ: Princeton University Press, 1988).

54. See inter alia, Naoki Kobayashi, "The Small and Medium-Sized Enterprises Organization Law," in *Japanese Politics: An Inside View; Readings from Japan*, ed. Hiroshi Itoh (Ithaca, NY: Cornell University Press, 1973); Sheldon Garon and Mike Mochizuki, "Negotiating Social Contracts," in *Postwar Japan as History*, ed. Andrew Gordon (Berkeley: University of California Press, 1993), 145-166.

55. There was a coalition government in Japan in 1993-94, but it hardly showed any socioeconomic coherence because it resulted from a fragile alliance of the highly diverse support groups behind the seven coalitional parties.

56. T. J. Pempel, ed., *Uncommon Democracies: The One-Party Dominant Regimes* (Ithaca, NY: Cornell University Press, 1990).

57. Ethan Scheiner, *Democracy without Competition in Japan: Opposition Failure in a One-party Dominant State* (Cambridge: Cambridge University Press, 2005).

58. See, for example, Gerald Curtis, *Election Campaigning Japanese Style* (New York: Columbia University Press, 1971), 38ff; Russell J. Dalton and Scott E. Flanagan, *Electoral Change in Advanced Industrial Democracies: Realignment or Dealignment?*, vol. 4991 (Princeton, NJ: Princeton University Press, 2017); Ikuo Kabashima and Gill Steel, *Changing Politics in Japan* (Ithaca, NY: Cornell University Press, 2012), chap. 2.

59. See, for example, Peter J. Boettke, Christopher J. Coyne, and Peter T. Leeson, "Institutional Stickiness and the New Development Economics," *American Journal of Economics and Sociology* 67, no. 2 (2008): 331-358; Paul Pierson, "The Limits of Design: Explaining Institutional Origins and Change," *Governance* 13, no. 4 (2000): 475-499; Kathleen Thelen, "Why German Employers Cannot Bring Themselves to Dismantle the German Model," in *Unions, Employers, and Central Banks: Macroeconomic Coordination and Institutional Change in Social Market Economies*, eds. Torben Iversen, Jonas Pontussen, and David Soskice (Cambridge, Cambridge University Press, 2000), 138-172.

60. Keiichi Tsunekawa, "Japan: The Political Economy of Long Stagnation," in *Two Crises,*

Different Outcomes: East Asia and Global Finance, eds. T. J. Pempel and Keiichi Tsunekawa (Ithaca, NY: Cornell University Press 2015).

61. Garon and Mochizuki, "Negotiating Social Contracts," 145-166.

62. This pattern began to change in the early 2000s, as noted in Ellis S. Krauss and Benjamin Nyblade, "'Presidentialization' in Japan? The Prime Minister, Media and Elections in Japan," *British Journal of Political Science* 35, no. 2 (2005): 357-368.

63. Internal LDP battles hardly ended with these structural overhauls, however. Tensions continued through the next three LDP prime ministers, opening the path for the opposition DPJ to take complete control of both houses of Parliament and the cabinet between 2009 and 2012. Yet the LDP returned to preeminence in 2012, holding that position until the time of this writing. By then, the commanding electoral machinery so integral to the dominant political machine had long since ceased to click on all cylinders, during which time its contributions to economic transformation dissipated. Efforts to reverse that drift began with Prime Minister Koizumi (2001-2006), and certainly Prime Minister Abe, with his long tenure, exerted strong executive authority, though with less focus on using the revitalized state apparatus toward economic invigoration. Pempel, "Pork and Productivity," *Japan Decides 2014: The Japanese General Election*, eds. Robert J. Pekkanen, Steven R. Reed, and Ethan E. Scheiner (New York: Palgrave Macmillan, 2015).

64. Slater and Wong, "The Strength to Concede," 717-733.

65. Cheng and Haggard, "Regime Transformation in Taiwan," 2.

66. Rigger, "Mobilizational Authoritarianism and Political Opposition in Taiwan," 307.

67. Slater and Wong, "The Strength to Concede," 722.

68. Slater and Wong, 724.

69. James Cotton, "From Authoritarianism to Democracy in South Korea," *Political Studies* 37 (1989): 244-259.

70. Cotton, "From Authoritarianism to Democracy," 251.

71. Slater and Wong, "The Strength to Concede," 727.

72. Kim launched reforms to reduce political corruption and abuses of power, going so far as to permit the criminal prosecution of two of his presidential predecessors, Roh Tae-Woo and Chun Doo-Hwan, for crimes committed while in power.

73. Slater and Wong, "The Strength to Concede," 730.

74. Cotton, "From Authoritarianism to Democracy," 245.

75. Haeran Lira, "Democratization and the Transformation Process in East Asian Developmental

States: Financial Reform in Korea and Taiwan," *Asian Perspective* 33, no. 1 (2009): 103.

76. Yun-han Chu, "Surviving the East Asian Financial Storm: The Political Foundation of Taiwan's Economic Resilience," in *The Politics of the Asian Economic Crisis*, ed. T. J. Pempel (Ithaca, NY: Cornell University Press, 1999), 184-202; Yun-han Chu, "Unraveling the Enigma of East Asian Economic Resilience: The Case of Taiwan," in *Two Crises, Different Outcomes: East Asia and Global Finance*, eds. T. J. Pempel and Keiichi Tsunekawa (Ithaca, NY: Cornell University Press, 2015), 64-89.

77. At the same time, overseas assembly and production often spurred the export of components integral to foreign assembly.

78. Lim, "Democratization and the Transformation Process in East Asian Developmental States," 85-86.

79. Lim, 91.

80. Ha-Joon Chang, Hong-Jae Park, and Chul Gyue Yoo, "Interpreting the Korean Crisis: Financial Liberalization, Industrial Policy, and Corporate Governance," *Cambridge Journal of Economics* 22 (1998): 735-746. See also Lim, "Democratization and the Transformation Process in East Asian Developmental States," 86-87.

81. Ha-Joon Chang, "Korea: The Misunderstood Crisis," *World Development* 26, no. 8 (1998): 1588.

82. Frank S. Hsiao and Mei-Chu Wang Hsiao, *Economic Development of Emerging East Asia: Catching Up of Taiwan and South Korea* (London: Anthem Press, 2017), 34.

83. Jongryn Mo and Barry R. Weingast, *Korean Political and Economic Development: Crisis, Security and Institution Building* (Cambridge, MA: Harvard University Press, 2013); Gregory W. Noble and John Ravenhill, "The Good, the Bad and the Ugly? Korea, Taiwan, and the Asian Financial Crisis," in *The Asian Financial Crisis and the Architecture of Global Finance*, eds. Gregory W. Noble and John Ravenhill (Cambridge: Cambridge University Press, 2000), 80-107.

84. Meredith Woo-Cumings, "The State, Democracy and the Reform of the Corporate Sector in Korea," in *The Politics of the Asian Financial Crisis*, ed. T. J. Pempel (Ithaca, NY: Cotnell University Press, 1999), 117.

85. On surrounding events, see T. J. Pempel, ed., *The Politics of the Asian Economic Crisis* (Ithaca, NY: Cornell University Press, 1999), especially chaps. 2 and 5; Gregory W. Noble and John Ravenhill, eds., *The Asian Financial Crisis and the Architecture of Global Finance* (Cambridge, Cambridge University Press, 2000).

86. Nobel and Ravenhill, *The Asian Financial Crisis*, 261-262.

87. Jongryn Mo, "The Korean Economic System Ten Years after the Crisis," in *Crisis as Catalyst: Asia's Dynamic Political Economy*, eds. Andrew MacIntyre, T. J. Pempel, and John Ravenhill (Ithaca, NY: Cornell University Press, 2008), 254ff.

88. Kim and Roh also promoted a radical shift in foreign policy with economic outreach to the DPRK and efforts to rebalance South Korea's relations with the United States and China. See Byung-Kook Kim, "Between China, America, and North Korea: South Korea's Hedging," in *China's Ascent: Power, Security, and the Future of International Politics*, eds. Robert S. Ross and Zhu Feng (Ithaca, NY: Cornell University Press. 2008), 203-210.

89. David Hundt, "Economic Crisis in Korea and the Degraded Developmental State," *Australian Journal of International Affairs* 68, no. 5 (2014): 499-514.

90. UNCTAD, "Share of World Exports," data set, https://unctadstat.unctad.org/wds/TableViewer/tableView.aspx.

91. See http://www.worldstopexports.com/south-koreas-top-import-partners/.

92. Cal Clark and Alexander C. Tan, *Taiwan's Political Economy: Meeting Challenges, Pursuing Progress* (Boulder, CO: Lynne Rienner, 2012), 17.

93. Clark and Tan, *Taiwan's Political Economy*, 21, 83.

94. Roger D. Huang and Cheng-Yi Shiu, "Local Effects of Foreign Ownership in an Emerging Financial Market: Evidence from Qualified Foreign Institutional Investors in Taiwan," *Financial Management* 38, no. 3 (2009): 567-602.

95. For details, see Huang and Shiu, "Qualified Foreign Institutional Investors in Taiwan."

96. T. J. Chen, "Democratization and Trade Liberalization," in *Taiwan's Economic Success since 1980*, eds. Chao-Cheng Mai and Chien-Sheng Shih (Cheltenham, UK: Edward Elgar, 2001), 319.

97. Lim, "Democratization and the Transformation Process in East Asian Developmental States," 99.

98. Hsiao and Hsiao, *Economic Development of Emerging East Asia*, 34.

99. Yun-han Chu, "The Realignment of Business-Government Relations and Regime Transition in Taiwan," in *Business and Government in Industrializing Asia*, ed. Andrew MacIntyre (Ithaca, NY: Cornell University Press, 1994), 121ff.

100. Daniel You-Ren Yang, Jinn-Yuh Hsu, and Chia-Ho Ching, "Revisiting the Silicon Island? The Geographically Varied 'Strategic Coupling' in the Development of High-Technology Parks in Taiwan," *Regional Studies* 43, no. 3 (2009): 371, 375.

101. UNCTAD, "Share of World Exports," data set, https://unctadstat.unctad.org/wds/ TableViewer/tableView.aspx.

102. Da-Nien Liu, "The Trading Relationship between Taiwan and the United States: Current Trends and the Outlook for the Future," Brookings Institution, *Taiwan-U.S. Quarterly Analysis*, November 2016, https://www.brookings.edu/opinions/the-trading-relationship-between-taiwan-and-the-united-states-current-trends-and-the-outlook-for-the-future.

103. See https://www.google.com/url?sa=t&rct=j&q=&esrc=s&source=web&cd=20&ved =0CF8QFjAJOApqFQoTCLT88oPlrsgCFVUxiAodl4cCHQ&url=http%3A%2F%2F www.state.gov%2Fdocuments%2Forganization%2F227458.pdf&usg=AFQjCNEEU mvrsnmEQoQpINI_w3PFWPhFpA&sig2=11b3F2iq41-L6z16xp9huQ&cad=rja.

104. Jennifer A. Amyx, *Japan's Financial Crisis: Institutional Rigidity and Reluctant Change* (Princeton, NJ: Princeton University Press, 2004).

105. Noguchi Yukio, *Gyôzaisei kaikaku* [Administrative and Financial Reform] (Tokyo: PHP, 1981); Shindô Muneyuki, *Zaisei hatan to zeisei kaikaku* [Financial Bankruptcy and Financial Reform] (Tokyo: Iwanami Shoten, 1989); T. J. Pempel, "The Unbundling of 'Japan, Inc.': The Changing Dynamics of Japanese Policy Formation," *Journal of Japanese Studies* 13, no. 2 (1987): 297ff.

106. Horiuchi Akiyoshi, "The Big Bank Financial System Reforms: Implications for Corporate Governance," in *Japanese Governance: Beyond Japan, Inc.*, eds. Jennifer Amyx and Peter Drysdale (London: Routledge, 2003), 77-95.

107. *Far Eastern Economic Review*, July 4, 1996, 45.

108. See OECD iLibrary, "OECD International Direct Investment Statistics 2018," https:// read.oecd-ilibrary.org/finance-and-investment/oecd-international-direct-investment-statistics-2018_bb55ccaf-en#page16.

109. Yun-han Chu, "Unraveling the Enigma of East Asian Economic Resiliency," in *Two Crises, Different Outcomes: East Asia and Global Finance*, eds. T. J. Pempel and Keiichi Tsunekawa (Ithaca, NY: Cornell University Press, 2015), 64-89.

110. Yasunobu Okabe, "Reacting to Financial Crises: Institutional Path Dependence in Korea and Thailand," in *Two Crises, Different Outcomes*, 90-109.

111. Ulrike Schaede, "From Developmental State to the New Japan: The Strategic Inflection Point in Japanese Business," *Asia Pacific Business Review* 18, no. 2 (2012): 182.

第五章　中國——是綜合型政體嗎？

1. See the World Bank, "The World Bank in China," https://www.worldbank.org/en/country/china/overview. Accessed September 9, 2019.

2. Gordon Gekko was an avaricious financier in the movies, in *Wall Street* (1987) and its sequel, *Wall Street 2: Money Never Sleeps* (2010), both directed by Oliver Stone and distributed by 20th Century Fox. The widely quoted phrase from Deng was made in the 1960s as a suggestion that the terminology for an economic system was less critical than whether or not it produced good results.

3. For early assessments of the Chinese economic transformation, see William H. Overholt, *The Rise of China: How Economic Reform Is Creating a New Superpower* (New York: W. W. Norton, 1994), and Mark Seiden, *The Political Economy of Chinese Development* (Armonk, NY: M. E. Sharpe, 1993).

4. My calculations derive from Nicholas R. Lardy, *Markets over Mao: The Rise of Private Business in China* (Washington, DC: Peterson Institute, 2014); Daniel Bell, *The China Model: Political Meritocracy and the Limits of Democracy* (Princeton, NJ: Princeton University Press, 2015); Daniel J. Mitchell, "A Lesson from China on Poverty Reduction and Inequality: How China Provides a Great Example of Why It's Bad to Focus on Inequality," Foundation for Economic Education, June 23, 2017, https://fee.org/articles/a-lesson-from-china-on-poverty-reduction-and-inequality.

5. Seung-Wook Baek, "Does China Follow 'the East Asian Development Model'?," *Journal of Contemporary Asia* 35, no. 4 (2005): 485-498; Mark Beeson, "Developmental States in East Asia: A Comparison of the Japanese and Chinese Experiences," *Asian Perspective* 33, no. 2 (2009): 5-39; David Kerr, "Has China Abandoned Self-Reliance?," *Review of International Political Economy* 14, no. 1 (2007): 77-104.

6. Franz Schurmann, *Ideology and Organization in Communist China* (Berkeley: University of California Press, 1966), 110.

7. Lance L. P. Gore, "The Social Transformation of the Chinese Communist Party: Prospects for Authoritarian Accommodation," *Problems of Post-Communism* 62 (2015): 207.

8. Stein Ringen, *The Perfect Dictatorship: China in the 21st Century* (Hong Kong: Hong Kong University Press, 2016), xi.

9. Schurmann, *Ideology and Organization in Communist China*, especially chaps. 2-5.

10. "Color revolution" is a term collectively applied to a series of typically non-violent,

antiauthoritarian revolutionary movements, in particular those that occurred in post-Soviet East ern Europe and the Middle East between the 1990s and into the 2010s. Usually led by NGOs or student groups, most were associated with a specific color or flower. One of the earliest such color revolutions was the People Power or Yellow Revolution against President Marcos in the Philippines in 1986.

11. Susan Shirk, *The Political Logic of Economic Reform in China* (Berkeley: University of California Press, 1993), 9.

12. See, for example, John Gittings, *The Changing Face of China: From Mao to Market* (Oxford: Oxford University Press, 2006); Robin Porter, *From Mao to Market: China Reconfigxred* (New York: Columbia University Press, 2011); Andrew H. Wedeman, *From Mao to Market: Rent Seeking, Local Protectionism, and Marketization in China* (Cambridge: Cambridge University Press, 2003), inter alia.

13. Alvin Y. So, "Guest Editor's Introduction," *Chinese Economy* 35, no. 3 (2002): 6.

14. Susan L. Shirk, *How China Opened Its Door: The Political Success of the PRCs Foreign Trade and Investment Reforms* (Washington, DC: Brookings Institution, 1994).

15. Kellee S. Tsai and Sarah Cook, "Developmental Dilemma in China: Socialist Transition and Late Liberalization," in *Japan and China in the World Political Economy*, eds. Saadia M. Pekkanen and Kellee S. Tsai (Abingdon, England: Routledge, 2005), 49.

16. As quoted in Orville Schell and John Delury, *Wealth and Power: China's Long March to the Twenty-First Century* (New York: Random House, 2013), 264.

17. Bruce J. Dickson, "Cooptation and Corporatism in China: The Logic of Party Adaptation," *Political Science Quarterly* 115, no. 4 (2000): 517-540.

18. Jonathan Unger and Anita Chan, "China, Corporatism, and the East Asian Model," *Australian Journal of Chinese Affairs* 33 (1995): 38.

19. See https://www.nakono.com/tekcarta/databank/tv-sets-average-number-of-tv-sets-per-tv-household/.

20. Central Intelligence Agency, "The Chinese Media: More Autonomous and Diverse—Within Limits—Central Intelligence Agency," 2006, www.cia.gov.

21. Beina Xu and Eleanor Albert, "Media Censorship in China," Council on Foreign Relations backgrounder, February 17, 2017, https://www.cfr.org/backgrounder/media-censorship-china.

22. Committee to Protect Journalists, report "China, Turkey, Saudi Arabia, Egypt are World's Worst Jailers of Journalists," https://cpj.org/reports/2019/12/journalists-jailed-china-turkey-

saudi-arabia-egypt/.

23. See Reporters without Borders, "True Face: One of the Worst Free Speech Predators," January 9, 2018, https://rsf.org/en/news/chinese-regimes-true-face-one-worst-free-speech-predators.

24. Schell and Delury, *China's Long March to the Twenty-First Century*, 274.

25. Hu was a senior party leader who had been a major architect of economic and political reforms and a proponent of government transparency. This made him the target of conservative party officials who managed to blame him for 1987 student disruptions and remove him from his position as Party Secretary.

26. The estimate of ten thousand comes from the BBC citing a British diplomat who was allegedly given official Chinese state figures. See BBC, "Tiananmen Square Protest Death Toll 'Was 10,000'," December 23, 2017, https://www.bbc.com/news/world-asia-china-42465516.

27. Andrew J. Nathan, "The New Tiananmen Papers: Inside the Secret Meeting That Changed China," *Foreign Affairs* 98, no. 4 (July/August 2019): 80-91.

28. Orville Schell and Susan L. Shirk, eds., *Course Correction: Toward an Effective and Sustainable China Policy*, Asia Society Task Force Report (New York: Asia Society, 2019), 12, https://asiasociety.org/center-us-china-relations/course-correction-toward-effective-and-sustainable-china-policy.

29. As quoted in Schell and Shirk, 16.

30. Gilles Guiheux, "The Political 'Participation' of Entrepreneurs: Challenge or Opportunity for the Chinese Communist Party?," *Social Research* 73, no. 1, "Special Issue: China in Transition," ed. Jean-Frangois Huchet (Spring 2006): 224.

31. Guiheux, 219-244.

32. Christopher A. McNally, "Sino-Capitalism: China's Reemergence and the International Political Economy," *World Politics* 64, no. 4 (2012): 741-776.

33. Guiheux, "The Political 'Participation' of Entrepreneurs," 232-233.

34. Guiheux, 210.

35. Guiheux, 205.

36. Guiheux, 208.

37. China, National Bureau of Statistics, annual data, available at http://data.stats.gov.cn/easyquery.htm?cn=C01, as cited in Melanie Hart and Kelly Magsamen, *Limit, Leverage, and Compete: A New Strategy on China* (Washington, DC: Center for American Progress, 2019).

38. "China's R&D Spending Sees Rapid Growth in Past Decades," *China Daily*, September 16, 2018, http://www.chinadaily.com.cn/a/201809/16/WS5b9e1a73a31033b4f4656493.html.

39. Study International Staff, "China Is Set to Beat the US for Top STEM Research: Here's Why," Study International, November 23, 2018, https://www.studyinternational.com/news/china-stem-research/.

40. Andrea Boltho and Maria Weber, "Did China Follow the East Asian Development Model?," in *State Capitalism, Institutional Adaptation, and the Chinese Miracle*, eds. Barry Naughton and Kellee S. Tsai (Cambridge: Cambridge University Press, 2015), 252; Barry J. Naughton, *The Chinese Economy: Transitions and Growth* (Cambridge, MA: MIT Press, 2006).

41. Julian Gewirtz, *Unlikely Partners: Chinese Reformers, Western Economists, and the Making of Global China* (Cambridge, MA: Harvard University Press, 2018).

42. Gordon White, "Corruption and the Transition from Socialism in China," *Journal of Law and Society* 23 (1996): 151. See also Yan Sun, *Corruption and Market in Contemporary China* (Ithaca, NY: Cornell University Press, 2004); T. Gong, "Dangerous Collusion: Corruption as a Collective Venture in Contemporary China," *Communist and Post-Communist Studies* 35, no. 1 (2002): 85-103; Min Xin Pei, *China's Crony Capitalism: The Dynamics of Regime Decay* (Cambridge, MA: Harvard University Press, 2016).

43. David Barboza, "Billions in Hidden Riches for Family of Chinese Leader," *New York Times*, October 25, 2012, https://www.nytimes.com/2012/10/26/business/global/family-of-wen-jiabao-holds-a-hidden-fortune-in-china.html.

44. Mitchell, "A Lesson from China on Poverty Reduction and Inequality."

45. Ming Wan, *The Political Economy of East Asia: Striving for Wealth and Power* (Washington, DC: CQ Press, 2008), 45.

46. Will Freeman, "The Accuracy of China's 'Mass Incidents'," *Financial Times*, March 2, 2010, https://infoweb-newsbank-com.libproxy.berkeley.edu/apps/news/openurl?ctx_ver=z39.88-2004&rft_id=info%3Asid/infoweb.newsbank.com&svc_dat=WORLDNEWS&req_dat=0D0CB57AB53DF815&rft_val_format=info%3Aofi/fmt%3Akev%3Amtx%3Actx&rft_dat=document_id%3Anews%252F12E37EA734A29FE8; Barbara Demick, "Protests in China over Local Grievances Surge, and Get a Hearing," *Los Angeles Times*, October 8, 2011, http://articles.latimes.com/2011/oct/08/world/la-fg-china-protests-20111009. On the phenomenon in general, see Kevin J. O'Brien and Lianjiang Li, *Rightful Resistance in Rural China* (Cambridge: Cambridge University Press, 2006).

47. Andrew Gilholm, "Xi Jinping's New Watchdog," *Foreign Affairs*, March 6, 2018, https://

www.foreignaffairs.com/articles/china/2018-03-06/xi-jinpings-new-watchdog.

48. For a powerful argument that corrupt business-political ties remain, see Min Xin Pei, *China's Crony Capitalism: The Dynamics of Regime Decay* (Cambridge, MA: Harvard University Press, 2016).

49. Giuseppe Gabusi, "'The Reports of My Death Have Been Greatly Exaggerated': China and the Developmental State 25 Years after Governing the Market," *Pacific Review* 30, no. 2 (2017): 232-259.

50. For details, see William Burr, "Sino-American Relations, 1969: The Sino-Soviet Border War and Steps Toward Rapprochement," *Cold War History* 1, no. 3 (2001): 73-112; Aaron Friedberg, *A Contest for Supremacy* (New York: W. W. Norton, 2011), chap. 3; Evelyn Goh, "Nixon, Kissinger, and the 'Soviet Card' in the U.S. Opening to China, 1971-1974," *Diplomatic History* 29, no. 3 (2005): 475-502.

51. For a detailed discussion, see T. J. Pempel, "Japan Shaping the Regional Order," in *Japan and Asia's Contested Order: The Interplay of Security, Economics, and Identity*, eds. Yul Sohn and T. J. Pempel (London: Palgrave McMillan, 2018).

52. See MOFA (Ministry of Foreign Affairs [Japan]), website, http://www.mofa.go.jp/policy/oda/region/e_asia/china.

53. Keiko Ujikane, "Japan Shifts Investment from China to Southeast Asia," *Bloomberg*, May 30, 2016, http://www.bloomberg.com/news/articles/2016-05-30/southeast-asia-is-winning-more-japanese-investment-than-china.

54. Boltho and Weber, "Did China Follow the East Asian Development Model?," 254-255.

55. Andrew Walter, "Addressing Global Imbalances: Domestic and Global Dynamics," in *China across the Divide: The Domestic and Global in Politics and Society*, ed. Rosemary Foot (Oxford: Oxford University Press, 2013), 153.

56. Joshua Kurlantzick, *Charm Offensive: How China's Soft Power Is Transforming the World* (New Haven, CT: Yale University Press, 2007).

57. M. Taylor Fravel, *Strong Borders, Secure Nation: Cooperation and Conflict in China's Territorial Disputes* (Princeton, NJ: Princeton University Press, 2008).

58. Saadia M. Pekkanen and Kellee S. Tsai, "Late Liberalizers: Comparative Perspectives on Japan and China," in *Japan and China in the World Political Economy*, 21.

59. Beeson, "Developmental States in East Asia," 29; Nicholas R. Lardy, *Integrating China into the Global Economy* (Washington, DC: Brookings Institution, 2002), 104.

60. Margaret M. Pearson, "The Institutional, Political and Global Foundations of China's Trade

Liberalization," *Japan and China in the World Political Economy*, eds. Saadia Pekkanen and Kellee Tsai (Abbingtonn: Routledge, 2005), 99.

61. Mary E. Gallagher, "'Reform and Openness': Why China's Economic Reforms Have Delayed Democracy," *World Politics* 54, no. 3 (2002): 368, as cited in Beeson, "Developmental States in East Asia," 27.

62. Kellee S. Tsai and Barry Naughton, "Introduction: State Capitalism and the Chinese Economic Miracle," in *State Capitalism, Institutional Adaptation, and the Chinese Miracle*, eds. Barry Naughton and Kellee S. Tsai (Cambridge: Cambridge University Press, 2015), 14.

63. Tsai and Naughton, "Introduction," 17; see also Boltho and Weber, "Did China Follow the East Asian Development Model?," 240-264.

64. Schell and Delury, *China's Long March to the Twenty-First Century*, 262.

65. Schell and Delury, 273.

66. Julian Gewirtz, *Unlikely Partners: Chinese Reformers, Western Economists, and the Making of Global China* (Cambridge, MA: Harvard University Press, 2018).

67. Shannon Tiezzi, "Lee Kuan Yew: The Father of Modern China," *The Diplomat*, March 24, 2015, https://thediplomat.com/2015/03/lee-kuan-yew-the-father-of-modern-china/.

68. Ezra F. Vogel, *Deng Xiaoping and the Transformation of China* (Cambridge, MA: The Belknap Press of Harvard University Press, 2011), 394.

69. *Nikkei Business*, October 23, 1994, 18, as cited in Gregory W. Noble, *Collective Action in East Asia: How Ruling Parties Shape Industrial Policy* (Ithaca, NY: Cornell University Press, 1998).

70. William H. Overholt, *China's Crisis of Success* (Cambridge: Cambridge University Press, 2018), 11.

71. Overholt, *China's Crisis of Success*, 134.

72. Linda Yueh, *China's Growth: The Making of an Economic Superpower* (Oxford: Oxford University Press, 2013), 1.

73. AshleyJ. Tellis, "Pursuing Global Reach: China's Not So Long March toward Preeminence," in *Strategic Asia 2019: China's Expanding Strategic Ambitions*, eds. Ashley J. Tellis, Alison Szalwinski, and Michael Wills (Seattle: National Bureau of Asian Research, 2019), 3.

74. Susan L. Shirk, *The Political Logic of Economic Reform in China* (Berkeley: University of California Press, 1993), 129.

75. Yuen Yuen Ang, "Autocracy with Chinese Characteristics: Beijing's Behind-the-Scenes

Reforms," *Foreign Affairs* 97, no. 4 (May/June 2018), https://www.foreignaffairs.com/articles/asia/2018-04-16/autocracy-chinese-characteristics.

76. Porter, *From Mao to Market*, 59-60.

77. Porter, chap. 5.

78. Yi-Feng Tao, "A Catch-up Strategy? China's Policy toward Foreign Direct Investment," in *Japan and China in the World Political Economy*, 136-138.

79. Edith Terry, *How Asia Got Rich: Japan, China and the Asian Miracle* (Armonk, NY: M. E. Sharpe, 2002), 453.

80. Terry, *How Asia Got Rich*, 561.

81. Dwight H. Perkins and Thomas G. Rawski, "Forecasting China's Economic Growth to 2025," in *China's Great Economic Transformation*, eds. Loren Brandt and Thomas G. Rawski (Cambridge: Cambridge University Press, 2008), 829-886.

82. Simon Pritchard, "Emerging Mainland May Eclipse Land of Setting Sun," *South China Morning Post*, January 11, 2002, as quoted in Terry, How Asia Got Rich, 561.

83. Edith Terry, *How Asia Got Rich*, 121.

84. Terry, 449.

85. Boltho and Weber, "Did China Follow the East Asian Development Model?," 253.

86. Yi-feng Tao, "From a Socialist State to a Mercantilist State: Depoliticizing Central Banking and China's Economic Growth since 1993," in *Japan and China in the World Political Economy*, 124-140.

87. Victor Nee and Sonja Opper, *Capitalism from Below: Markets and Institutional Change in China* (Cambridge, MA: Harvard University Press, 2012).

88. Gabusi, "China and the Developmental State 25 Years After," 242-243.

89. In a 2002 book that he cowrote, then-WTO director-general-designate Supachai Panitchpakdi enthused, "The agreement signaled China's willingness to play by international trade rules and to bring its often opaque and cumbersome government apparatus into harmony with a world order that demands clarity and fairness." Supachai Panitchpakdi quoted in Paul Blustein, "The Untold Story of How George W. Bush Lost China," *Foreign Policy*, October 2, 2019, https://foreignpolicy.com/2019/10/04/the-untold-story-of-how-george-w-bush-lost-china.

90. Nicholas R. Lardy, *Integrating China into the World Economy* (Washington, DC: Brookings Institution, 2002), 93.

91. Lardy, *Integrating China*, 46-55.

92. Shirk, *The Political Logic of Economic Reform in China*, chap. 9.

93. David Zweig, *Freeing China's Farmers: Rural Restructuring in the Reform Era* (Armonk, NY: M. E. Sharpe, 1997), 254.

94. Porter, *From Mao to Market*, 61.

95. Overholt, *China's Crisis of Success*, 37-38.

96. Shirk, *The Political Logic of Economic Reform in China*, 47-48.

97. Barry Naughton, "The Current Wave of State Enterprise Reform in China: A Preliminary Appraisal," *Asian Economic Policy Review* 12, no. 2 (July 2017), https://onlinelibrary.wiley.com/doi/full/10.1111/aepr.12185.

98. Shirk, *The Political Logic of Economic Reform in China*, 15.

99. Kellee S. Tsai, *Capitalism without Democracy: The Private Sector in Contemporary China* (Ithaca, NY: Cornell University Press, 2007).

100. Schell and Delury, *China's Long March to the Twenty-First Century*, 337.

101. Naughton, *The Chinese Economy*, 100.

102. Naughton, 100.

103. Barry Naughton, "China: Domestic Restructuring and a New Role in Asia," in *The Politics of the Asian Economic Crisis*, ed. T. J. Pempel (Ithaca, NY: Cornell University Press, 1999), 203-223. See also Edward Steinfeld, "The Capitalist Embrace: China Ten Years after the Asian Financial Crisis," in *Crisis as Catalyst: Asia's Dynamic Political Economy*, eds. Andrew MacIntyre, T. J. Pempel, and John Ravenhill (Ithaca, NY: Cornell University Press, 2008), 183-205.

104. Naughton, "China: Domestic Restructuring," 220.

105. Naughton, 222.

106. This is often associated with the Fifteenth Party Congress in 1997, but first appeared as party policy by the Central Committee in September 1995. Shaun Breslin, "Government-Industry Relations in China: A Review of the Art of the State," in *East Asian Capitalism: Diversity, Continuity, and Change*, eds. Andrew Walter and Xiaoke Zhang (Oxford: Oxford University Press, 2012), 29-45.

107. Tsai and Cook, "Developmental Dilemma in China," 51-52.

108. Cao Yuanzheng, Qian Yingyi, and B. Weingast, "From Federalism, Chinese Style, to Privatization, Chinese Style," *Economics of Transition* 7, no. 1 (1999): 103-131.

109. See for example, Ian Bremmer, "The Return of State Capitalism," *Survival* 50, no. 3 (2008): 55-64; Andrew B. Kennedy, "China's Search for Renewable Energy: Pragmatic

Technonationalism," *Asian Survey* 53, no. 5 (2013): 909-930; Ted Fishman, *China, Inc.: How the Rise of the Next Superpower Challenges America and the World* (New York: Simon and Schuster, 2005).

110. Blustein, "The Untold Story of How George W. Bush Lost China."

111. Lardy, *Markets over Mao.*

112. Naughton, "The Current Wave of State Enterprise Reform."

113. Shaun Breslin, "Government-industry Relations in China: a Review of the Art of the State," 37-38.

114. "China Defines Key National Economic Sectors," *China Daily*, December 18, 2006, https://www.chinadaily.com.cn/china/2006-12/18/content_761953.htm.

115. Kaya Sehrt, "Supporting Sunset Sectors: The Financial System in China's Economic Development," in *Japan and China in the World Political Economy*, 173.

116. Tsai and Naughton, "Introduction," 3.

117. Mikael Mattlin, "Chinese Strategic State-Owned Enterprises and Ownership Control," Brussels Institute of Contemporary China Studies, Asia Paper, vol. 4, no. 6 (2009): 13, http://www.vub.ac.be/biccs/site/assets/files/apapers/Asia%20Paper%204(6).pdf.

118. Yet much of this government money went into the largest SOEs, thereby reversing the moves toward SOE shrinkage. See Barry Naughton, "China and the Two Crises: From 1997 to 2009," in *Two Crises, Different Outcomes: East Asia and Global Finance*, eds. T. J. Pempel and Keiichi Tsunekawa (Ithaca, NY: Cornell University Press, 2015), 110-134.

119. Nicholas R. Lardy, *The State Strikes Back: The End of Economic Reform in China* (Washington, DC: Peterson Institute for International Economics, 2019); Naughton, "China: Domestic Restructuring," 203-223.

120. Min Tang, "From 'Bringing-in' to 'Going-out': Transnationalizing China's Internet Capital through State Policies," *Chinese Journal of Communication* 13, no. 1 (2020): 27-46.

121. Thomas Friedman, "Trump to China: 'I Own You.' Guess Again," *New York Times*, September 25, 2018, https://www.nytimes.com/2018/09/25/opinion/trump-china-trade-economy-tech.html.

122. For details, see inter alia, Jost Wübbeke, Miriam Meissner, Max J. Zenglein, Jaqueline Ives, and Björn Conrad, "Made in China 2025," *Mercator Institute for China Studies. Papers on China* 2 (2016): 74; Zhu Wang, Chao Chen, Bin Guo, Zhiwen Yu, and Xingshe Zhou, "Internet plus in China," *It Professional* 18, no. 3 (2016): 5-8.

123. Tsai and Naughton, "Introduction," 3.

124. Tsai and Naughton, 77.

第六章　結語──各類政體與區域秩序

1. This classic statement is by Peter J. Gourevitch, "The Second Image Reversed: The International Sources of Domestic Politics," *International Organization* 32, no. 4 (1978): 881-912.

2. By "order," I mean the values, norms, and organizing principles that regulate state-to-state behavior. See Amitav Acharya, *Constructing a Security Community in Southeast Asia: ASEAN and the Problem of Regional Order* (New York: Routledge, 2014); G. John Ikenberry, "American Hegemony and East Asian Order," *Australian Journal of International Affairs* 58, no. 3 (2004): 353-367; Evelyn Goh, *The Struggle for Order: Hegemony, Hierarchy, and Transition in Post-Cold War East Asia* (Oxford: Oxford University Press, 2013); David Shambaugh, *China Engages Asia: Reshaping the Regional Order* (Cambridge, MA: MIT Press, 2006), inter alia.

3. Michael Mastanduno, "Incomplete Hegemony: The United States and Security Order in Asia," in *Asian Security Order: Instrumental and Normative Features*, ed. Muthiah Alagappa (Stanford, CA: Stanford University Press, 2003): 141-170.

4. A useful overview of this period is Michael Yahuda's *The International Politics of the Asia-Pacific* (London: Routledge, 1996), section 1, 1-83.

5. On Bandung and the NAM, see David Kimche, *The Afro-Asian Movement: Ideology and Foreign Policy of the Third World* (Jerusalem: Israel Universities Press, 1973), and Natasa Miskovic, Harald Fischer-Tiné, and Nada Boskovska, eds., *The Non-aligned Movement and the Cold War: DelhiBandung-Belgrade* (London: Routledge, 2014).

6. As E. H. Carr noted long ago, "power is indivisible" and "military and economic weapons are just different instruments of power." Edward Hallett Carr, *The Twenty Years' Crisis: An Introduction to the Study of International Relations* (New York: Harper and Row, 1939), 117-120. See also Jonathan Kirshner, "The Economic Sins of Modern IR Theory and the Classical Realist Alternative," *World Politics* 67, no. 1 (2015): 155-183.

7. Wlter LaFeber, *America, Russia, and the Cold War 1945-2006* (New York: McGraw-Hill Humanities/Social Sciences/Languages, 2008), chap. 3; G. John Ikenberry, *After Victory: Order and Power in International Politics* (Princeton, NJ: Princeton University Press, 2009).

8. Charles Meier, "The Politics of Productivity," in *Between Power and Plenty: The Foreign*

Economic Policies of Advanced Industrial States, ed. Peter J. Katzenstein (Madison: University of Wisconsin Press, 1977), 23-49.

9. China's trade patterns changed abruptly after the US instituted its embargo; trade with the U.S. became minimal while two-thirds of China's trade was with the Socialist bloc. See Amy King, *China-Japan Relations after World War Two: Empire, Industry and War, 1949-1971* (Cambridge, Cambridge University Press, 2016), 66.

10. On this issue including its manifestation in the Cold War, see for example, Peter Liberman, "Trading with the Enemy: Security and Relative Economic Gains," *International Security* 21, no. 1 (Summer 1996): 147-175.

11. Nevertheless, in the period from 1961 to 1990, South Korea spent an average of 4.6 percent of its GDP on defense and security, while Taiwan spent 7.9 percent. See Uk Heo and Karl DeRouen Jr., "Military Expenditures, Technological Change, and Economic Growth in the East Asian NICs," *Journal of Politics* 60, no. 3 (1998): 830-846.

12. Thus, in 1967 a full 15 percent of Singapore's national income derived from US military procurements for Vietnam. See Wen-Qing Ngoei, "Lee Kuan Yew's Singapore Bloomed in the Shadow of the Cold War," *The Diplomat*, March 28, 2017, https://thediplomat.com/2017/03/lee-kuan-yews-singapore-bloomed-in-the-shadow-of-the-cold-war/.

13. David Kang, *Crony Capitalism: Corruption and Development in South Korea and the Philippines* (Cambridge: Cambridge University Press, 2002).

14. Andrew Yeo, *Asia's Regional Architecture: Alliances and Institutions in the Pacific Century* (Stanford, CA: Stanford University Press, 2019), 78-82.

15. The Guam Doctrine or Nixon Doctrine was articulated by President Nixon in a series of statements in 1969. In essence, it meant that the U.S. would restrict its military involvement primarily to its alliance partners and would no longer attempt to provide defense for countries around the world. Most countries would thus become responsible for their own security.

16. T. J. Pempel, *The Economy-Security Nexus in Northeast Asia* (London: Routledge, 2014).

17. Aaron L. Friedberg, "Ripe for Rivalry: Prospects for Peace in a Multipolar Asia," *International Security* 18, no. 3 (1993): 5-33.

18. Peter Van Ness, "The North Korean Nuclear Crisis: Four-Plus-Two—An Idea Whose Time Has Come," *Asian Perspective* 27, no. 4 (2003): 249-275.

19. Barry Buzan and Gerald Segal, "Rethinking East Asian Security," *Survival* 36, no. 2 (1994): 18. See also Mitchell Bernard and John Ravenhill, "Beyond Product Cycles and

Flying Geese: Regionalization, Hierarchy, and the Industrialization of East Asia," *World Politics* 47, no. 2 (1995): 171-209; Shaun Breslin, et al., *New Regionalisms in the Global Political Economy: Theories and Cases* (London: Routledge, 2007); Christopher M. Dent, "Networking the Region? The Emergence and Impact of Asia-Pacific Bilateral Trade Agreement Projects," *Pacific Review* 16 (2003): 1-28; Walter Hatch and Kozo Yamamura, *Asia in Japan's Embrace: Building a Regional Production Alliance* (Cambridge: Cambridge University Press, 1996); Peter J. Katzenstein, *A World of Regions: Asia and Europe in the American Imperium* (Ithaca, NY: Cornell University Press, 2005); T. J. Pempel, ed., *Remapping East Asia: The Construction of a Region* (Ithaca, NY: Cornell University Press, 2005); Richard Stubbs, "ASEAN Plus Three: Emerging East Asian Regionalism?," *Asian Survey* 42, no. 3 (2002): 440-455, inter alia.

20. Track II dialogues are multilateral nongovernmental meetings normally involving academics, think tank representatives, and government officials attending in an unofficial capacity. The goal of such dialogues is to enhance mutual trust and to advance possible policy options less likely to emerge within official government settings. See, for example, Susan L. Shirk, "The Northeast Asia Cooperation Dialogue: An Experiment in Track II Multilateral Diplomacy," in *Security Cooperation in Northeast Asia*, eds. Chung-min Lee and T. J. Pempel (Abingdon, Routledge, 2012), 209-227.

21. Gilbert Rozman, *Northeast Asia's Stunted Regionalism: Bilateral Distrust in the Shadow of Globalization* (Cambridge: Cambridge University Press, 2004).

22. An extensive database of some twenty-eight hundred such bodies is found in Saadia Pekkanen, *Asian Designs: Governance in the Contemporary World Order* (Ithaca, NY: Cornell University Press, 2017); see also Kent Calder and Ming Ye, *The Making of Northeast Asia* (Stanford, CA: Stanford University Press, 2010).

23. Natasha Hamilton-Hart, "Banking Systems a Decade after the Crisis," in *Crisis as Catalyst*, eds. Andrew MacIntyre, T. J. Pempel, and John Ravenhill (Ithaca, NY: Comell University Press, 2008), 46.

24. T. J. Pempel, "The Race to Connect East Asia: An Unending Steeplechase," *Asian Economic Policy Review* 1 (2006): 239-254; William W. Grimes, "Political Economy of Regional Nesting," *Journal of East Asian Studies* 6 (2006): 353-380; William W. Grimes, *Currency and Contest in East Asia: The Great Power Politics of Financial Regionalism* (Ithaca, NY: Cornell University Press. 2009), inter alia.

25. China and Japan each sought to make the largest contribution to CMIM as a reflection of

their greater influence. In a bargain negotiated by Korea, the two gained equal bragging rights as Japan (alone) and China-Hong Kong (in combination) each contributed 32 percent of the fund's total capital.

26. The number of such FTAs ranged as of 2019 from Taiwan's low of 14 and Myanmar's 16 to highs of 40, 39, 42, and 47 for Indonesia, Thailand, Korea, and China. See Asian Regional Integration Center data at https://aric.adb.org/fta-group. Accessed December 14, 2020.

27. Geoff McNicholl, "Demographic Future of East Asian Regional Integration," in *Remapping East Asia: The Construction of a Region*, ed. T. J. Pempel (Ithaca, NY: Cornell University Press, 2005), 54-74.

28. Takashi Shiraishi, "The Third Wave: Southeast Asia and Middle-Class Formation in the Making of a Region," in *Beyond Japan: The Dynamics of East Asian Regionalism*, eds. Peter J. Katzenstein and Takashi Shiraishi (Ithaca, NY: Cornell University Press, 2005), 237.

29. Fravel, *Strong Borders, Secure Nation: Cooperation and Conflict in China's Territorial Disputes* (Princeton, NJ: Princeton University Press, 2008).

30. Joshua Kurlantzick, *Charm Offensive: How China's Soft Power Is Transforming the World* (New Haven, CT: Yale University Press, 2007).

31. Witnessing the first Iraq War also led Chinese military planners to concentrate on enhancing the country's capacity to wage asymmetric war, aimed at preventing any hostile power from gaining dominance in the areas immediately contiguous to Chinese territory.

32. Miles Kahler, "Weak Ties Don't Bind: Asia Needs Stronger Structures to Build Lasting Peace," *Global Asia* 6, no. 2 (2011): 19.

33. Etel Solingen, "Pax Asiatica versus Bella Levantina: The Foundations of War and Peace in East Asia and the Middle East," *American Political Science Review* 101, no. 4 (2007): 757-780.

34. William H. Overholt, *Asia, America, and the Transformation of Geopolitics* (Cambridge: Cambridge University Press, 2007), 18-19. See also Solingen, "Pax Asiatica versus Bella Levantina"; Evelyn Goh, "Conceptualizing the Economic-Security-Identity Nexus in East Asia's Regional Order," in *Japan and Asia's Contested Order*, eds. Yul Sohn and T. J. Pempel (Singapore: Springer, 2018), 17-38; Steve Chan, "An Odd Thing Happened on the Way to Balancing: East Asian States' Reactions to China's Rise," *International Security Review* 12 (2010): 387-412; Timo Kivimaki, "East Asian Relative Peace—Does It Exist? What Is It?," *Pacific Review* 23, no 4 (2010): 503-526.

35. See, for example, Stein Tonnesson, "The East Asia Peace: How Did It Happen? How

Deep Is It?," *Global Asia* 10, no. 4 (2015), https://www.globalasia.org/bbs/board.php?bo_table=articles&wr_id=9073.

36. BRI has triggered various concerns. For example, 89 percent of all contractors participating in BRI projects are Chinese companies, unlike projects funded by the World Bank and Asian Development Bank, where 40.8 percent are local, 29 percent are Chinese, and 30.2 percent are foreign. This lack of local involvement attracts criticism. Another worry is that BRI projects will expose partner countries to "debt traps," a view amplified in late 2017 when Sri Lanka handed over the management of its Hambantota Port to a Chinese company after struggling to repay its debt. See, for example, Jonathan E. Hillman, "The Belt and Road's Barriers to Participation," CSIS, *Reconnecting Asia* (February 7, 2018), https://reconnectingasia.csis.org/analysis/entries/belt-and-road-barriers-participation/; Wade Shepard, "How China Is Losing Support For Its Belt And Road Initiative," *Fortune*, February 28, 2020, https://www.forbes.com/sites/wadeshepard/2020/02/28/how-beijing-is-losing-support-for-its-belt-and-road-initiative/?sh=e25c35021990.

37. See, for example, Richard Weitz, "China-Russia's Anti-NATO?," *The Diplomat*, July 4, 2012, http://thediplomat.com/2012/07/is-the-shanghai-cooperation-org-stuck-in-neutral/.

38. Ian Storey, "China's Missteps in Southeast Asia: Less Charm, More Offensive," *China Brief* 10, no. 25 (December 17, 2010), https://jamestown.org/program/chinas-missteps-in-southeast-asia-less-charm-more-offensive/.

39. See, for example, Bruce W. Jentleson, *American Foreign Policy: The Dynamics of Choice in the 21st Century*, 4th ed. (New York: Norton, 2010), chap. 2.

40. The literature on this is extensive. For one insightful example, see Jacob S. Hacker and Paul Pierson, *Winner-Take-All Politics: How Washington Made the Rich Richer—and Turned Its Back on the Middle Class* (New York: Simon and Schuster, 2010). On the foreign policy implications, see also Kenneth A. Schultz, "Perils of Polarization for U.S. Foreign Policy," *Washington Quarterly* 40, no. 4, (2017): 7-28.

41. On the complicated story of these negotiations, see, for example, Robert Carlin and John W. Lewis, *Negotiating with North Korea: 1992-2007* (Washington, D.C.: Center for International Security and Cooperation, 2008).

42. Mike Chinoy, *Meltdown: The Inside Story of the North Korean Nuclear Crisis* (New York: St. Martin's Press, 2010); Charles L. Pritchard, *Failed Diplomacy: The Tragic Story of How North Korea Got the Bomb* (Washington, DC: Brookings Institution, 2007); inter alia.

43. I analyze these events in detail in Pempel, "How Bush Bungled Asia," 547-581.

44. See National Committee on US-China Relations, "Robert Zoellick's Responsible Stakeholder Speech," 2005, https://www.ncuscr.org/sites/default/files/migration/Zoellick_remarks_notes06_winter_spring.pdf. For an example of the pervasiveness of this view, see also Edward S. Steinfeld, *Playing Our Game: Why China's Rise Doesn't Threaten the West* (Oxford: Oxford University Press, 2010).

45. On the "US in decline" literature in China, see Fu Mengzhi, quoted in Geoff Dyer, "The Dragon Stirs," *Financial Times*, September 25, 2009, https://www.ft.com/content/671a76ec-a950-11de-9b7f-00144feabdc0; Joseph S. Nye Jr., "American and Chinese Power after the Financial Crisis," *Washington Quarterly* 33, no. 4 (2010), https://doi.org/10.1080/016366 0X.2010.516634.

46. The Asian Barometer surveys underscore the widespread mutual distrust among the general populations of these three countries. Such attitudes make it extremely problematic for governmental leaders in such countries to initiate cooperative contacts. Naturally enough, mass opinions are subject to some shaping by elites. In this regard, leadership can be a powerful activator or impediment to regionalism. For detailed data, see Inoguchi Takashi, et al., *Human Beliefs and Values in Striding Asia* (Tokyo: Asahi Shôten, 2006), 482-485.

47. For example, the United States signed the ASEAN Treaty of Amity and Cooperation, appointed a US ambassador to ASEAN, and pursued behind-the-scenes efforts to encourage regime change in Myanmar. The United States also joined the East Asia Summit and reinvigorated its participation in the ARF and the APEC forum. In addition, the United States stepped up its multilateral cooperation in police, disaster relief, and counterterrorism efforts.

48. Barack Obama, "President Obama: The TPP Would Let America not China Lead the Way on Global Trade," *Washington Post*, May 2, 2016, https://www.washingtonpost.com/opinions/president-obama-the-tpp-would-let-america-not-china-lead-the-way-on-global-trade/2016/05/02/680540e4-0fd0-11e6-93ae-50921721165d_story.html?utm_term=.2e5c4a651169.

49. T. J. Pempel, "Trump Swings a Wrecking Ball at U.S.-Asia Relations," *East Asia Forum*, August 27, 2017, http://www.eastasiaforum.org.

50. See, for example, Thomas Franck, "Trump Doubles Down: 'Trade Wars are Good, and Easy to Win'," CNBC, March 2, 2018; White House, "Remarks by President Trump in Press Conference," July 14, 2020, https://www.whitehouse.gov/briefings-statements/remarks-president-trump-press-conference-071420/; Jim Tankersley, "Trump Hates the Trade

Deficit. Most Economists Don't," *New York Times*, March 5, 2018, https://www.nytimes.com/2018/03/05/us/politics/trade-deficit-tariffs-economists-trump.html.

51. As cited in Christopher Layne, "China's Challenge to U.S. Hegemony," *Current History* 107 (January 2008): 15.

52. White House, *National Security Strategy of the United States of America* (Washington, DC: White House, December 2017), https://www.whitehouse.gov/wp-content/uploads/2017/12/NSS-Final-12-18-2017-0905.pdf.

53. On the term "China virus," see, for example, BBC, "Coronavirus: Trump grilled on use of term 'Chinese virus'," March 18, 2020, https://www.bbc.com/news/av/world-us-canada-51953315. On the "all of government" perspective see Anthony H. Cordesman, "From Competition to Confrontation with China: The Major Shift in U.S. Policy," Center for Strategic and International Studies, *Commentary*, August 3, 2020, https://www.csis.org/analysis/competition-confrontation-china-major-shift-us-policy.

54. See Richard Wike, et al., "U.S. Image Suffers as Publics Around World Question Trump's Leadership," Pew Research Center, June 26, 2017, https://www.pewglobal.org/2017/06/26/u-s-image-suffers-as-publics-around-world-question-trumps-leadership/.

55. The first major articulation of this theory was found in A. F. K. Organski, *World Politics* (New York: Knopf, 1958). See also Richard K. Betts, "Wealth, Power, and Instability: East Asia and the United States after the Cold War," *International Security* 18, no. 3 (1999): 34-77; Barry Buzan, "China in International Society: Is 'Peaceful Rise' Possible?," *Chinese Journal of International Politics* 3, no. 1 (2010): 5-36; Paul Kennedy, *The Rise and Fall of Great Powers* (New York: Vintage, 1987). For a Chinese perspective, see Yah Xuetong, *Ancient Chinese Thought, Modern Chinese Power* (Princeton, NJ: Princeton University Press, 2013).

56. See, for example, Graham Allison, "The Thucydides Trap: Are the U.S. and China Headed for War?," *Atlantic*, September 24, 2015, https://www.theatlantic.com/international/archive/2015/09/united-states-china-war-thucydides-trap/406756/. My own views are in T. J. Pempel, "Thucydides (Clap) Trap: US-China Relations in a Changing Asia-Pacific," *Global Asia* 10, no. 4 (2015): 88-93.

57. Thus, Graham Allison, "The Thucydides Trap," Ibid. drawing on sixteen historical examples of power transitions over five centuries, is the most prominent American proponent, concluding: "war between the United States and China in the decades ahead is not just possible, but much more likely than recognized at the moment. Indeed, judging by the historical record, war is more likely than not." Christopher Layne expresses a similar view:

"Throughout the history of the modern international state system, ascending powers have always challenged the position of the dominant (hegemonic) power in the international system—and these challenges have usually culminated in war." See Layne, "China's Challenge to U.S. Hegemony," 16. Slightly more tentative and hinging his predictions on Chinese domestic political developments, Aaron Friedberg writes: "If China stays on its current path ... without becoming a liberal democracy, the present, muted, rivalry with the United States is likely to blossom into something more open and dangerous." See Aaron Friedberg, *A Contest for Supremacy* (New York: W. W. Norton, 2011). To John Mearsheimer, "China's rise ... is likely to lead to an intense security competition between China and the United States, with considerable potential for war ... China cannot rise peacefully." John Mearsheimer, "The Gathering Storm: China's Challenge to U.S. Power in Asia," *Chinese Journal of International Politics* 3, no. 4 (2010): 382. See also Michael Pillsbury, "China and the United States Are Preparing for War," *Foreign Policy*, November 13, 2014, https://foreignpolicy.com/2014/11/13/china-and-the-united-states-are-pi-eparing-for-war/, and *The Hundred-Year Marathon* (New York: Henry Holt, 2015).

58. On this general interplay, see T. J. Pempel, ed., *The Economy-Security Nexus in Northeast Asia* (London: Routledge, 2014).

59. T. J. Pempel, "Japan: Working to Shape the Regional Order," in *Japan and Asia's Contested Order: The Interplay of Security, Economics and Identity*, eds. Yul Sohn and T. J. Pempel (London: Palgrave Macmillan, 2019), 193-220.

60. Pempel, "Japan: Working to Shape the Regional Order," 196-197.

61. Richard Javad Heydarian, "Middle Powers Step Up in Asia," *Foreign Policy*, October 24, 2018, https://www.chinausfocus.com/article/2018/1024/17295.html.

62. Seguchi Kiyoyuki, "Japanese Companies' Investments in China Get into Full Swing for the First Time in 13 Years-China's Local Government Attitude toward Attracting Japanese Businesses also Changes from Negative to Positive," Canon Institute for Global Studies, http://www.canon-igs.org/en/column/network/20181009_5278.html. Accessed September 4, 2019.

國家圖書館出版品預行編目資料

亞太區域政治經濟學：繁榮與掠奪的轉型／T.
J. Pempel著，王瓊淑譯，冷則剛校訂. --
初版. -- 臺北市：五南圖書出版股份有限公
司，2022.08
　　面；　　公分
譯自：A Region of Regimes: Prosperity
　　　　and Plunder in the Asia-Pacific
　ISBN 978-626-317-371-2 (平裝)

1.區域經濟　2.區域研究　3.政治經濟分析
4.亞太地區

552.16　　　　　　　　　110018872

1PSF

亞太區域政治經濟學：
繁榮與掠奪的轉型

作　　　者 — T. J. Pempel

譯　　　者 — 王瓊淑

校 訂 者 — 冷則剛（488.1）

發 行 人 — 楊榮川

總 經 理 — 楊士清

總 編 輯 — 楊秀麗

副總編輯 — 劉靜芬

責任編輯 — 黃郁婷、吳肇恩、黃麗玟

封面設計 — 姚孝慈

出 版 者 — 五南圖書出版股份有限公司

地　　　址：106台北市大安區和平東路二段339號4樓

電　　　話：(02)2705-5066　　傳　真：(02)2706-6100

網　　　址：https://www.wunan.com.tw

電子郵件：wunan@wunan.com.tw

劃撥帳號：01068953

戶　　　名：五南圖書出版股份有限公司

法律顧問　林勝安律師事務所　林勝安律師

出版日期　2022年 8 月初版一刷

定　　　價　新臺幣420元

經典永恆·名著常在

五十週年的獻禮——經典名著文庫

五南，五十年了，半個世紀，人生旅程的一大半，走過來了。

思索著，邁向百年的未來歷程，能為知識界、文化學術界作些什麼？

在速食文化的生態下，有什麼值得讓人雋永品味的？

歷代經典·當今名著，經過時間的洗禮，千錘百鍊，流傳至今，光芒耀人；

不僅使我們能領悟前人的智慧，同時也增深加廣我們思考的深度與視野。

我們決心投入巨資，有計畫的系統梳選，成立「經典名著文庫」，

希望收入古今中外思想性的、充滿睿智與獨見的經典、名著。

這是一項理想性的、永續性的巨大出版工程。

不在意讀者的眾寡，只考慮它的學術價值，力求完整展現先哲思想的軌跡；

為知識界開啟一片智慧之窗，營造一座百花綻放的世界文明公園，

任君遨遊、取菁吸蜜、嘉惠學子！